名企HR经典管理案例 系列丛书

HR劳动争议

经典管理案例

于丽萍◎著

中国法制出版社

CHINA LEGAL PUBLISHING HOUSE

目录 CONTENTS

附录　劳动争议相关法律法规

第一篇

劳动关系建立之初：规避风险，行之有道

1 | 第一章
诉讼主体确定有规则，单位切忌任意妄为

在劳动争议中，争议焦点最初往往集中在劳资双方是否存在劳动关系上，除建立劳动关系外，用人单位与劳动者还可能存在另一种雇佣关系——劳务关系。如果劳务关系中的雇佣双方发生争议，劳务关系纠纷不属于劳动争议的受理范围，也即劳动争议仲裁委员会不受理劳务关系争议诉讼申请，而且劳务关系中，用人单位无须缴纳社会保险，解除劳务关系也无须支付解除劳动关系经济补偿金。既然用人单位在劳务关系中更具优势，为何不全部依照劳务关系管理呢？

答案很简单，法律已经对劳务关系作出了限定性解释，只有在下述情况下，双方建立的法律关系才可能被认定为劳务关系，一种是双方建立在自然人与自然人之间的雇佣关系，另一种是用人单位与特殊人群建立的雇佣关系，如与未毕业大学生实习及兼职人员、返聘退休人员以及未领取就业证的外籍人员之间建立雇佣关系等，除此之外的雇佣关系均有可能认定为双方存在劳动关系。

而用工主体的确定问题，也是劳动争议的焦点之一，用人单位可以针对劳动争议诉讼设定不同的责任主体，最大限度地维护用人单位的利益，本章将以案例形式分析劳务关系与用工主体确定时大家最易遇到的一些问题，并对用人单位的风险规避提供具体策略。

1.1 雇佣关系并非均为劳动关系

本节案例释义的重点在于梳理劳务关系与劳动关系的不同以及在建立劳务

关系过程中可能存在的用工风险及应对策略，同时从诉讼视角传授用人单位在该类案例中如何使之取得主动地位的实战经验。

【实战案例 1】在校大学生与用人单位建立的一定是劳务关系吗？

案情概要

　　郝某大学在校期间，通过学校推荐进入某集团公司实习，双方签署了实习协议，约定双方建立实习劳务关系，劳务关系至郝某毕业时终止，集团公司要求郝某毕业时提供毕业证书以证明毕业情况。因为郝某部分专业课程考试不及格，无法拿到学校颁发的毕业证书，毕业当年的 7 月，学校通知郝某参加 1 个月后的专业课补考，通过后才能领取毕业证书。8 月，郝某补考通过。同年 12 月，集团公司因经营原因解除了与郝某的劳务关系。但是郝某认为，自己虽然尚未拿到毕业证书，但补考已经通过，自己也并未在学校就读，而是全职在集团公司工作，双方的实习关系实际上已经结束，应自 7 月开始建立劳动关系，集团公司应该支付其解除劳动关系的经济补偿金。

裁判结果

　　审理机关认为，虽然郝某还未拿到毕业证书，但是郝某已经通过了学业考试且全职在集团公司工作，其接受集团公司的人事管理并获得工资报酬，与实习大学生半工半读的情形明显不同，双方应属劳动关系，而不是劳务关系，因此支持郝某的主张。

法条链接

　　《关于贯彻执行〈中华人民共和国劳动法〉若干问题的意见》

　　12. 在校生利用业余时间勤工助学，不视为就业，未建立劳动关系，可以不签订劳动合同。

证据收集

　　在本案中判断双方是劳务关系还是劳动关系，用人单位举证的重点在于劳动者是不是已经毕业，可以收集如下证据：

学校出具的在读证明、实习证明、三方协议、毕业证书、补考通知、离校证明、派遣证、劳动者对毕业情况的说明函、承诺函等。

▌律师策略

用人单位聘用实习学生，一方面可以选拔人才，另一方面还能够降低用人成本，是明智之举，实践中也有很多用人单位通过这条途径为企业补充新鲜血液，但是在与未毕业大学生建立雇佣关系时，一定要做到如下几点，以防学生毕业后，双方被认定为劳动关系：

1. 在建立劳务关系之初，要求学生提供就读院校出具的实习证明、在读证明等，同时核实学生证的原件、留存复印件备查，以方便确定实习人员的入学时间、毕业时间等。

2. 双方在劳务合同中详细约定权利义务关系，如明确规定实习学生的岗位职责、报酬；用人单位单方解聘条款；大学生在岗期间发生意外伤亡事故的责任负担相关问题等；涉及核心岗位、涉密岗位的，还应签署保密协议、竞业限制协议等。

3. 有些用人单位还会选择与就读院校签订人才推荐的三方协议，这也是不错的办法，既可以降低用工风险，又可以保证一个比较稳定的学生资源。

4. 学生实习在岗期间无法缴纳社会保险，故用人单位应尽量为聘用人员购买商业险，以降低责任承担风险。

5. 在大学生已经毕业时，及时解除双方的劳务关系；需要继续聘用的，及时办理入职手续，签订劳动合同，缴纳社会保险等。

【实战案例2】退休人员返聘，解除劳动关系时是否需要支付经济补偿金？

▌案情概要

赵某54岁，入职某医疗器械公司任医疗专家组成员。入职时，因赵某的人事档案关系留在老家，因此赵某未与医疗器械公司签署劳动合同，而是签署了劳务合同。60周岁时，赵某在老家办理了退休手续，退休后赵某继续留在医疗器械公司工作。半年后，医疗器械公司提出与赵某解除劳务关系，赵某不同意，

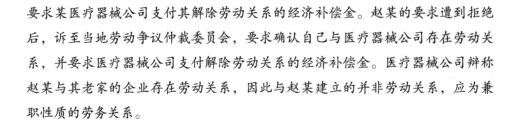

要求某医疗器械公司支付其解除劳动关系的经济补偿金。赵某的要求遭到拒绝后，诉至当地劳动争议仲裁委员会，要求确认自己与医疗器械公司存在劳动关系，并要求医疗器械公司支付解除劳动关系的经济补偿金。医疗器械公司辩称赵某与其老家的企业存在劳动关系，因此与赵某建立的并非劳动关系，应为兼职性质的劳务关系。

▌裁判结果

审理机关认为，虽然赵某的人事关系在老家，医疗器械公司并未为其缴纳社会保险，但赵某为医疗器械公司提供劳动并获得工资报酬，接受医疗器械公司的管理，双方应属劳动关系。赵某虽然办理了退休手续，但是其提起劳动争议诉讼的时间并未超过劳动争议案件1年的诉讼时效，因此支持赵某的主张，认定双方存在劳动关系，医疗器械公司解除劳动关系需要向赵某支付解除劳动关系的经济补偿金。

▌法条链接

《关于实行劳动合同制度若干问题的通知》

第十三条 已享受养老保险待遇的离退休人员被再次聘用时，用人单位应与其签订书面协议，明确聘用期内的工作内容、报酬、医疗、劳保待遇等权利和义务。

《劳动部办公厅对〈关于实行劳动合同制若干问题的请示〉的复函》

二、关于离退休人员的再次聘用问题。各地应采取适当的调控措施，优先解决适龄劳动者的就业和再就业问题。对被再次聘用的已享受养老保险待遇的离退休人员，根据劳动部《关于实行劳动合同制度若干问题的通知》（劳部发〔1996〕354号）第13条的规定，其聘用协议可以明确工作内容、报酬、医疗、劳动保护待遇等权利、义务。离退休人员与用人单位应当按照聘用协议的约定履行义务，聘用协议约定提前解除书面协议的，应当按照双方约定办理，未约定的，应当协商解决。离退休人员聘用协议的解除不能依据《劳动法》第二十八条执行。离退休人员与用人单位发生争议，如果属于劳动争议仲裁委员会受案范围的，劳动争议仲裁委员会应予受理。

《中共中央办公厅、国务院办公厅转发〈中央组织部、中央宣传部、中央统

战部、人事部、科技部、劳动保障部、解放军总政治部、中国科协关于进一步发挥离退休专业技术人员作用的意见〉的通知》

第四条第二款 离退休专业技术人员受聘工作期间，因工作发生职业伤害的，应由聘用单位参照工伤保险的相关待遇标准妥善处理；因工作发生职业伤害与聘用单位发生争议的，可通过民事诉讼处理……

《中华人民共和国劳动合同法》

第四十四条 有下列情形之一的，劳动合同终止：

（一）劳动合同期满的；

（二）劳动者开始依法享受基本养老保险待遇的；

（三）劳动者死亡，或者被人民法院宣告死亡或者宣告失踪的；

（四）用人单位被依法宣告破产的；

（五）用人单位被吊销营业执照、责令关闭、撤销或者用人单位决定提前解散的；

（六）法律、行政法规规定的其他情形。

第四十六条 有下列情形之一的，用人单位应当向劳动者支付经济补偿：

（一）劳动者依照本法第三十八条规定解除劳动合同的；

（二）用人单位依照本法第三十六条规定向劳动者提出解除劳动合同并与劳动者协商一致解除劳动合同的；

（三）用人单位依照本法第四十条规定解除劳动合同的；

（四）用人单位依照本法第四十一条第一款规定解除劳动合同的；

（五）除用人单位维持或者提高劳动合同约定条件续订劳动合同，劳动者不同意续订的情形外，依照本法第四十四条第一项规定终止固定期限劳动合同的；

（六）依照本法第四十四条第四项、第五项规定终止劳动合同的；

（七）法律、行政法规规定的其他情形。

《北京市高级人民法院、北京市劳动争议仲裁委员会关于劳动争议案件法律适用问题研讨会会议纪要（二）》

13. 未达到法定退休年龄的内退人员、停薪留职人员、下岗待岗人员、企业经营性停产放长假人员在退休之前与新用人单位建立用工关系的，如何处理？

未达到法定退休年龄的内退人员、停薪留职人员、下岗待岗人员、企业经营性停产放长假人员在退休之前与新用人单位建立用工关系，应按劳动关系处理，但对于新用人单位因客观原因不能为其缴纳社会保险，该劳动者以此为由提出解除劳动合同并要求经济补偿金的，不予支持。

证据收集

在本案中判断双方是劳务关系还是劳动关系，用人单位举证的重点在于劳动者是不是与其他单位存在劳动关系，可以收集以下证据：

劳动者与其他单位的劳动合同、工资支付记录、劳动者的声明文件、社会保险缴纳记录等。

在与退休人员建立劳务关系时，用人单位举证的重点在于劳动者是否达到了退休年龄或者是否领取了养老金等，可以收集如下证据：

劳动者身份证原件与复印件、办理退休手续的相关文件、提供领取养老金的账户信息等。

律师策略

针对兼职人员的聘用问题，如果用人单位仅要求劳动者完成交代的工作，既不要求劳动者到岗上班也不要求劳动者接受用人单位的其他管理，这种情况就一定会被认定为劳务关系吗？

答案是否定的。除非用人单位能够证明劳动者同时为几家单位提供劳动，比如撰稿人、设计师、编辑等，这种情况下双方属于劳务关系。如果劳动者仅为一家用人单位提供劳动并按月领取报酬，虽然劳动者并未实际到岗工作，也可能被认定为劳动关系。

那么建立兼职形式的劳务关系时，用人单位应如何处理呢？

1. 用人单位应要求兼职人员提供其在其他单位就职的书面文件，如劳动合同或者支付报酬的银行转账记录。

2. 如果用人单位与劳动者属于承包关系，即一方是委托人，一方是承包人，那么双方一定要签署书面的委托或承包协议，确定双方为承包关系，而非劳动关系。

至于退休人员返聘建立的劳务关系，用人单位还要注意一点，即双方签订的劳务协议中应明确约定双方的权利义务关系，如发生疾病或者其他事故时的责任划分等，而且因为退休人员的特殊性，用人单位应尽量为其购买一些商业保险，降低支付其他赔偿金的风险。

1.2　非全日制用工争议属于劳动争议受理范围

【实战案例 3】非全日制用工属于劳动关系吗？

■ 案情概要

某公司招聘清洁工，无须坐班，只需每天到该公司打扫卫生，时间为 4 小时。钱某应聘了该职位，与该公司建立非全日制用工劳动关系，双方签署了非全日制用工劳动合同，约定钱某每周工作 5 天，公司按小时计薪，每小时 20 元，一天一计薪，为了领取方便，双方约定每 15 日发放一次工资。1 年后，因该公司将保洁和绿植护养工作外包给了保洁公司，公司遂通知钱某解除劳动关系。钱某要求公司支付解除劳动关系的经济补偿金，遭到公司拒绝后，钱某诉至劳动争议仲裁委员会，要求确认双方为全日制劳动关系，并要求公司支付违法解除劳动关系的经济赔偿金。

■ 裁判结果

审理机关经审理查明，双方签署了非全日制用工劳动合同，钱某无须坐班，每天工作 4 小时，未全天在公司工作，虽然钱某每 15 日领一次工资，但是计薪周期为 1 个工作日，因此不能认定双方为全日制劳动关系，钱某的请求应驳回。

■ 法条链接

《中华人民共和国劳动合同法》

第六十八条　非全日制用工，是指以小时计酬为主，劳动者在同一用人单位一般平均每日工作时间不超过四小时，每周工作时间累计不超过二十四小时的用工形式。

第六十九条　非全日制用工双方当事人可以订立口头协议。

从事非全日制用工的劳动者可以与一个或者一个以上用人单位订立劳动合

同；但是，后订立的劳动合同不得影响先订立的劳动合同的履行。

第七十条　非全日制用工双方当事人不得约定试用期。

第七十一条　非全日制用工双方当事人任何一方都可以随时通知对方终止用工。终止用工，用人单位不向劳动者支付经济补偿。

第七十二条　非全日制用工小时计酬标准不得低于用人单位所在地人民政府规定的最低小时工资标准。

非全日制用工劳动报酬结算支付周期最长不得超过十五日。

《中华人民共和国劳动合同法实施条例》

第三十条　劳务派遣单位不得以非全日制用工形式招用被派遣劳动者。

▌证据收集

用人单位若要证明双方为非全日制用工劳动关系，应收集如下证据：

非全日制用工劳动合同、工资发放记录、考勤表等。

▌律师策略

非全日制用工为全日制用工形式的有力补充，可以最大限度地降低用工成本及解聘风险，在管理实务中，很多公司对非主营业务所涉岗位都选择该类用工形式，但是在实践操作中，仍要注意非全日用工的特殊性，把控相关风险。

1. 用工时长有法定限制，一般为每天 4 小时，每周不超过 24 小时。如果劳动者能够证明自己的工作时间长期超过法定工时上限的，在某些地区依据当地的法律法规或规章，有可能被认定为全日制劳动关系。因此建议双方签订劳动合同时明确具体工作时间，如上班时间、下班时间等，超出的时间需要用其他工作时间折抵或者经公司书面审批认可后才能生效。

2. 非全日制用工可以订立口头协议。如果用工单位确因自身原因无法签订书面劳动合同，可以会议纪要、备忘录、offer 等形式约定双方用工关系。

3. 非全日制用工无须约定试用期，用人单位可以随时单方通知劳动者解除双方的用工关系，且无须支付解除劳动关系的经济补偿金。

4. 法律允许非全日制用工存在多重雇佣关系，也即劳动者可以与一个以上的用人单位存在雇佣关系。

5.非全日制用工一般情况下以小时计酬，结算支付周期最长不超过15日，用人单位可以与劳动者约定结算周期为15日，为方便劳动者领取，可以按月发放。

6.对非全日制用工的劳动者，用人单位一般只缴纳工伤保险，在劳动者发生工伤事故后，用人单位可依照工伤程序承担责任。

7.非全日制用工的劳动者应享有年假，依据《企业职工年休假条例》的相关规定，员工连续工作一年以上的，应当享受年休假，非全日制用工属于劳动关系的一种，劳动者应该享有年休假。

8.对非全日制用工的劳动者可以安排加班，但双方应提前约定如有加班，加班费该如何计算与支付，并且这一约定不能违反法律的相关规定。同时建议用人单位不要长期安排非全日制用工的劳动者加班，否则有可能被认定为全日制用工劳动关系。

非全日制用工一般仅在临时性、辅助性的工作岗位中适用，如保洁员、超市促销员等。但非全日用工仍属于劳动关系，发生纠纷时，属于劳动争议的受理范围，因此不能违反劳动法、劳动合同法的相关规定。

有些地区的地方性规章规定，用人单位在与劳动者建立非全日制用工关系时，需要到当地的劳动行政部门办理备案手续，用人单位应严格执行当地的相关规定，以免发生不必要的风险。

1.3　劳动关系中，用工主体有限制

【实战案例4】包工头卷钱消失，承包人应否二次支付工人工资？

案情概要

包工头孙某挂靠某建筑公司承包了位于北京市海淀区的某工程，包工头口头承诺给大工一天500元，小工一天400元，工期6个月。发包人支付该建筑公司工程款项后，建筑公司在扣除挂靠费后分几次将工人工资共560余万元支付给了包工头孙某，但孙某在最后一次领取了80万元后突然消失，导致工程停

滞，而且大批工人在工地闹事讨要工资。该建筑公司拒绝二次支付工人工资，工人无奈将建筑公司诉至当地的仲裁委员会，要求确认劳动关系，并支付工人工资。

裁判结果

本案争议的焦点在于工人与建筑公司之间是否存在劳动关系，依据《北京市工资支付规定》第二十九条的相关规定，建设单位、施工总承包企业、专业承包企业（以下统称为发包单位）或者劳务分包企业，有发包、分包或者转包给不具备用工主体资格的组织或者个人的违法行为，该组织或者个人拖欠劳动者工资时，发包单位或者劳务分包企业应当直接向劳动者支付所拖欠的工资。因为建筑公司与孙某之间是非法分包行为，理应由该建筑公司承担相应的赔偿责任。

法条链接

《关于确立劳动关系有关事项的通知》

各省、自治区、直辖市劳动和社会保障厅（局）：

近一个时期，一些地方反映部分用人单位招用劳动者不签订劳动合同，发生劳动争议时因双方劳动关系难以确定，致使劳动者合法权益难以维护，对劳动关系的和谐稳定带来不利影响。为规范用人单位用工行为，保护劳动者合法权益，促进社会稳定，现就用人单位与劳动者确立劳动关系的有关事项通知如下：

一、用人单位招用劳动者未订立书面劳动合同，但同时具备下列情形的，劳动关系成立。

（一）用人单位和劳动者符合法律、法规规定的主体资格；

（二）用人单位依法制定的各项劳动规章制度适用于劳动者，劳动者受用人单位的劳动管理，从事用人单位安排的有报酬的劳动；

（三）劳动者提供的劳动是用人单位业务的组成部分。

四、建筑施工、矿山企业等用人单位将工程（业务）或经营权发包给不具备用工主体资格的组织或自然人，对该组织或自然人招用的劳动者，由具备用工主体资格的发包方承担用工主体责任。

《中华人民共和国劳动争议调解仲裁法》

第二十二条　发生劳动争议的劳动者和用人单位为劳动争议仲裁案件的双方当事人。

劳务派遣单位或者用工单位与劳动者发生劳动争议的，劳务派遣单位和用工单位为共同当事人。

第二十三条　与劳动争议案件的处理结果有利害关系的第三人，可以申请参加仲裁活动或者由劳动争议仲裁委员会通知其参加仲裁活动。

第二十四条　当事人可以委托代理人参加仲裁活动。委托他人参加仲裁活动，应当向劳动争议仲裁委员会提交有委托人签名或者盖章的委托书，委托书应当载明委托事项和权限。

《最高人民法院关于审理劳动争议案件适用法律若干问题的解释》

第十条　用人单位与其它单位合并的，合并前发生的劳动争议，由合并后的单位为当事人；用人单位分立为若干单位的，其分立前发生的劳动争议，由分立后的实际用人单位为当事人。

用人单位分立为若干单位后，对承受劳动权利义务的单位不明确的，分立后的单位均为当事人。

第十二条　劳动者在用人单位与其他平等主体之间的承包经营期间，与发包方和承包方双方或者一方发生劳动争议，依法向人民法院起诉的，应当将承包方和发包方作为当事人。

《最高人民法院关于审理劳动争议案件适用法律若干问题的解释（三）》

第四条　劳动者与未办理营业执照、营业执照被吊销或者营业期限届满仍继续经营的用人单位发生争议的，应当将用人单位或者其出资人列为当事人。

第五条　未办理营业执照、营业执照被吊销或者营业期限届满仍继续经营的用人单位，以挂靠等方式借用他人营业执照经营的，应当将用人单位和营业执照出借方列为当事人。

《劳动人事争议仲裁办案规则》

第六条　发生争议的用人单位未办理营业执照、被吊销营业执照、营业执照到期继续经营、被责令关闭、被撤销以及用人单位解散、歇业，不能承担相关责任的，应当将用人单位和其出资人、开办单位或者主管部门作为共同当事人。

第七条　劳动者与个人承包经营者发生争议，依法向仲裁委员会申请仲裁的，应当将发包的组织和个人承包经营者作为共同当事人。

《北京市工资支付规定》

第二十九条 建设单位、施工总承包企业、专业承包企业（以下统称为发包单位）或者劳务分包企业，有发包、分包或者转包给不具备用工主体资格的组织或者个人的违法行为，该组织或者个人拖欠劳动者工资时，发包单位或者劳务分包企业应当直接向劳动者支付所拖欠的工资。

建设单位、施工总承包企业或者专业承包企业未按合同约定支付工程款或者分包价款，专业承包企业或者劳务分包企业拖欠劳动者工资的，在拖欠的工程款或者分包价款支付后，专业承包企业和劳务分包企业应当将所得款项优先用于支付拖欠的劳动者工资。

证据收集

建筑公司不应当违法分包或者转包工程给不具备资质的自然人。在本案中，建筑公司虽然需要向工人支付工资，但是如果建筑公司有与孙某签订的承包协议或者挂靠协议，仍可以通过诉讼向孙某追偿多支付的工人工资。建筑公司也可以采取另一个办法从源头解决此类问题，即在支付工程款项时，直接支付给工人并制作工资单和花名册，避免孙某卷钱逃跑，给建筑公司造成损失。

律师策略

在劳动争议案件中，确定用工主体是关键问题，在司法实践中，如何确定用工主体也是焦点问题。用人单位在实际经营中，要注意如下事项。

1. 未办理营业执照、营业执照被吊销或者营业期限届满仍继续经营的用人单位与劳动者发生争议的，用人单位或者实际出资人为当事人，用人单位主体资格已经灭失的，实际出资人为当事人。

2. 未办理营业执照、营业执照被吊销或者营业期限届满仍继续经营的用人单位以挂靠方式借用他人营业执照经营过程中与劳动者发生争议的，用人单位和营业执照出借方为当事人，用人单位主体资格已经灭失的，营业执照出借方为当事人。

3. 被吊销营业执照、责令关闭、撤销以及决定提前解散、歇业的用人单位与劳动者发生争议的，用人单位的出资人、开办单位和主管部门为当事人。

4.劳务派遣关系中，派遣单位或者用工单位与劳动者发生争议的，派遣单位与用工单位为当事人。

5.承揽合同的承包人与劳动者发生争议的，承包人为单位的，发包单位和承包单位为当事人，承包人是自然人的，发包单位为当事人。

6.被其他单位并购的用人单位与劳动者发生争议的，并购后的单位为当事人。

7.分立为若干个单位的用人单位与劳动者发生争议的，分立后的、实际与劳动者存在雇佣关系的用人单位为当事人，用人单位分立为若干单位后，无法判断实际用工单位的，分立后的单位均为当事人。

8.用人单位与劳动者约定发生诉讼后的诉讼主体为第三方的，属违法约定，不发生法律效力，如果用人单位欲由其他责任主体如分公司、子公司承担责任，必须以该公司作为用工主体与劳动者建立雇佣关系、签署劳动合同、缴纳社会保险以及发放工资。

1.4 劳动关系中，诉讼管辖如何确认？

【实战案例5】约定劳动争议管辖地是否有效？

李某入职北京某公司任销售总监，双方签订了3年期限的劳动合同并在劳动合同中约定，发生劳动争议或者其他经济纠纷，由北京市某区劳动争议仲裁委员会或者北京市某区人民法院管辖。

2年后，李某因业务拓展的需要被公司派遣至该公司深圳分公司工作，由深圳分公司发放工资并缴纳社会保险，但双方的劳动合同没有变更。后李某与公司因年底奖金数额争议发生纠纷，李某向深圳市某区劳动争议仲裁委员会提起申诉，要求该公司补齐当年的年底奖金。

被申请人北京某公司提出管辖权异议，称其公司住所地及办公地均在北京，且双方的劳动合同中明确约定了劳动争议应由北京市某区劳动争议仲裁委员会管辖。

▌裁判结果

对该公司提出的管理异议申请，审理机关经审理发现，该公司的注册地、

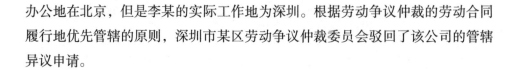

办公地在北京，但是李某的实际工作地为深圳。根据劳动争议仲裁的劳动合同履行地优先管辖的原则，深圳市某区劳动争议仲裁委员会驳回了该公司的管辖异议申请。

法条链接

《中华人民共和国劳动争议调解仲裁法》

第二十一条 劳动争议仲裁委员会负责管辖本区域内发生的劳动争议。

劳动争议由劳动合同履行地或者用人单位所在地的劳动争议仲裁委员会管辖。双方当事人分别向劳动合同履行地和用人单位所在地的劳动争议仲裁委员会申请仲裁的，由劳动合同履行地的劳动争议仲裁委员会管辖。

《劳动人事争议仲裁办案规则》

第八条 劳动合同履行地为劳动者实际工作场所地，用人单位所在地为用人单位注册、登记地或者主要办事机构所在地。用人单位未经注册、登记的，其出资人、开办单位或者主管部门所在地为用人单位所在地。

双方当事人分别向劳动合同履行地和用人单位所在地的仲裁委员会申请仲裁的，由劳动合同履行地的仲裁委员会管辖。有多个劳动合同履行地的，由最先受理的仲裁委员会管辖。劳动合同履行地不明确的，由用人单位所在地的仲裁委员会管辖。

案件受理后，劳动合同履行地或者用人单位所在地发生变化的，不改变争议仲裁的管辖。

第九条 仲裁委员会发现已受理案件不属于其管辖范围的，应当移送至有管辖权的仲裁委员会，并书面通知当事人。

对上述移送案件，受移送的仲裁委员会应当依法受理。受移送的仲裁委员会认为移送的案件按照规定不属于其管辖，或者仲裁委员会之间因管辖争议协商不成的，应当报请共同的上一级仲裁委员会主管部门指定管辖。

第十条 当事人提出管辖异议的，应当在答辩期满前书面提出。仲裁委员会应当审查当事人提出的管辖异议，异议成立的，将案件移送至有管辖权的仲裁委员会并书面通知当事人；异议不成立的，应当书面决定驳回。

当事人逾期提出的，不影响仲裁程序的进行。

证据收集

本案中，用人单位与李某在劳动合同中约定将用人单位所在地作为劳动争议管辖地，如果该约定有效，则排斥了劳动合同履行地的劳动争议仲裁委员会的管辖权，违反了《劳动争议调解仲裁法》第二十一条的强制性规定。因此，本案中关于劳动争议由北京某公司所在地仲裁委员会管辖的约定是无效的。

律师策略

要了解劳动争议的管辖，首先要了解劳动争议的处理程序。

1. 案件受理

当事人向劳动争议仲裁委员会提交申请书，仲裁委员会经审查后自收到劳动仲裁申请书之日起五日内作出受理或者不予受理的决定。决定不予受理的，应自作出决定之日起五日内书面通知申请人；决定立案的，应自作出决定之日起，五日内书面通知申请人和被申请人。

被申请人在接到通知后十日内提交答辩书和证据。

2. 仲裁开庭

劳动争议仲裁委员会应自立案之日起七日内按《劳动争议仲裁委员会组织规则》组成仲裁庭。仲裁庭由一名首席仲裁员、两名仲裁员组成，案情简单的可以指定一名仲裁员独任审理，需要通知双方当事人。

3. 举证质证

当事人对其主张应当提供证据加以证明，不能证明的，承担不利后果。依据相关法律规定应由用人单位提交的证据，如入职时间、薪酬、出勤情况、岗位调动情况、劳动关系解除情况等相关证据，用人单位无法提交或者拒绝提交的，承担不利后果。

4. 仲裁调解

在劳动争议裁决书送达前，由劳动争议仲裁委员会主持调解，经调解达成协议的出具仲裁调解书，由双方当事人签字认可，加盖仲裁委员会印章并送达当事人；调解未达成一致意见或在调解书送达前当事人反悔以及当事人拒绝接收调解书的，视为调解无效。

5. 开庭及裁决

开庭审理时，由仲裁庭组织被申请人答辩、庭审调查、双方辩论、陈述最终意见、调解。双方未达成调解意见或不愿接受调解的，经仲裁庭合议作出裁决，并制作仲裁裁决书送达双方当事人。

6. 仲裁审理期限

劳动争议仲裁委员会处理劳动争议案件，应当自收到仲裁申请后的四十五日内作出裁决，案情复杂需要延期的，经批准可以延长十五日。

7. 人民法院一审审理

仲裁裁决不是终局裁决的案件，当事人对仲裁裁决不服，可以自收到判决书之日起十五日内向劳动争议仲裁委员会所在地的基层人民法院起诉，期满不起诉的，判决书发生法律效力。

8. 人民法院二审审理

当事人对一审判决不服的，可以自收到判决书之日起十五日内向一审人民法院的上一级人民法院上诉，期满不上诉的，判决书发生法律效力。

9. 人民法院再审审理

当事人对二审判决不服的，可以自收到判决书之日起十五日内申请再审，但再审期间，被执行人仍应执行法院的生效判决。

10. 强制执行

裁决书或者判决书生效后，一方当事人不执行的，对方当事人可向有管辖权的人民法院申请强制执行。

关于劳动争议的管辖法律规定，劳动争议由用人单位注册地、登记地、办公地的劳动争议仲裁委员会管辖，注册地、登记地、办公地不一致的，由先受理的劳动争议仲裁委员会管辖，双方当事人分别向劳动合同履行地和用人单位所在地的劳动争议仲裁委员会申请仲裁的，由劳动合同履行地的劳动争议仲裁委员会管辖。用人单位对于管辖权有异议的，可以提出管辖权异议的申请。

2 | 第二章
招聘有风险，企业应妥善处理

很多用人单位总把人事管理的重点放在员工关系与劳动关系解除上，认为员工顺利解聘了，补偿金少给了，就万事大吉了。殊不知，与其在劳动关系解除上做文章，不如在招聘阶段就将风险尽可能降至最低，防止"问题员工"入侵给员工管理带来困难。况且，随着社会的进步，人们对法律越发熟悉，加上劳动争议免缴纳诉讼费使得诉讼成本几乎为零，很多劳动者宁愿选择走诉讼程序也不愿意与用人单位和解。用人单位要想占主动地位，获得谈判资本，更加需要在招聘环节下功夫，将风险拒之门外。

本章的案例涉及招聘的各个层面，详解招聘过程中的误区及风险点，旨在使用工管理者通过真实案例学会把控招聘风险。

2.1 招聘内容夸大其词更易招致风险

【实战案例6】招聘启事能否作为证据证明劳动者主张？

案情概要

某餐饮连锁公司在招聘网站公开招聘厨师，招聘启事中列明，厨师工作时间为10点至22点，两人一班，轮流上班，并写明加班有足额加班费。周某应聘并入职，1年后，周某离职。周某认为该餐饮连锁公司的上班时间其实为9点至24点，但餐饮连锁公司并未依照招聘启事中的约定足额支付加班费，且未办理综合工时制的备案手续，故其诉至当地劳动争议仲裁委员会要求餐饮连锁公司支付加班费，并以餐饮连锁公司拖欠其加班费为由解除劳动关系，要求餐饮连锁公司支付解除劳动关系的经济补偿金。

裁判结果

审理机关经审理查明，虽然周某没有证据证明其在餐饮连锁公司存在加班情况，但是根据餐饮连锁公司招聘启事中列明的时间，由于该餐饮连锁公司未办理综合工时制，因此推定周某存在加班情况，该餐饮连锁公司理应向周某支付加班费，周某因未获得足额加班费提出离职，餐饮连锁公司理应支付解除劳动关系的经济补偿金。

法条链接

《中华人民共和国劳动合同法》

第八条　用人单位招用劳动者时，应当如实告知劳动者工作内容、工作条件、工作地点、职业危害、安全生产状况、劳动报酬，以及劳动者要求了解的其他情况；用人单位有权了解劳动者与劳动合同直接相关的基本情况，劳动者应当如实说明。

证据收集

本案中，餐饮连锁企业在招聘启事中列明的工作时间如果没有真正实施，餐饮连锁企业需要补齐真实出勤的考勤记录，且须经周某确认，方可避免支付周某加班费的义务。具体而言，餐饮连锁企业需要准备的证据是考勤表、工资支付记录、倒休记录及其他证明周某没有加班或者加班已经倒休的记录等。

律师策略

一般情况下，用人单位在招聘启事中会最大限度地列明企业的优势，有时也会发生言过其实的情况，如夸大薪酬水平或福利待遇水平等，这都将为日后的员工管理埋下隐患。为避免发生上述案例中的情况，在招聘启事中涉及员工待遇方面，用人单位应避免出现硬性规定，如规定某岗位月工资 10000 元、年底 13 薪等，而应以区间形式列明，如某岗位月工资 8000 元至 10000 元，年底奖金 1000 元至 10000 元不等；涉及公司管理制度方面，如考勤、休假也应该尽量避免规定得过于详细具体，而应以概括性规定为首选，如工作时间、休假制度等均释明为依照国家法律规定办理，而非列明具体的工作时间或者休假制度等，以防招聘启事被劳动者作为证据提交，增加用人单位的应诉风险。

【实战案例 7】用人单位无聘用童工的故意，仍需承担责任吗？

案情概要

某食品公司招聘工人，在招聘启事中要求必须年满 18 周岁才能应聘，吴某的实际年龄为 15 周岁，但其应聘时称自己 20 岁并使用了其亲属的证件。因周某体形高大，且要求的薪资较低，食品公司对其年龄信以为真，未仔细核查吴某的身份信息便为吴某办理了入职手续，且双方未签订劳动合同。食品公司于 6 个月后发现吴某实际年龄为 15 周岁，未满 16 周岁，为避免招用童工，公司很快就以吴某欺诈为由解聘了吴某。吴某以其已同公司建立了劳动关系，单位此举属于违法解除劳动关系为由，诉至劳动争议仲裁委员会，要求公司支付其违法解除劳动关系的经济赔偿金以及未签订书面劳动合同的二倍工资差额。

裁判结果

审理机关查明，公司主张吴某在应聘过程中存在欺诈，其录用条件第一项即为年满 18 周岁，吴某未满 16 周岁，在入职时存在欺诈，但公司未提交相关证据证明吴某在入职时存在欺诈，而双方并非建立劳动关系，食品公司存在非法雇佣童工的行为，当地劳动局下发了《行政处罚决定书》，因其雇用童工，罚款 5000 元。

法条链接

《禁止使用童工规定》

第二条 国家机关、社会团体、企业事业单位、民办非企业单位或者个体工商户（以下统称用人单位）均不得招用不满 16 周岁的未成年人（招用不满 16 周岁的未成年人，以下统称使用童工）。

禁止任何单位或者个人为不满 16 周岁的未成年人介绍就业。

禁止不满 16 周岁的未成年人开业从事个体经营活动。

第三条 不满 16 周岁的未成年人的父母或者其他监护人应当保护其身心健

康，保障其接受义务教育的权利，不得允许其被用人单位非法招用。

不满 16 周岁的未成年人的父母或者其他监护人允许其被用人单位非法招用的，所在地的乡（镇）人民政府、城市街道办事处以及村民委员会、居民委员会应当给予批评教育。

第四条　用人单位招用人员时，必须核查被招用人员的身份证；对不满 16 周岁的未成年人，一律不得录用。用人单位录用人员的录用登记、核查材料应当妥善保管。

第六条　用人单位使用童工的，由劳动保障行政部门按照每使用一名童工每月处 5000 元罚款的标准给予处罚；在使用有毒物品的作业场所使用童工的，按照《使用有毒物品作业场所劳动保护条例》规定的罚款幅度，或者按照每使用一名童工每月处 5000 元罚款的标准，从重处罚。劳动保障行政部门并应当责令用人单位限期将童工送回原居住地交其父母或者其他监护人，所需交通和食宿费用全部由用人单位承担。

用人单位经劳动保障行政部门依照前款规定责令限期改正，逾期仍不将童工送交其父母或者其他监护人的，从责令限期改正之日起，由劳动保障行政部门按照每使用一名童工每月处 1 万元罚款的标准处罚，并由工商行政管理部门吊销其营业执照或者由民政部门撤销民办非企业单位登记；用人单位是国家机关、事业单位的，由有关单位依法对直接负责的主管人员和其他直接责任人员给予降级或者撤职的行政处分或者纪律处分。

第八条　用人单位未按照本规定第四条的规定保存录用登记材料，或者伪造录用登记材料的，由劳动保障行政部门处 1 万元的罚款。

第十条　童工患病或者受伤的，用人单位应当负责送到医疗机构治疗，并负担治疗期间的全部医疗和生活费用。

童工伤残或者死亡的，用人单位由工商行政管理部门吊销营业执照或者由民政部门撤销民办非企业单位登记；用人单位是国家机关、事业单位的，由有关单位依法对直接负责的主管人员和其他直接责任人员给予降级或者撤职的行政处分或者纪律处分；用人单位还应当一次性地对伤残的童工、死亡童工的直系亲属给予赔偿，赔偿金额按照国家工伤保险的有关规定计算。

第十一条　拐骗童工，强迫童工劳动，使用童工从事高空、井下、放射性、高毒、易燃易爆以及国家规定的第四级体力劳动强度的劳动，使用不满 14 周岁的童工，或者造成童工死亡或者严重伤残的，依照刑法关于拐卖儿童罪、强迫劳动罪或者其他罪的规定，依法追究刑事责任。

《非法用工单位伤亡人员一次性赔偿办法》

第二条 本办法所称非法用工单位伤亡人员，是指无营业执照或者未经依法登记、备案的单位以及被依法吊销营业执照或者撤销登记、备案的单位受到事故伤害或者患职业病的职工，或者用人单位使用童工造成的伤残、死亡童工。

前款所列单位必须按照本办法的规定向伤残职工或者死亡职工的近亲属、伤残童工或者死亡童工的近亲属给予一次性赔偿。

第三条 一次性赔偿包括受到事故伤害或者患职业病的职工或童工在治疗期间的费用和一次性赔偿金。一次性赔偿金数额应当在受到事故伤害或者患职业病的职工或童工死亡或者经劳动能力鉴定后确定。

劳动能力鉴定按照属地原则由单位所在地设区的市级劳动能力鉴定委员会办理。劳动能力鉴定费用由伤亡职工或童工所在单位支付。

第四条 职工或童工受到事故伤害或者患职业病，在劳动能力鉴定之前进行治疗期间的生活费按照统筹地区上年度职工月平均工资标准确定，医疗费、护理费、住院期间的伙食补助费以及所需的交通费等费用按照《工伤保险条例》规定的标准和范围确定，并全部由伤残职工或童工所在单位支付。

第五条 一次性赔偿金按照以下标准支付：

一级伤残的为赔偿基数的 16 倍，二级伤残的为赔偿基数的 14 倍，三级伤残的为赔偿基数的 12 倍，四级伤残的为赔偿基数的 10 倍，五级伤残的为赔偿基数的 8 倍，六级伤残的为赔偿基数的 6 倍，七级伤残的为赔偿基数的 4 倍，八级伤残的为赔偿基数的 3 倍，九级伤残的为赔偿基数的 2 倍，十级伤残的为赔偿基数的 1 倍。

前款所称赔偿基数，是指单位所在工伤保险统筹地区上年度职工年平均工资。

第六条 受到事故伤害或者患职业病造成死亡的，按照上一年度全国城镇居民人均可支配收入的 20 倍支付一次性赔偿金，并按照上一年度全国城镇居民人均可支配收入的 10 倍一次性支付丧葬补助等其他赔偿金。

第七条 单位拒不支付一次性赔偿的，伤残职工或者死亡职工的近亲属、伤残童工或者死亡童工的近亲属可以向人力资源和社会保障行政部门举报。经查证属实的，人力资源和社会保障行政部门应当责令该单位限期改正。

证据收集

用人单位需要保留劳动者的身份信息以备查，并要求劳动者填写个人信息登记表以及劳动者签署的其他书面文件，一旦发生诉讼，可以证明劳动者存在欺诈，但无论欺诈与否，公司都有核查义务，因此不能免除相关责任。

律师策略

用人单位在招用劳动者时需要详细核查身份信息，发现童工，一律不能录用，否则，一旦发生死伤事件且用人单位存在过错的，用人单位的负责人将可能面临刑事罪责。

用人单位确因各种原因已经录用的，应及时解除双方的雇佣关系，以免发生不必要的损失。

如果童工在工作过程中受伤，应由用人单位所在地设区的市级劳动能力鉴定委员会进行鉴定，然后由用人单位向伤残职工或者死亡职工的近亲属、伤残童工或者死亡童工的近亲属给予一次性赔偿。该一次性赔偿为单位所在工伤保险统筹地区上年度职工年平均工资的整数倍，一级伤残的为赔偿基数的16倍，二级伤残的为赔偿基数的14倍，三级伤残的为赔偿基数的12倍，四级伤残的为赔偿基数的10倍，五级伤残的为赔偿基数的8倍，六级伤残的为赔偿基数的6倍，七级伤残的为赔偿基数的4倍，八级伤残的为赔偿基数的3倍，九级伤残的为赔偿基数的2倍，十级伤残的为赔偿基数的1倍，明显高于合法劳动关系中劳动者工伤补偿标准。

因此在管理实践中，用人单位应避免使用童工。

2.2　隐性歧视仍可能导致单位承担责任

【实战案例8】女士3年内单身方可应聘，是否构成就业歧视？

案情概要

郑某，女，27岁，单身，准备1年后结婚。郑某本在深圳工作，经朋友介绍至上海某公司工作，薪酬待遇非常诱人，郑某于是辞掉深圳工作至上海报到。该上海公司下发了 offer，邮件里详述了郑某办理入职手续的流程及入职条件，入职条件之一为郑某需要保证自入职之日起 3 年内单身。在该条件一栏中，郑某选择了否，提交了相关材料报到后，郑某却再未接到上海公司通知上班的消息。郑某找到上海公司负责人，才知晓上海公司拒绝与其签订劳动合同以及建立劳动关系，原因是郑某拒绝 3 年内保持单身。因此，郑某将上海公司告上了法庭，要求该公司书面赔礼道歉，赔偿经济损失，并支付精神损害抚慰金。

裁判结果

审理机关经审查判定，该上海公司已经通过邮件通知郑某办理入职手续，但事后却因郑某没有承诺三年内不结婚而拒绝录用，其行为构成就业歧视，理应赔偿郑某的损失。

法条链接

《中华人民共和国就业促进法》

第三条 劳动者依法享有平等就业和自主择业的权利。

劳动者就业，不因民族、种族、性别、宗教信仰等不同而受歧视。

第二十六条 用人单位招用人员、职业中介机构从事职业中介活动，应当向劳动者提供平等的就业机会和公平的就业条件，不得实施就业歧视。

第二十七条 国家保障妇女享有与男子平等的劳动权利。

用人单位招用人员，除国家规定的不适合妇女的工种或者岗位外，不得以性别为由拒绝录用妇女或者提高对妇女的录用标准。

用人单位录用女职工，不得在劳动合同中规定限制女职工结婚、生育的内容。

第二十八条 各民族劳动者享有平等的劳动权利。

用人单位招用人员，应当依法对少数民族劳动者给予适当照顾。

第二十九条 国家保障残疾人的劳动权利。

各级人民政府应当对残疾人就业统筹规划，为残疾人创造就业条件。

用人单位招用人员，不得歧视残疾人。

第三十条 用人单位招用人员，不得以是传染病病原携带者为由拒绝录用。但是，经医学鉴定传染病病原携带者在治愈前或者排除传染嫌疑前，不得从事法律、行政法规和国务院卫生行政部门规定禁止从事的易使传染病扩散的工作。

第三十一条　农村劳动者进城就业享有与城镇劳动者平等的劳动权利，不得对农村劳动者进城就业设置歧视性限制。

《关于进一步规范入学和就业体检项目维护乙肝表面抗原携带者入学和就业权利的通知》

除卫生部核准并予以公布的特殊职业外，健康体检非因受检者要求不得检测乙肝项目，用人单位不得以劳动者携带乙肝表面抗原为由予以拒绝招（聘）用或辞退、解聘。有关检测乙肝项目的检测体检报告应密封，由受检者自行拆阅；任何单位和个人不得擅自拆阅他人的体检报告。

证据收集

在本案中，用人单位最不该的就是在聘书中写明歧视条款，虽然这可能是基于管理需要，但是因为该婚配约束条款明显属于对已婚劳动者的就业歧视，故不会被法律所支持。

律师策略

招聘条件是录用条件的重要组成部分，其内容可以包括公司所需的岗位、工资构成、工作环境、岗位职责、晋升途径等，还可以做出某些约束，如年龄、性别、学历、工作经验或者工作年限、健康状况、婚育情况等，特殊岗位比如空乘岗位也可对身高、长相等提出要求。但是切记有针对性地对某一类人群进行限制，比如"乙肝病原携带者""已婚"等，或提出一些禁止性条件，比如"几年内不得婚配""几年内不得生育"等，这些都属于无效约定，构成就业歧视。用人单位大可不必在招聘条件里列明所有要求，只需在面试或者其他筛选过程中注意把控某些录用条件即可。

2.3 背景调查能使"问题员工"原形毕露

【实战案例9】员工担责承诺有效还是无效？

案情概要

某科技公司招聘王某任研发总监，并要求王某立刻上班，王某表示同意。但是王某在办理入职手续时，却无法提交离职证明，其表示1个月后才能拿到离职证明，并同意向科技公司出具承诺函，明确承诺如果因其未离职导致科技公司被追究法律责任，由其自行担责。科技公司于是同王某签订了劳动合同。很快科技公司收到传票，王某原属公司提起诉讼，要求确认与王某的劳动关系并未解除。原来王某因原单位派出留学而与原单位签有培训协议，约定王某服务5年，而王某在负责的投入几千万的研发项目尚未完成的情况下就擅自离岗并与该科技公司建立劳动关系，是以王某原属单位要求王某及该公司共同赔偿自己因此受到的损失。

裁判结果

审理机关认为，王某在高额投入研发项目未完成的情况下就与科技公司建立劳动关系，违反了培训协议的相关约定，理应承担赔偿责任。而科技公司未核查劳动关系是否解除就与王某建立劳动关系，虽然王某承诺所有责任由其自行承担，但是仅为双方的约定，不能对抗原属公司的请求，因此科技公司存在过错，理应承担连带责任。

法条链接

《中华人民共和国劳动合同法》

第二十二条 用人单位为劳动者提供专项培训费用，对其进行专业技术培训的，可以与该劳动者订立协议，约定服务期。

劳动者违反服务期约定的，应当按照约定向用人单位支付违约金。违约金的数额不得超过用人单位提供的培训费用。用人单位要求劳动者支付的违约金不得超过服务期尚未履行部分所应分摊的培训费用。

用人单位与劳动者约定服务期的，不影响按照正常的工资调整机制提高劳动者在服务期期间的劳动报酬。

第九十条　劳动者违反本法规定解除劳动合同，或者违反劳动合同中约定的保密义务或者竞业限制，给用人单位造成损失的，应当承担赔偿责任。

第九十一条　用人单位招用与其他用人单位尚未解除或者终止劳动合同的劳动者，给其他用人单位造成损失的，应当承担连带赔偿责任。

《最高人民法院关于审理劳动争议案件适用法律若干问题的解释》

第十一条　用人单位招用尚未解除劳动合同的劳动者，原用人单位与劳动者发生的劳动争议，可以列新的用人单位为第三人。

原用人单位以新的用人单位侵权为由向人民法院起诉的，可以列劳动者为第三人。

原用人单位以新的用人单位和劳动者共同侵权为由向人民法院起诉的，新的用人单位和劳动者列为共同被告。

▌证据收集

本案中，如果科技公司有证据证明王某在入职之时就劳动关系是否解除存在欺诈行为，比如王某的承诺函承诺已与原单位解除劳动关系或者在入职说明书中写明劳动关系已解除，科技公司可以欺诈为由要求免于承担责任。

▌律师策略

通过案例我们可以很容易发现背景调查对用人单位是多么重要，不仅可以防止用人单位因竞业限制或者培训协议而成为被告，也可以防止用人单位因聘用未解除劳动关系的劳动者而被追责。尤其是在聘用一些高级管理人员时，不仅可以防控风险，还能更加直接地了解劳动者的工作能力、性格特征及缺点、工作态度及风格等。如此才能使用人单位在招聘过程中寻获最需要的人才。

那么背景调查到底应该从哪些方面展开呢？

1.劳动者的个人身份信息，包括姓名、性别、年龄、户口所在地、经常居住地、直系亲属及联系方式等。

2. 劳动者履历是否真实，如学历、工作经验等。

3. 劳动者是否已经与原单位解除了劳动关系。

4. 劳动者与原单位是否签有竞业限制协议、保密协议、培训协议等约束性文件。

5. 劳动者与原单位是否存在劳动争议或者其他纠纷，如果存在，原因是什么？结果如何？从中可以发现录用的是否是一个诉讼累犯（多次诉讼参与者），如果是，考量是否录用，如果录用必须办理相关书面手续等。

如果通过背景调查发现劳动者确实存在欺诈行为，用人单位可以欺诈为由，确认劳动合同无效而解除双方的劳动关系。

2.4　offer 发出应谨慎，以避免无辜担责

【实战案例 10】收到 offer 后如期报到，用人单位拒绝录用要承担责任吗？

案情概要

某公司向冯某下发 offer，offer 中写明岗位为人事经理，并且详细列明了岗位薪酬、岗位职责及工作邮箱等，要求冯某按时办理入职手续。在报到前，冯某还通过邮件的形式，协助人事总监做了发布招聘信息等一些人事工作。但是在 offer 约定的报到时间的前三天，新公司通知冯某，新公司不准备录用她了，如果冯某入职，只能做人事助理工作。冯某没办法只能另找新单位，导致其四个月未缴纳社会保险。冯某认为新公司的拒绝录用行为属于缔约过失，诉至法院，要求新公司承担赔偿责任。

裁判结果

审理机关经审理认为，新公司下发 offer 的行为应视为发出要约，offer 约定了到岗时间，视为承诺期限，因此不可撤销。且冯某已经为新公司提供了劳动，当然有理由相信，新公司会如约聘用她。新公司拒绝录用其为正式员工，存在

明显过错，应承担缔约过失责任。审理机关支持了张某的诉讼请求，判令新公司赔偿相应的损失。

法条链接

《中华人民共和国合同法》

第十九条　有下列情形之一的，要约不得撤销：

（一）要约人确定了承诺期限或者以其他形式明示要约不可撤销；

（二）受要约人有理由认为要约是不可撤销的，并已经为履行合同作了准备工作。

第四十二条　当事人在订立合同过程中有下列情形之一，给对方造成损失的，应当承担损害赔偿责任：

（一）假借订立合同，恶意进行磋商；

（二）故意隐瞒与订立合同有关的重要事实或者提供虚假情况；

（三）有其他违背诚实信用原则的行为。

证据收集

本案中，用人单位如果存有冯某到期未到岗的书面材料或者掌握有冯某不符合录用条件的其他情形，完全可以在冯某被录用后解除劳动关系，而避免支付经济补偿金。

律师策略

offer，也即录用通知，是用人单位向劳动者发出的建立劳动关系的意思表示，在法律上来说，这属于用人单位要约，是建立合同关系的先决条件，对用人单位具有法律约束力。如果用人单位在 offer 中明确了劳动者报到期限，在合同法上看，该 offer 即属于不可撤销的要约，只要劳动者同意，且双方均无违反 offer 要求的情况出现，用人单位就应当按照 offer 中承诺的内容与劳动者建立劳动关系，违约需要承担"缔约过失责任"。

基于上述事实，用人单位的 offer 不得随意下发，那么 offer 还有哪些事项值得我们关注呢？

1.offer 的内容应包含如下事项：岗位主要职责、工作地点、直接领导（绩效

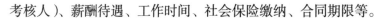

考核人）、薪酬待遇、工作时间、社会保险缴纳、合同期限等。

2.offer 的内容最好能够与劳动合同内容相符，比如员工的工作岗位、薪酬、工作地点等，offer 中还有兜底条款不可或缺，offer 内容与劳动合同内容不一致的，以劳动合同为准。

3.offer 最好约定有效期，如果应聘者在录用通知载明的时间未到岗，录用通知即告失效，用人单位可另招新人，且不用承担任何责任。

4.offer 要载明不予录用的情形，比如应携带个人资料原件及复印件、学历证明文件、离职证明、体检报告等，否则用人单位有权不予录用，或者可以不符合录用条件为由解除劳动关系。

5.offer 也可载明违约责任。如果应聘者在规定时间内未报到，用人单位可要求该应聘者承担必要的责任，比如另行聘用该岗位所发生的费用等。

2.5　缺少入职登记，单位或将无法维权

【实战案例 11】员工再次入职，工龄如何计算？

▌案情概要

陈某入职一家劳务公司，1 年后因到外地当兵而离职，2 年后又回到此劳务公司工作，第二次入职时仅签署了劳动合同。1 年后，因陈某多次旷工，无故迟到早退，工作态度消极，公司将其辞退，并支付陈某 1 个月的工资作为经济补偿金。

陈某多次向劳务公司提出解除劳动关系的补偿金应为 3 个月的工资，劳务公司不同意支付，认为陈某当兵的时间不应计入工龄。陈某诉至劳动争议仲裁委员会要求 3 个月的工资作为解除劳动关系的经济补偿金。

▌裁判结果

审理机关经审理查明，陈某与劳务公司签订了两份合同，签署的时间间隔为 2 年，劳务公司主张陈某曾经离职，离职后二次入职的在岗时间为 1 年，工

龄不应连续计算，但是劳务公司并无相关的证据证明陈某二次入职。陈某称劳务公司要求其签署两份劳动合同，不知是何原因，而其在劳务公司的工作年限为3年，依照法律规定，劳务公司应支付3个月工资作为解除补偿金，因劳务公司举证不能，审理机关采信陈某的主张。

法条链接

《中华人民共和国劳动合同法》

第四十七条第一款 经济补偿按劳动者在本单位工作的年限，每满一年支付一个月工资的标准向劳动者支付。六个月以上不满一年的，按一年计算；不满六个月的，向劳动者支付半个月工资的经济补偿。

《最高人民法院关于审理劳动争议案件适用法律若干问题的解释》

第十三条 因用人单位作出的开除、除名、辞退、解除劳动合同、减少劳动报酬、计算劳动者工作年限等决定而发生的劳动争议，用人单位负举证责任。

证据收集

本案中，如果用人单位保存了陈某离职的证明或者入职登记表，或者陈某在军队的相关书证，均可以证明陈某再次入职到用人单位的时间，从而使审理机关认定其工龄不能连续计算。

律师策略

在劳动争议案件中，劳动者的入职时间、离职时间以及工龄是由用人单位负举证责任的，该案例中，劳务公司之所以败诉，也是因为劳务公司没有证据证明陈某离职以及再次入职的主张。那么，什么能够证明该主张呢？一般是离职手续及再次入职的入职登记表，因为劳动者有不同主张时，劳动合同对入职时间的证明效力并不高，故可见《入职登记表》的重要性。下面我们详细解析一下入职登记表的注意事项。

1.入职登记表的内容包含与入职员工有关的所有信息，比如个人身份信息、学历信息、通信地址、工作经历、直系亲属的联系方式等，而且必须要求劳动者详细填写，不能疏漏，因为个人信息部分，包括年龄、学历、工作经历等，

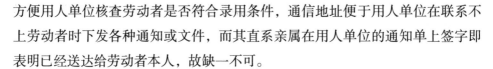

方便用人单位核查劳动者是否符合录用条件，通信地址便于用人单位在联系不上劳动者时下发各种通知或文件，而其直系亲属在用人单位的通知单上签字即表明已经送达给劳动者本人，故缺一不可。

2. 用人单位还需注意，入职登记表中的所有信息均应由员工本人填写并签字确认。

3. 入职登记表中还应表明如下条款：入职登记表中劳动者所有填写的内容将会影响用人单位决定是否录用该员工，如果发现员工填写的内容虚假，则可能因其欺诈而使得劳动合同无效。

2.6 单位要求劳动者提供担保，属知法犯法

【实战案例 12】美容顾问的工卡费用该由谁出？

案情概要

褚某入职某美容院，任美容顾问，约定月工资 5000 元，并以销售美容卡总额的 10% 作为奖金，试用期 6 个月。美容院要求褚某缴纳 200 元工卡费才能上岗，但同意在褚某转正以后，可以返还褚某工卡费，但如果提前离职，包括辞职和美容院辞退，均视为自动放弃报销工卡费的权利，褚某表示同意，办理了入职手续并自费办理了工卡。后因褚某业绩不合格，连续 3 个月排名最后，4 个月后，美容院将褚某辞退。褚某提出要美容院回购工卡，100 元或者 50 元都可以，美容院称褚某未转正，视为放弃了工卡报销权利，褚某于是诉至劳动争议仲裁委员会，要求美容院支付工卡费。

裁判结果

审理机关经审理发现，虽然美容院要求褚某自费购买工卡的行为经过褚某的同意，但工卡的成本费很低，美容院却要收取 200 元的工卡费，属于变相收取财物，故理应由美容院返还该费用。

法条链接

《中华人民共和国劳动合同法》

第九条 用人单位招用劳动者，不得扣押劳动者的居民身份证和其他证件，不得要求劳动者提供担保或者以其他名义向劳动者收取财物。

第八十四条 用人单位违反本法规定，扣押劳动者居民身份证等证件的，由劳动行政部门责令限期退还劳动者本人，并依照有关法律规定给予处罚。

用人单位违反本法规定，以担保或者其他名义向劳动者收取财物的，由劳动行政部门责令限期退还劳动者本人，并以每人五百元以上二千元以下的标准处以罚款；给劳动者造成损害的，应当承担赔偿责任。

劳动者依法解除或者终止劳动合同，用人单位扣押劳动者档案或者其他物品的，依照前款规定处罚。

证据收集

本案中，用人单位不应要求劳动者提供费用购买工卡，而可以通过其他方式收取费用，比如在奖金中扣除部分费用作为工卡费，但需要在工资支付明细中明确标注，并经员工书面签字同意。

律师策略

管理实务中，确有一些企业为了维护自身利益，要求员工提供某些担保，比如金融公司要求员工缴纳投资款、营运司机被要求缴纳交通事故风险抵押金、保险公司要求劳动者或其亲属购买多份保险才能入职、扣押员工身份证件、扣除员工场地费、培训费、报名费等，均属上述收取员工财物或者要求员工提供担保的行为，用人单位必须停止此类行为，以免受诉累或者受到劳动行政部门的处罚。

还有一些公司以招人为名，要求劳动者参加所谓的入职培训并缴纳高额的培训费，却根本没有培训，发几页培训资料就了事，而且在培训后并不会实际雇用参加培训的劳动者，这属于诈骗的违法行为，应与用人单位的非法收取劳动者财物或者非法要求劳动者提供担保的行为区分开来。

2.7 入职培训可帮助单位有效规避风险

【实战案例 13】培训期内旷工视为放弃所有工资，合法吗？

案情概要

卫某入职某公司，该公司与其签订培训协议，约定入职培训期为 7 天，在培训期间擅自离岗或者发生迟到、早退的，视为放弃培训期间的工资，并按自动离职处理，卫某在协议中签字确认。入职培训第 6 天，卫某在上班途中发生交通事故，未按时到岗上班，后虽请假，公司仍以卫某自动离职为由，解除了劳动关系，并拒绝支付其 6 天的工资。卫某无奈诉至劳动争议仲裁委员会，要求公司支付解除劳动关系的经济赔偿金且支付培训期间 6 天的工资。

裁判结果

审理机关经审查认为，虽然卫某与公司达成了一致意见签订培训协议，培训协议中明确约定旷工、迟到、早退均视为放弃工资，但是该约定明显侵害了卫某的权益，属于因违法而导致无效的条款，因此公司必须补齐卫某 6 天的工资。而公司针对旷工即按自动离职处理的做法，也缺乏催告到岗程序，因此应该支付卫某解除劳动关系的经济赔偿金。

法条链接

《中华人民共和国合同法》

第五十二条　有下列情形之一的，合同无效：

（一）一方以欺诈、胁迫的手段订立合同，损害国家利益；

（二）恶意串通，损害国家、集体或者第三人利益；

（三）以合法形式掩盖非法目的；

（四）损害社会公共利益；

（五）违反法律、行政法规的强制性规定。

证据收集

用人单位如想证明其主张，需要准备如下证据：第一，考勤记录，证明卫某确实旷工，且有卫某书面签字认可；第二，卫某同意放弃工资的声明，证明卫某同意公司不发工资。这样用人单位才能胜诉。

律师策略

实务中，确实存在参加入职培训的员工中途突然消失，一段时间过后，用人单位又成为被告，被消失的员工告上法庭，要求支付工资、解除补偿金之类的情形，所以很多用人单位为了避免该类情形发生，出现了案例中的情况，但是法律规定是有限制的，用人单位可以约定不发旷工期间的工资，却不能扣罚其他工资，所以，用人单位可以约定培训期旷工、迟到、早退属于不符合录用条件的行为，以试用期不符合录用条件为由解除劳动关系，这比约定旷工视为自动离职更为稳妥。

第二篇

劳动关系存续期间：合法管理，保留痕迹

3 第三章
劳动合同有误区，企业切勿落入陷阱

　　劳动合同作为劳资双方权利义务的标志性文件，在劳动争议案件处理中具有举足轻重的作用，但是仍有很多用人单位对于无固定期限劳动合同、劳动合同的内容、劳动合同的签订以及续签等方面存在许多认知误区，在解决什么条款可以约定在劳动合同中，什么条款不宜约定在劳动合同中，员工拒签合同怎么办，二倍工资差额如何计算，倒签的劳动合同是否有效等问题上，很多用人单位的做法并不恰当，所以本章将在这些方面为读者答疑解惑。

3.1　建立劳动关系不存在所谓"试工期"

【实战案例 14】培训期内劳资双方是否属于劳动关系？

案情概要

　　蒋某入职某广告公司，该公司与其签订培训协议，约定入职培训期为 7 天，培训期间双方不属于劳动关系，如果培训后蒋某通过测试，则双方签订劳动合同，建立劳动关系，如果蒋某未能通过测试，则广告公司的培训费折抵蒋某的工资，蒋某可另寻工作，培训期间一旦发生旷工、迟到、早退等情况，则视为未通过测试。培训开始后，蒋某发现，广告公司所称的培训其实就是要求蒋某为广告公司提供策划方案及实施广告方案，与提供劳动无异。

　　7 日后，广告公司通知蒋某，其未通过公司的测试，解除了与蒋某的劳动关系，蒋某要求 7 日的工资，并要求公司支付解除劳动关系的经济赔偿金。

裁判结果

审理机关经审查认为，虽然蒋某与公司达成了一致意见签订培训协议，但是公司未提供证据证明向蒋某提供了付费培训，因此公司无法证明培训费用等于蒋某的工资，故广告公司应该支付蒋某 7 天的工资。而广告公司的解聘行为也存在问题，广告公司并不能合理说明蒋某为什么没有通过试用期测试，因此无法证明蒋某确实不符合录用条件，故其行为属于违法解聘，应该支付解除劳动关系的经济赔偿金。

法条链接

《中华人民共和国劳动合同法》

第三十九条 劳动者有下列情形之一的，用人单位可以解除劳动合同：

（一）在试用期间被证明不符合录用条件的；

（二）严重违反用人单位的规章制度的；

（三）严重失职，营私舞弊，给用人单位造成重大损害的；

（四）劳动者同时与其他用人单位建立劳动关系，对完成本单位的工作任务造成严重影响，或者经用人单位提出，拒不改正的；

（五）因本法第二十六条第一款第一项规定的情形致使劳动合同无效的；

（六）被依法追究刑事责任的。

《中华人民共和国合同法》

第五十二条 有下列情形之一的，合同无效：

（一）一方以欺诈、胁迫的手段订立合同，损害国家利益；

（二）恶意串通，损害国家、集体或者第三人利益；

（三）以合法形式掩盖非法目的；

（四）损害社会公共利益；

（五）违反法律、行政法规的强制性规定。

证据收集

用人单位如想证明其主张，需要准备如下证据：第一，培训记录、培训内容、培训签到记录、授课教师信息等，以证明培训的合法性；第二，用人单位与蒋某约定试用期的书面文件；第三，用人单位需明确录用条件，故还需要蒋某知晓录用条件的签字文件、用人单位考核的试卷或者考核结果等书面文件，以证明蒋某不符合录用条件。

律师策略

很多用人单位利用所谓的试用期、见习期、实习期、培训期等说辞，确认在试工期、见习期、实习期、培训期内，劳动者属于学习阶段，用人单位并未从中获益，因此试工期、见习期、实习期、培训期内无工资。实际上，这些约定是违法的，法律并未规定在试用期外还有试工期、见习期、实习期、培训期，且这些期间内无须支付劳动者报酬，因此用人单位妄图以此途径规避风险，得不偿失，不仅需要支付工资，还没有办法以试用期不符合录用条件为由解除劳动关系，原因在于双方并未约定试用期，所谓的试工期、见习期、实习期、培训期均视为双方建立劳动关系且未约定试用期。

3.2　签订书面劳动合同以避免赔付二倍工资差额

【实战案例 15】劳动合同签没签谁说了算？

案情概要

某科技公司聘用沈某任技术总监，双方约定沈某工资为每月 2 万元，入职后公司一直要求签订劳动合同，沈某每次都以在外地出差为由拒绝签订，沈某入职将近一个月时，科技公司 HR 决定将劳动合同快递给沈某，并电话通知了沈某，沈某表示同意。5 日后，公司收到了沈某快递过来的劳动合同，HR 通过电话向沈某确认劳动合同是否为其本人签署，沈某当即表示是的。科技公司 HR 对此作了电话录音。1 年后，沈某离职，诉至劳动争议仲裁委员会要求科技公司支付其未签订书面劳动合同的二倍工资差额。沈某当庭表示科技公司提交的劳动合同上沈某的签字并不是由沈某书写，科技公司提交了通话录音以及两份快递单，快递单上明确标明快递的物品是劳动合同，用以证明该份劳动合同确实由沈某快递到公司，并且明确认可该份劳动合同由其签订，沈某找人代签合同属于欺诈。

裁判结果

审理机关经审查认为，科技公司的录音资料及快递单据足以证明科技公司已经在法定期限内完成了书面劳动合同签订义务。而沈某在电话中明确认可其快递给公司的劳动合同由其签署，且劳动合同实际不是沈某签订的，是沈某在签订劳动合同中存在欺诈行为，因此认定科技公司无须支付沈某所主张的未签订劳动合同的二倍工资差额。

法条链接

《中华人民共和国劳动合同法》

第十四条第三款 用人单位自用工之日起满一年不与劳动者订立书面劳动合同的，视为用人单位与劳动者已订立无固定期限劳动合同。

第八十二条 用人单位自用工之日起超过一个月不满一年未与劳动者订立书面劳动合同的，应当向劳动者每月支付二倍的工资。

《中华人民共和国劳动争议调解仲裁法》

第二十七条 劳动争议申请仲裁的时效期间为一年。仲裁时效期间从当事人知道或者应当知道其权利被侵害之日起计算。

前款规定的仲裁时效，因当事人一方向对方当事人主张权利，或者向有关部门请求权利救济，或者对方当事人同意履行义务而中断。从中断时起，仲裁时效期间重新计算。

因不可抗力或者有其他正当理由，当事人不能在本条第一款规定的仲裁时效期间申请仲裁的，仲裁时效中止。从中止时效的原因消除之日起，仲裁时效期间继续计算。

劳动关系存续期间因拖欠劳动报酬发生争议的，劳动者申请仲裁不受本条第一款规定的仲裁时效期间的限制；但是，劳动关系终止的，应当自劳动关系终止之日起一年内提出。

《北京市劳动合同规定》

第五十一条 用人单位违反本规定第八条规定，未与劳动者订立劳动合同的，由劳动和社会保障行政部门责令限期改正，逾期不改的，按照未签订劳动合同的人数，对用人单位处以每人500元罚款。

《北京市高级人民法院、北京市劳动争议仲裁委员会关于劳动争议案件法律适用问题研讨会会议纪要（二）》

27. 劳动合同期满后未订立劳动合同，劳动者仍在原用人单位继续工作，如何处理？

劳动合同期满后未订立劳动合同，劳动者仍在原用人单位继续工作，应适用《劳动合同法》第十条、第十四条第三款、第八十二条，《中华人民共和国劳动合同法实施条例》第六条、第七条的规定进行处理。在此情况下，因为用人单位对原劳动合同期满和继续用工的法律后果均有预期，因此不需要再给予一个月的宽限期，原劳动合同期满次日，即是用人单位应当订立劳动合同之日和承担未订立劳动合同的法律后果之日。

28. 《劳动合同法》第八十二条"二倍工资"的认定与起止时间、计算方法？

（1）依据《劳动合同法》第十条、第八十二条第一款规定，用人单位自用工之日起超过一个月不满一年未与劳动者订立书面劳动合同的，自用工之日满一个月的次日起开始计算二倍工资，截止点为双方订立书面劳动合同的前一日，最长不超过十一个月。

（2）用人单位因违反《劳动合同法》第十四条第三款规定，自用工之日满一年不与劳动者订立书面劳动合同，视为用人单位与劳动者已订立无固定期限劳动合同的情况下，劳动者可以向仲裁委、法院主张确认其与用人单位之间属于无固定期限劳动合同关系。在此情况下，劳动者同时主张用人单位支付用工之日满一年后的二倍工资的不予支持。

（3）如果劳动合同期满后，劳动者仍在用人单位工作，用人单位未与劳动者订立书面劳动合同的，计算二倍工资的起算点为自劳动合同期满的次日，截止点为双方补订书面劳动合同的前一日，最长不超过十二个月。

（4）用人单位违反《劳动合同法》第十四条第二款、第八十二条第二款规定，不与劳动者订立无固定期劳动合同的，二倍工资自应订立无固定期限劳动合同之日起算，截止点为双方实际订立无固定期限劳动合同的前一日。

（5）二倍工资中属于劳动者正常工作时间劳动报酬的部分，适用《调解仲裁法》二十七条第四款的规定；增加一倍的工资属于惩罚性赔偿的部分，不属于劳动报酬，适用《调解仲裁法》二十七条第一款的规定，即一年的仲裁时效。

二倍工资适用时效的计算方法为：在劳动者主张二倍工资时，因未签劳动合同行为处于持续状态，故时效可从其主张权利之日起向前计算一年，据此实际给付的二倍工资不超过十二个月，二倍工资按未订立劳动合同所对应时间用人单位应当正常支付的工资为标准计算。

29. 用人单位与劳动者补签劳动合同，劳动者主张未订立劳动合同二倍工资可否支持？

用人单位与劳动者建立劳动关系后，未依法自用工之日一个月内订立书面劳动合同，在劳动关系存续一定时间后，用人单位与劳动者在签订劳动合同时将日期补签到实际用工之日，视为用人单位与劳动者达成合意，劳动者主张二倍工资可不予支持，但劳动者有证据证明补签劳动合同并非其真实意思表示的除外。

用人单位与劳动者虽然补签劳动合同，但未补签到实际用工之日的，对实际用工之日与补签之日间相差的时间，依法扣除一个月订立书面劳动合同的宽限期，劳动者主张未订立劳动合同二倍工资的可以支持。

30. 存在劳动者患病或者非因工负伤在规定的医疗期内，女职工在孕期、产期、哺乳期期间等《劳动合同法》第四十二条规定的情形，劳动合同期满时，用人单位未与劳动者续订劳动合同，是否认定为未订立劳动合同而支付二倍工资？

劳动合同期满，有《劳动合同法》第四十二条规定的情形的，劳动合同应当续延至相应的情形消失时终止，故在续延期间用人单位与劳动者无须订立书面劳动合同，故不应支付二倍工资。

31. 用人单位法定代表人、高管人员、人事管理部门负责人或主管人员未与用人单位订立书面劳动合同并依据《劳动合同法》第八十二条规定向用人单位主张二倍工资的，应否支持？

用人单位法定代表人依据《劳动合同法》第八十二条规定向用人单位主张二倍工资的，一般不予支持。

用人单位高管人员依据《劳动合同法》第八十二条规定向用人单位主张二倍工资的，可予支持，但用人单位能够证明该高管人员职责范围包括管理订立劳动合同内容的除外。对有证据证明高管人员向用人单位提出签订劳动合同而被拒绝的，仍可支持高管人员的二倍工资请求。

用人单位的人事管理部门负责人或主管人员依据《劳动合同法》第八十二

条规定向用人单位主张二倍工资的，如用人单位能够证明订立劳动合同属于该人事管理部门负责人的工作职责，可不予支持。有证据证明人事管理部门负责人或主管人员向用人单位提出签订劳动合同，而用人单位予以拒绝的除外。

32. 用人单位与劳动者约定劳动合同到期续延，在劳动合同到期后劳动者继续工作，并主张未签订劳动合同的二倍工资是否支持？

因用人单位与劳动者在劳动合同中已经约定劳动合同到期续延，但未约定续延期限，在劳动合同到期后，劳动者仍继续工作，双方均未提出解除或终止劳动合同时，属于双方意思表示一致续延劳动合同，可视为双方订立一份与原劳动合同内容和期限相同的合同，故劳动者主张未签订劳动合同的二倍工资不应支持。

33. 用人单位与劳动者约定劳动合同到期续延，此后劳动者以连续订立两次固定期限劳动合同为由，提出或者同意续订、订立无固定期限劳动合同，如何处理？

用人单位与劳动者约定劳动合同到期续延，且实际续延劳动合同的，合同约定了续延期限的，续延期限届满时，劳动者以连续订立两次固定期限劳动合同为由，提出或者同意续订、订立无固定期限劳动合同，用人单位应当与劳动者订立无固定期限劳动合同。用人单位不与劳动者订立无固定期限劳动合同的，可以依劳动者的主张确认存在无固定期限劳动合同关系。

《上海市劳动合同条例》

第五十六条　用人单位未按照本条例规定与劳动者订立书面劳动合同的，由劳动保障行政部门责令限期改正，并可以按每人五百至一千元处以罚款。

《北京市高级人民法院、北京市劳动人事争议仲裁委员会关于审理劳动争议案件法律适用问题的解答》

21. 用人单位给付劳动者的工资标准计算基数按哪些原则确定？

（1）劳动者每月应得工资与实得工资的主要差别在于各类扣款和费用，应得工资包括个人应当承担的社会保险金、税费等。对于社会保险金、税费，用人单位承担的仅是代缴义务，劳动者的纳税由税务机关负责，社会保险金缴纳由社会保险机构负责，审理中一般按照劳动者应得工资确定工资标准。

（2）用人单位与劳动者在劳动合同中约定了工资标准的，以该约定为准。劳动合同没有约定的，按照集体合同约定的工资标准确定。劳动合同、集体合同均未约定的，按照劳动者本人正常劳动实际发放的工资标准工资确定。依照本款确定的工资标准不得低于本市规定的最低工资标准。

（3）计算"二倍工资"的工资标准时，因基本工资、岗位工资、职务工资、工龄工资、级别工资等按月支付的工资组成项目具有连续性、稳定性特征，金额相对固定，属于劳动者正常劳动的应得工资，应作为未订立劳动合同二倍工资差额的计算基数，不固定发放的提成工资、奖金等一般不作为未订立劳动合同二倍工资差额的计算基数。

（4）在计算劳动者解除劳动合同前十二个月平均工资时，应当包括计时工资或者计件工资以及奖金、津贴和补贴等货币性收入。其中包括正常工作时间的工资，还包括劳动者延长工作时间的加班费。劳动者应得的年终奖或年终双薪，计入工资基数时应按每年十二个月平均分摊。《劳动合同法》第四十七条规定的计算经济补偿的月工资标准应依照《劳动合同法实施条例》第二十七条规定予以确定；《劳动合同法实施条例》第二十七条中的"应得工资"包含由个人缴纳的社会保险和住房公积金以及所得税。

（5）劳动者所得实际工资扣除该月加班费后的数额低于本市规定的最低工资标准的，按照本市规定的最低工资标准执行。

证据收集

用人单位在与员工签订劳动合同之时，同时需要员工签订劳动合同签收单以及签署劳动合同通知书用以证明用人单位已经积极履行了劳动合同签订义务，如果劳动者在外地工作，需要通过快递形式邮寄劳动合同的，可以保留与签订劳动合同相关的来往邮件、通话录音、短信、微信等。

律师策略

根据《中华人民共和国劳动合同法》的相关规定，两种情况之下需要支付未签订劳动合同的二倍工资差额，一种是自入职之日起超过一个月未签署书面劳动合同，有一个月的宽限期；一种是应签订无固定期限劳动合同而未签订的，自应签之日开始起算，无宽限期。关于未签订书面劳动合同的二倍工资差额问题，应从以下几点了解。

1. 二倍工资差额支付情形及支付期限

（1）用人单位自用工之日起超过一个月不满一年未与劳动者订立书面劳动

合同的，应当向劳动者每月支付二倍工资差额，最长支持不超过十一个月的二倍工资差额，需要及时补签书面劳动合同。

（2）用人单位自用工之日起满一年未与劳动者订立书面劳动合同的，应当向劳动者每月支付二倍工资差额，并及时补签书面劳动合同；劳动者要求用人单位支付用工之日满一年后的二倍工资差额的，视为双方已订立无固定期限劳动合同，不予支持。

（3）劳动合同约定期限届满未终止，且自期限届满之日起未与劳动者续签书面劳动合同的，应当每月向劳动者支付二倍工资差额，并及时补签书面劳动合同；各个地区有其他规定的，从其规定，比如北京市的相关规定，劳动合同中明确约定"劳动合同到期顺延"的，劳动者主张此期间内（原劳动合同期限内）二倍工资差额的，不予支持。

（4）用人单位应订立而不订立无固定期限劳动合同的，自应当订立无固定期限劳动合同之日起向劳动者每月支付二倍工资差额，补签书面劳动合同，如果用人单位有证据证明是劳动者主张签署固定期限劳动合同的，比如劳动者的申请书等，用人单位可以不予二倍工资差额。

2. 二倍工资差额的计算基数

法律实务中存在两种不同观点，一种观点认为，双倍工资的基数应包括所有劳动报酬，另外一种观点认为，双倍工资基数以劳动者正常出勤下的工资为准，不应包括加班工资、提成工资等，后一种观点为主流观点，比如北京市2017年最新的《北京市高级人民法院、北京市劳动人事争议仲裁委员会关于审理劳动争议案件法律适用问题的解答》中规定："计算'二倍工资'的工资标准时，因基本工资、岗位工资、职务工资、工龄工资、级别工资等按月支付的工资组成项目具有连续性、稳定性特征，金额相对固定，属于劳动者正常劳动的应得工资，应作为未订立劳动合同二倍工资差额的计算基数，不固定发放的提成工资、奖金等一般不作为未订立劳动合同二倍工资差额的计算基数。"当然，各地对此都有相应的断案标准及法律法规，以当地政策为准。

3. 诉讼时效问题

二倍工资差额的仲裁追诉时效为一年，自劳动者知道或者应当知道权利受到侵害之日起计算。

3.3　高管未签劳动合同，二倍工资差额必须支付吗？

【实战案例 16】总经理未签劳动合同，要支付其二倍工资差额吗？

■ 案情概要

某钢铁企业任命韩某为总经理，公司的运营全权由韩某负责，并签订了岗位任务书，任务书中明确写明岗位职责，岗位职责没有写明签订劳动合同是韩某的工作职责之一，只写了公司人事管理事项由韩某负责，岗位职责的最后一条是其他与公司运营有关的事项。因为韩某是钢铁企业的股东介绍进来的，因此入职后一直未签订书面劳动合同。一年后，因为韩某工作能力不够，导致企业亏损严重，钢铁企业股东大会决定辞退韩某，韩某要求解聘的经济补偿金及未签订书面劳动合同的双倍工资差额，钢铁企业认为韩某未签订书面劳动合同是因为其工作失职所致，拒绝支付，诉至劳动争议仲裁委员会。

■ 裁判结果

审理机关经审查认为，钢铁企业的岗位任务书中虽未明确规定签署劳动合同属于总经理韩某的工作职责，但是签署劳动合同属于人事管理的范畴，因此认定韩某未签订书面劳动合同是因为其工作失职所致，故不支持韩某的请求。

■ 法条链接

《北京市高级人民法院、北京市劳动争议仲裁委员会关于劳动争议案件法律适用问题研讨会会议纪要（二）》

31. 用人单位法定代表人、高管人员、人事管理部门负责人或主管人员未与用人单位订立书面劳动合同并依据《劳动合同法》第八十二条规定向用人单位主张二倍工资的，应否支持？

用人单位法定代表人依据《劳动合同法》第八十二条规定向用人单位主张二倍工资的，一般不予支持。

用人单位高管人员依据《劳动合同法》第八十二条规定向用人单位主张二倍工资的，可予支持，但用人单位能够证明该高管人员职责范围包括管理订立劳动合同内容的除外。对有证据证明高管人员向用人单位提出签订劳动合同而被拒绝的，仍可支持高管人员的二倍工资请求。

用人单位的人事管理部门负责人或主管人员依据《劳动合同法》第八十二条规定向用人单位主张二倍工资的，如用人单位能够证明订立劳动合同属于该人事管理部门负责人的工作职责，可不予支持。有证据证明人事管理部门负责人或主管人员向用人单位提出签订劳动合同，而用人单位予以拒绝的除外。

广东省高级人民法院、广东省劳动人事争议仲裁委员会《关于审理劳动人事争议案件若干问题的座谈会纪要》

14. 用人单位自用工之日起超过一个月不满一年未与劳动者签订书面劳动合同，或者虽通知劳动者签订书面劳动合同但劳动者无正当理由拒不签订，用人单位未书面通知劳动者终止劳动关系的，应当按照《劳动合同法》第八十二条的规定向劳动者每月支付二倍工资。二倍工资差额的计算基数为劳动者当月应得工资，但不包括以下两项：

（1）支付周期超过一个月的劳动报酬，如季度奖、半年奖、年终奖、年底双薪以及按照季度、半年、年结算的业务提成等；

（2）未确定支付周期的劳动报酬，如一次性的奖金，特殊情况下支付的津贴、补贴等。

劳动合同期满后，劳动者仍在原用人单位工作，超过一个月双方仍未续订劳动合同，劳动者根据《劳动合同法》第八十二条第一款规定要求支付二倍工资的，应予支持。

用人单位自用工之日起满一年不与劳动者订立书面劳动合同，视为已订立无固定期限劳动合同，用人单位无需再支付用工之日起满一年后未订立书面劳动合同的二倍工资。

江苏省高级人民法院关于印发《关于审理劳动人事争议案件的指导意见（二）》的通知

第六条　用人单位未与其高级管理人员签订书面劳动合同，但用人单位能够提供聘任决定或聘任书，证明双方存在劳动权利义务且已实际履行的，高级管理人员以未签订书面劳动合同为由请求用人单位每月支付二倍工资的，不予支持。

高级管理人员的范围依据《中华人民共和国公司法》第二百一十七条第（一）项的规定予以确定。

证据收集

针对未签订劳动合同的二倍工资差额支付问题，用人单位需要提交已经签署的劳动合同。案例中的用人单位需要提交聘书、offer、岗位职责说明书、有高管签字的其他劳动者的劳动合同等可以证明劳动者的岗位职责中含有人事管理项目的书面材料。

律师策略

关于高级管理人员或者人事行政管理人员未签署劳动合同的二倍工资差额问题，各个地区没有统一的判案规则，比如北京市需要用人单位证明劳动者的岗位职责有人事管理事项，江苏省只需证明该劳动者属于《公司法》规定的高级管理人员范畴内，便都可以不必支付未签订书面劳动合同的双倍工资差额。但是广东省则试用无过错原则，只要用人单位未与劳动者签订劳动合同就需要支付二倍工资差额，无论用人单位是否存在过错，所以用工管理者在具体执行过程中需要以当地的法律法规为准则来应对法律风险。

3.4 员工拒签劳动合同，用人单位可终止劳动关系

【实战案例 17】公司书面通知后劳动者仍拒签劳动合同，公司能免责吗？

案情概要

杨某入职某公司担任收银员，公司多次下发书面通知要求杨某签署劳动合同，杨某以各种理由拒绝签订劳动合同。入职 5 个月后，因杨某在工作中

表现很差，难以完成工作任务，公司领导找到杨某沟通解除劳动关系，杨某要求公司支付 10 个月的解除补偿金、4 个月的双倍工资差额等，而公司认为并不存在违法解除的情况，且因杨某故意拖延导致合同一直未签署，公司无理由支付 5 个月的二倍工资差额。协商未果后，公司向其发放书面签订劳动合同通知书及劳动合同，通知书中声明：要求杨某在接到通知后 5 日内，签订劳动合同，否则视为其自动离职。后杨某将公司诉至劳动争议仲裁委员会，要求公司支付未签订劳动合同的二倍工资差额及违法解除的经济赔偿金。

裁判结果

该公司在庭审中提交了三份通知书，要求杨某在限期内签订劳动合同，但杨某一直未签订劳动合同，公司认为在签订劳动合同过程中其不存在过错，不应该支付二倍工资差额。但审理机关认为，公司在杨某拒签劳动合同之时可以解除与杨某的劳动关系，但是公司一直未予解除，理应承担支付未签订劳动合同的二倍工资差额的责任。而公司要求员工限期内签署劳动合同，劳动者有权在限期内对劳动合同条款提出异议，但是劳动者在限期内并未提出，公司有权认为劳动者自动离职，因此可以不支付违法解除的经济赔偿金。

法条链接

《中华人民共和国劳动合同法》

第七条 用人单位自用工之日起即与劳动者建立劳动关系。用人单位应当建立职工名册备查。

第十条 建立劳动关系，应当订立书面劳动合同。

已建立劳动关系，未同时订立书面劳动合同的，应当自用工之日起一个月内订立书面劳动合同。

用人单位与劳动者在用工前订立劳动合同的，劳动关系自用工之日起建立。

《中华人民共和国劳动合同法实施条例》

第五条 自用工之日起一个月内，经用人单位书面通知后，劳动者不与用人单位订立书面劳动合同的，用人单位应当书面通知劳动者终止劳动关系，无需向劳动者支付经济补偿，但是应当依法向劳动者支付其实际工作时间的劳动报酬。

第六条 用人单位自用工之日起超过一个月不满一年未与劳动者订立书面

劳动合同的，应当依照劳动合同法第八十二条的规定向劳动者每月支付两倍的工资，并与劳动者补订书面劳动合同；劳动者不与用人单位订立书面劳动合同的，用人单位应当书面通知劳动者终止劳动关系，并依照劳动合同法第四十七条的规定支付经济补偿。

前款规定的用人单位向劳动者每月支付两倍工资的起算时间为用工之日起满一个月的次日，截止时间为补订书面劳动合同的前一日。

第七条 用人单位自用工之日起满一年未与劳动者订立书面劳动合同的，自用工之日起满一个月的次日至满一年的前一日应当依照劳动合同法第八十二条的规定向劳动者每月支付两倍的工资，并视为自用工之日起满一年的当日已经与劳动者订立无固定期限劳动合同，应当立即与劳动者补订书面劳动合同。

证据收集

用人单位欲规避未签订劳动合同二倍工资差额的支付风险，需要提交向劳动者下发的劳动合同签署通知以及劳动合同签收单等书面材料，劳动者拒签的，用人单位需要提交视听资料或者要求劳动者写明拒签理由作为证据来证明劳动者拒绝签署劳动合同，因此用人单位才与之解除劳动关系。

律师策略

对于劳动者拒签劳动合同，用人单位到底如何应对，法律有明确的规定：

1. 自用工之日起一个月内，用人单位有证据证明劳动者拒绝订立书面劳动合同的，用人单位应当书面通知劳动者解除劳动关系，无须向劳动者支付经济补偿。

2. 自用工之日起超过一个月不满一年，用人单位有证据证明劳动者拒绝订立书面劳动合同的，用人单位应当书面通知劳动者解除劳动关系，并依照《劳动合同法》第四十七条的规定支付经济补偿。

3. 自用工之日起超过一年未签署书面劳动合同的，视为双方已经建立了无固定期限的劳动合同，无论用人单位是否有证据证明系劳动者原因未订立书面劳动合同，用人单位不得以劳动者不签劳动合同为由单方解除劳动关系。

在管理实务中，如果劳动者在入职后拒绝签订劳动合同，且无正当理由的，用人单位可以不予录用；用人单位在与劳动者签订劳动合同时也可以要求劳动者签订劳动合同签收单，用以证明劳动者已经收到劳动合同。

3.5　签订两次书面劳动合同后，单位丧失单方终止劳动关系权利

【实战案例 18】两次签订书面劳动合同，用人单位有权到期终止吗？

案情概要

朱某到某公司工作，与用人单位签订了一年期的劳动合同，合同到期后，续签了一份终止期限为两年的劳动合同，两年后，公司通知朱某在劳动合同到期后不再续签。朱某认为，双方已经签署了两次劳动合同，依据法律规定，应该签订无固定期限劳动合同，公司不同意，后朱某诉至劳动争议仲裁委员会。要求恢复劳动合同关系，并签订无固定期限劳动合同。

裁判结果

朱某在庭审中提交了两份劳动合同，一份是为期一年的，一份是为期两年的，依据相关法律的规定，签订两次书面劳动合同后，除非劳动者要求签订固定期限劳动合同，否则双方应该签订无固定期限劳动合同，审理机关支持了朱某的主张。

法条链接

《中华人民共和国劳动合同法》

第十四条　无固定期限劳动合同，是指用人单位与劳动者约定无确定终止时间的劳动合同。

用人单位与劳动者协商一致，可以订立无固定期限劳动合同。有下列情形之一，劳动者提出或者同意续订、订立劳动合同的，除劳动者提出订立固定期限劳动合同外，应当订立无固定期限劳动合同：

（一）劳动者在该用人单位连续工作满十年的；

（二）用人单位初次实行劳动合同制度或者国有企业改制重新订立劳动合同时，劳动者在该用人单位连续工作满十年且距法定退休年龄不足十年的；

（三）连续订立二次固定期限劳动合同，且劳动者没有本法第三十九条和第

四十条第一项、第二项规定的情形，续订劳动合同的。

用人单位自用工之日起满一年不与劳动者订立书面劳动合同的，视为用人单位与劳动者已订立无固定期限劳动合同。

《中华人民共和国劳动合同法实施条例》

第十九条 有下列情形之一的，依照劳动合同法规定的条件、程序，用人单位可以与劳动者解除固定期限劳动合同、无固定期限劳动合同或者以完成一定工作任务为期限的劳动合同：

（一）用人单位与劳动者协商一致的；

（二）劳动者在试用期间被证明不符合录用条件的；

（三）劳动者严重违反用人单位的规章制度的；

（四）劳动者严重失职，营私舞弊，给用人单位造成重大损害的；

（五）劳动者同时与其他用人单位建立劳动关系，对完成本单位的工作任务造成严重影响，或者经用人单位提出，拒不改正的；

（六）劳动者以欺诈、胁迫的手段或者乘人之危，使用人单位在违背真实意思的情况下订立或者变更劳动合同的；

（七）劳动者被依法追究刑事责任的；

（八）劳动者患病或者非因工负伤，在规定的医疗期满后不能从事原工作，也不能从事由用人单位另行安排的工作的；

（九）劳动者不能胜任工作，经过培训或者调整工作岗位，仍不能胜任工作的；

（十）劳动合同订立时所依据的客观情况发生重大变化，致使劳动合同无法履行，经用人单位与劳动者协商，未能就变更劳动合同内容达成协议的；

（十一）用人单位依照企业破产法规定进行重整的；

（十二）用人单位生产经营发生严重困难的；

（十三）企业转产、重大技术革新或者经营方式调整，经变更劳动合同后，仍需裁减人员的；

（十四）其他因劳动合同订立时所依据的客观经济情况发生重大变化，致使劳动合同无法履行的。

《北京市高级人民法院、北京市劳动争议仲裁委员会关于劳动争议案件法律适用问题研讨会会议纪要（二）》

42. 固定期限劳动合同履行过程中，用人单位与劳动者协商对劳动合同终止时间作出变更，是否认定属于签订了两次劳动合同？

用人单位与劳动者协商一致变更固定期限合同终止时间的，如变更后的终止时间晚于原合同终止时间，使整个合同履行期限增加，视为用人单位与劳动者连续订立两次劳动合同。对初次订立固定期限合同时间变更的，按连续订立两次固定期限劳动合同的相关规定处理，对两次及多次订立固定期限合同时间变更的，按订立无固定期限劳动合同的相关规定处理。如变更后的终止时间比原合同终止时间提前，使整个合同履行期限减少，则仅视为对原合同终止时间的变更。

《广州市劳动争议仲裁委员会、广州市中级人民法院关于劳动争议案件研讨会会议纪要》

15.连续订立二次固定期限劳动合同，且双方当事人同意续订劳动合同，劳动者提出订立无固定期限劳动合同的，应当订立无固定期限劳动合同。

▌证据收集

在本案中，用人单位只能通过协商一致的方式解除双方的劳动关系，因为二次签订书面劳动合同后，用人单位丧失了单方终止劳动关系的权利。

▌律师策略

很多用人单位都会问我如何才能不与劳动者签订无固定期限劳动合同？我问，为什么不能签订无固定期限劳动合同呢？答曰因为用人单位无法单方解除劳动关系。这其实是一种错误认知，用人单位应注意，无固定期限与固定期限劳动合同的区别除了无固定期限劳动合同不能到期终止外，完全是相同的，用人单位完全可依照《劳动合同法》等有关法律的规定，解除双方的劳动关系，无论是严重违纪解除或者不胜任岗位职责解除都是有效且合法的。所以，用人单位无须谈无固定期限而色变，签与不签，顺其自然即可。

那么满足什么条件时，用人单位必须与劳动者签订无固定期限劳动合同呢？

（1）劳动者在该用人单位连续工作满十年的。这里需要强调一点，必须是劳动者在同一用人单位连续工作满十年，如果员工工作满两年离职了，又回到本单位工作满八年，不能认定连续工作满十年，司法实践中用人单位需要保留员工入职、离职的书面文件。此外，还有一类特殊情况，即如果劳动者在劳动合同履行期间工作年限满十年，应在固定期限劳动合同到期后签署无固定期限劳动合同，无须立即签订无固定期限劳动合同。

（2）经用人单位指派到新单位工作的，工龄自入职之日起连续计算满十年的。

（3）用人单位初次实行劳动合同制度或者国有企业改制重新订立劳动合同时，劳动者在该用人单位连续工作满十年且距法定退休年龄不足十年的，也即"双十"规则，劳动者既要满足在该用人单位连续工作满十年的规定，同时还要满足距法定退休年龄不足十年的规定才满足签订条件。

（4）自 2008 年 1 月 1 日之后，劳动者与用人单位连续订立二次固定期限劳动合同，且劳动者没有劳动合同法第三十九条和第四十条第一项、第二项规定的情形，双方续订劳动合同的。

（5）用人单位自用工之日起满一年不与劳动者订立书面劳动合同的，视为双方签订无固定期限劳动合同。

本节案例是一个典型案例，即第二次签署固定期限劳动合同到期后，用人单位能否单方终止的问题，司法实践中，主流观点认为：如果劳动者没有《劳动合同法》第三十九条和第四十条第一项、第二项规定的情形，用人单位不得再以劳动合同到期为由单方终止劳动关系，在这里还要注意广东省辖区内的相关法律法规有不同规定，除非劳动者提出签订无固定期限劳动合同，用人单位可以不签订无固定期限劳动合同。

也许读者会想如果用人单位基于自身原因必须签订固定期限劳动合同该怎么办，难道就没有办法了吗？办法当然有，在符合订立无固定期限劳动合同的条件下，如果劳动者提出要求订立固定期限劳动合同的，可以订立固定期限劳动合同，注意一定要求劳动者书面申请。

最后一个比较重要的问题就是无固定期限劳动合同在什么情况下可以被合法解除呢？

有下列情形之一的，依照《劳动合同法》规定的条件、程序，用人单位可以与劳动者解除无固定期限劳动合同：

（一）用人单位与劳动者协商一致的；

（二）劳动者在试用期间被证明不符合录用条件的；

（三）劳动者严重违反用人单位的规章制度的；

（四）劳动者严重失职，营私舞弊，给用人单位造成重大损害的；

（五）劳动者同时与其他用人单位建立劳动关系，对完成本单位的工作任务造成严重影响，或者经用人单位提出，拒不改正的；

（六）劳动者以欺诈、胁迫的手段或者乘人之危，使用人单位在违背真实意思的情况下订立或者变更劳动合同的；

（七）劳动者被依法追究刑事责任的；

（八）劳动者患病或者非因工负伤，在规定的医疗期满后不能从事原工作，也不能从事由用人单位另行安排的工作的；

（九）劳动者不能胜任工作，经过培训或者调整工作岗位，仍不能胜任工作的；

（十）劳动合同订立时所依据的客观情况发生重大变化，致使劳动合同无法履行，经用人单位与劳动者协商，未能就变更劳动合同内容达成协议的；

（十一）用人单位依照企业破产法规定进行重整的；

（十二）用人单位生产经营发生严重困难的；

（十三）企业转产、重大技术革新或者经营方式调整，经变更劳动合同后，仍需裁减人员的；

（十四）其他因劳动合同订立时所依据的客观经济情况发生重大变化，致使劳动合同无法履行的。

3.6　劳动合同内容因违法而无效，单位得不偿失

【实战案例 19】劳动合同约定怀孕即可解除劳动关系，合法吗？

｜案情概要

秦某入职到某互联网企业任公关总监，负责协调公司危机处理等对外交往事宜。因形象要求，公司与秦某签订劳动合同时，双方约定，秦某在劳动合同的三年期限内不得生育，否则公司有权即刻解除劳动关系，并可免于支付解除劳动关系的经济补偿金。秦某入职后工作积极，处理问题干净利落，很受领导好评，但后来秦某发现意外怀孕并被医院告知因身体原因如果不能保住孩子，

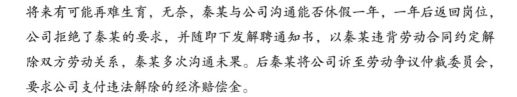

将来有可能再难生育，无奈，秦某与公司沟通能否休假一年，一年后返回岗位，公司拒绝了秦某的要求，并随即下发解聘通知书，以秦某违背劳动合同约定解除双方劳动关系，秦某多次沟通未果。后秦某将公司诉至劳动争议仲裁委员会，要求公司支付违法解除的经济赔偿金。

裁判结果

审理机关经审查查明，秦某与公司签订的劳动合同中确实明确约定：秦某在劳动合同的三年期限内不得生育，否则公司有权即刻解除劳动关系。但该款约定侵害了秦某的生育权，因此属于违反法律禁止性规定的约定，该约定因违法而无效。公司无权因此解除与秦某的劳动关系，理应支付秦某违法解除劳动关系的经济赔偿金。

法条链接

《中华人民共和国合同法》

第五十二条 有下列情形之一的，合同无效：

（一）一方以欺诈、胁迫的手段订立合同，损害国家利益；

（二）恶意串通，损害国家、集体或者第三人利益；

（三）以合法形式掩盖非法目的；

（四）损害社会公共利益；

（五）违反法律、行政法规的强制性规定。

证据收集

本案中，公司若想赢得诉讼，不仅要证明其与劳动者明确约定了可以解除劳动合同的情形，而且还要证明该约定是合法有效的。

律师策略

如果劳动合同的内容违法，如约定女员工在就职期间不得怀孕生子、不得结婚、不得发生办公室婚姻等条款，即便劳动者签字表示认可，这些条款仍然会因侵犯劳动者权利或者违反法律的禁止性规定而无效。

【实战案例20】合同中约定落户后提前解除劳动关系需承担违约金，合法吗？

案情概要

尤某硕士毕业后到北京某国有企业工作，该国有企业的工资数额明显低于其他企业，月薪4500元/月，但是该国有企业可以为尤某办理北京户口落户的相关手续，尤某考虑再三，入职到该国有企业，签订劳动合同时，国有企业人力资源经理向其明示，因为办理了北京户口，尤某需要在国有企业工作5年，如果尤某提前离职，需要支付国有企业户口占用费50000元/年，尤某签字认可。但是第3年时，尤某的同学为其介绍了一家外企工作，如果应聘成功将会被派去澳洲培训1年，尤某认为这是难得的机会，向国有企业请了1年的长假，入职到该外企，后被国有企业诉至劳动争议仲裁委，要求尤某承担12.5万元的违约金。

裁判结果

审理机关经审查查明并认为，尤某签订的劳动合同中约定了服务期，并约定了违约金，国有企业为尤某办理了北京户口，但是《劳动合同法》明确规定了可以约定违约金的情形中并不包含落户，因此国有企业与尤某签订的违约金条款因违反法律规定而无效，尤某无须支付违约金。

法条链接

《中华人民共和国合同法》

第五十二条　有下列情形之一的，合同无效：

（一）一方以欺诈、胁迫的手段订立合同，损害国家利益；

（二）恶意串通，损害国家、集体或者第三人利益；

（三）以合法形式掩盖非法目的；

（四）损害社会公共利益；

（五）违反法律、行政法规的强制性规定。

证据收集

与案例 19 相同，该国有企业不仅要与劳动者明确约定可以解除的情形，还要证明该约定是合法有效的，才有胜诉的把握。

律师策略

在管理实务中，很多一线城市的企业像案例中的国有企业一样，以可为大学生办理落户为优势，并在落户后与劳动者约定高额违约金，最后却竹篮打水一场空。那么到底如何规避上述风险呢？还是有办法可解的，用人单位可以考虑与劳动者签订民事合同，双方约定一方为另一方办理落户手续，另一方同意服务五年，如果违约，需要承担违约责任，而杜绝上述在劳动合同中约定的行为，用人单位的权益即可得到保障。

3.7 劳动合同中必含条款缺失，单位存在法律风险

【实战案例 21】用人单位与劳动者手中的劳动合同哪份效力更高？

案情概要

许某入职某广告公司任项目总监，双方签署了书面的试用期劳动合同，该合同中薪酬数额未填写。在签订劳动合同时，公司告知许某其月工资为 15000 元 / 月，试用期为 6 个月，工资为 12000 元 / 月，转正后，双方签订了正式劳动合同，劳动合同中约定的工资数额为 15000 元 / 月。许某 8 个月后离职，许某的离职单中显示因为广告公司拖欠工资，故解除与广告公司的劳动关系。许某诉至当地劳动争议仲裁机构，要求集团公司补发拖欠的工资，并因此支付劳动关系解除的经济补偿金。

裁判结果

庭审中许某提交了一份劳动合同，劳动合同的薪酬一栏，手填 15000 元 /

月。广告公司提交了两份劳动合同，一份试用期劳动合同，其薪酬一栏没有填写，一份劳动合同，其薪酬数额填写的是 15000 元 / 月。广告公司辩称，双方的正式劳动合同中约定的 15000 元是转正后的工资，试用期工资应为转正后工资的 80%，就是 12000 元。但是许某辩称，双方签订的试用期劳动合同明确显示工资数额为 15000 元 / 月，但是广告公司单方变更为 12000 元，双方签订的正式劳动合同可以证明其工资数额为 15000 元，而不是 12000 元。审理机关认为，依据法律的规定，劳动者的薪酬构成及数额由用人单位负举证责任，广告公司没有证据证明双方约定的试用期工资为 12000 元，许某提交的劳动合同却能证明双方约定的试用期工资为 15000 元，因此广告公司应补齐工资并支付解除劳动关系的经济补偿金。

法条链接

《中华人民共和国劳动合同法》

第十七条　劳动合同应当具备以下条款：

（一）用人单位的名称、住所和法定代表人或者主要负责人；

（二）劳动者的姓名、住址和居民身份证或者其他有效身份证件号码；

（三）劳动合同期限；

（四）工作内容和工作地点；

（五）工作时间和休息休假；

（六）劳动报酬；

（七）社会保险；

（八）劳动保护、劳动条件和职业危害防护；

（九）法律、法规规定应当纳入劳动合同的其他事项。

劳动合同除前款规定的必备条款外，用人单位与劳动者可以约定试用期、培训、保守秘密、补充保险和福利待遇等其他事项。

第十八条　劳动合同对劳动报酬和劳动条件等标准约定不明确，引发争议的，用人单位与劳动者可以重新协商；协商不成的，适用集体合同规定；没有集体合同或者集体合同未规定劳动报酬的，实行同工同酬；没有集体合同或者集体合同未规定劳动条件等标准的，适用国家有关规定。

▌证据收集

在本案中，用人单位提交劳动合同无法证明工资收入的，还可以提交员工签字确认的薪资确认单、工资单等证明劳动者的实际收入。

▌律师策略

劳动合同期限、工作内容和工作地点、工作时间和休息休假、劳动报酬、社会保险等是法律规定的劳动合同必备条款，一般情况下，用人单位应避免遗漏该部分内容，但是在设定劳动合同内容时，用人单位还要注意并不是所有内容都需毫无保留地约定在劳动合同中。用人单位尤其需要注意如下内容。

1. 工作地点如果约定为全国的，最终的劳动合同履行地仍然以劳动者所处固定办公地为准，而并非全国范围内的所有用人单位办事处、办公场所均为劳动合同履行地，且用人单位无权在全国范围内单方作出变更，变更须经劳动者同意。

2. 基于通信方式的发达，建议在劳动合同中添加劳动者联系方式一栏，包括电话、电子邮箱、QQ 号码以及微信号码，以便将来发生争议时，将通话记录、聊天记录作为有效证据使用。

3. 薪酬部分，如果涉及奖金、提成或者其他工资构成的，建议在劳动合同中详细约定核发办法，而不能仅简要写出种类，以免加大拖欠工资的风险。

4. 试用期员工不符合录用条件的情形可以约定在劳动合同中。

5. 员工出现严重违反规章制度的情形，以此为由解除劳动关系时必须详述严重违反公司规章制度的行为或者公示规章制度的某一条款。

6. 将规章制度作为劳动合同的附件公示给劳动者。

3.8 "倒签"劳动合同，用人单位将无法规避高风险

【实战案例 22】离职时补签的劳动合同有效吗？

▌案情概要

何某入职到某咨询公司，因入职员工管理不完善，咨询公司一直未与何某

签署书面的劳动合同。一年后，何某提出辞职，办理离职交接手续时，咨询公司要求其必须补签书面的劳动合同，何某拒绝，咨询公司称何某如果不补签劳动合同，将停发其尚未发放的工资，何某为拿到工资，于是补签了劳动合同，双方劳动关系于当日解除。

离职后，咨询公司一直不为何某办理离职交接手续及开具离职证明，何某遂诉至劳动争议仲裁委员会，要求未签署劳动合同的双倍工资差额及开具离职证明。

▌裁判结果

审理机关经审查发现，何某与咨询公司签订的劳动合同是在何某离职当日签订的，咨询公司认为何某既然同意补签劳动合同，即表明放弃了要求未签订劳动合同的二倍工资差额的权利，因此咨询公司不应再支付未签订书面劳动合同的二倍工资差额。但审理机关认为，何某在职期间一直没有书面劳动合同，因此应支付何某未签订劳动合同的二倍工资差额。

▌法条链接

《北京市高级人民法院、北京市劳动争议仲裁委员会关于劳动争议案件法律适用问题研讨会会议纪要（二）》

29.用人单位与劳动者补签劳动合同，劳动者主张未订立劳动合同二倍工资可否支持？

用人单位与劳动者建立劳动关系后，未依法自用工之日一个月内订立书面劳动合同，在劳动关系存续一定时间后，用人单位与劳动者在签订劳动合同时将日期补签到实际用工之日，视为用人单位与劳动者达成合意，劳动者主张二倍工资可不予支持，但劳动者有证据证明补签劳动合同并非其真实意思表示的除外。

用人单位与劳动者虽然补签劳动合同，但未补签到实际用工之日的，对实际用工之日与补签之日间相差的时间，依法扣除一个月订立书面劳动合同的宽限期，劳动者主张未订立劳动合同二倍工资的可以支持。

32.用人单位与劳动者约定劳动合同到期续延，在劳动合同到期后劳动者继续工作，并主张未签订劳动合同的二倍工资是否支持？

因用人单位与劳动者在劳动合同中已经约定劳动合同到期续延，但未约定续延期限，在劳动合同到期后，劳动者仍继续工作，双方均未提出解除或终止劳动

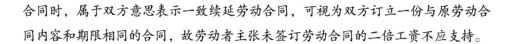
合同时，属于双方意思表示一致续延劳动合同，可视为双方订立一份与原劳动合同内容和期限相同的合同，故劳动者主张未签订劳动合同的二倍工资不应支持。

证据收集

关于"倒签"劳动合同的效力问题，法律规定其实已经非常明确，劳动者能够证明劳动合同是"倒签"的，用人单位就需要支付二倍工资差额，反之，则无须支付，因此如果用人单位能够证明在员工入职后满一个月内就向员工发放了书面的劳动合同，要求员工签署，便可以免除二倍工资差额支付风险。那如何来证明呢？一般情况下让劳动者签署一份发放劳动合同的签领单即可。

律师策略

虽然"补签"与"倒签"劳动合同仅有一字之差，用人单位的行为也是相同的，也即在劳动者入职超过一个月后签订书面劳动合同，但是"倒签"在法律结果上明显不同。所谓倒签，就是将劳动合同的签订日期改在合法的时间内，也即劳动者入职之日起的一个月内，因此用人单位如需规避未签订书面劳动合同的二倍工资差额的支付风险，必须"倒签"劳动合同，而不是"补签"劳动合同，或者通过其他证据佐证该劳动合同是在劳动者入职后一个月内签订的。

3.9　并购后重签还是补签劳动合同，应选择有道

【实战案例 23】劳动者辞职后入职并购公司，工龄连续计算吗？

案情概要

吕某进入某影业公司工作，双方签订的劳动合同期限为 3 年，后该影业公司被一家传媒集团收购，因传媒集团要求重签劳动合同必须与原公司脱离劳动关系，因此吕某递交辞职信并办理了离职手续，离职原因为个人原因。当日吕某与传媒集团签署了劳动合同，期限为 2 年。第二年，传媒集团通知吕某调整工作岗位，工作地点也随之变更，由传媒集团总部调至分公司，吕某不同意，

传媒集团则通知吕某，同意支付吕某一个月工资作为解除劳动关系的经济补偿金，要求与吕某解除劳动关系。吕某认为，其工龄应该连续计算，传媒集团应支付其4个月的工资，但其主张遭到传媒集团的拒绝。吕某诉至劳动争议仲裁委员会，要求工龄连续计算，并要求传媒集团支付其解除劳动关系的经济补偿金。

裁判结果

审理机关经审理查明，传媒集团并购影业公司属于吸收合并，应由传媒集团承担影业公司相应责任，虽然传媒集团主张吕某因个人原因离职，但是吕某辞职日期与集团公司的入职日期为同一天，吕某劳动合同的变更属于非本人原因从原用人单位被安排到新用人单位工作，工龄应连续计算，因此传媒集团应该支付其4个月的工资作为解除劳动关系的经济补偿金。

法条链接

《最高人民法院关于审理劳动争议案件适用法律若干问题的解释（四）》

第五条　劳动者非因本人原因从原用人单位被安排到新用人单位工作，原用人单位未支付经济补偿，劳动者依照劳动合同法第三十八条规定与新用人单位解除劳动合同，或者新用人单位向劳动者提出解除、终止劳动合同，在计算支付经济补偿或赔偿金的工作年限时，劳动者请求把在原用人单位的工作年限合并计算为新用人单位工作年限的，人民法院应予支持。

用人单位符合下列情形之一的，应当认定属于"劳动者非因本人原因从原用人单位被安排到新用人单位工作"：

（一）劳动者仍在原工作场所、工作岗位工作，劳动合同主体由原用人单位变更为新用人单位；

（二）用人单位以组织委派或任命形式对劳动者进行工作调动；

（三）因用人单位合并、分立等原因导致劳动者工作调动；

（四）用人单位及其关联企业与劳动者轮流订立劳动合同；

（五）其他合理情形。

证据收集

本案中，用人单位应保留已经支付解除劳动关系经济补偿金的调解协议及

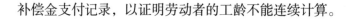

补偿金支付记录，以证明劳动者的工龄不能连续计算。

律师策略

企业被并购后，对于员工因个人原因离职的，工龄是否连续计算，司法界有两种不同的观点，一种观点是劳动者因个人原因离职，表示放弃了要求解除补偿金的权利，因此工龄不能连续计算。但是另一种观点也即主流意见是，除非在原用人单位已经领取了解除劳动关系的经济补偿金或者用人单位有证据证明劳动者放弃解除劳动关系的经济补偿金，否则无论劳动者是以何原因离职，工龄一律连续计算。

用人单位因改制、合并、分立或者其他原因致使用工主体发生变化时，需要对员工进行安置。

1. 在用工主体变化之前与劳动者解除劳动关系，并支付解除劳动关系的经济补偿金，适用于新用工主体不再承继原有企业劳动者的情况。

2. 如果对于工龄是否连续计算并不要求，那么无须重签劳动合同，只需对劳动合同主体、岗位、薪酬或者劳动合同期限进行变更，且将用人单位增加或者改变的条款添加到劳动合同变更书中即可。

同时还要建议用人单位，如果被并购的主体注销，劳动合同一定要作主体变更，否则原单位注销后，主体资格丧失，一旦发生诉讼，新主体没有授权委托书，将无法以原主体名义参与诉讼。

3.10　单位应保留劳动合同无效证据

【实战案例 24】以虚假学历与年龄入职，劳动合同有效吗?

案情概要

某技术公司招聘公司副总，要求年龄在 45 周岁以下，重点大学本科毕业。施某应聘了该职位，入职后，公司多次要求施某提供身份证明及学历证明，施某一直以身份证丢失，在老家办理为由拖延提供。5 个月后，施某提交了一份学历证明，技术公司发现无法在学位网站查询到其信息，施某称因其毕业较早，学历证书并未上网。技术公司将信将疑，后发现施某更是能力不足，遂解除了与施某的劳动关系，解除理由是施某存在学历欺诈，双方劳动合同无效。施某在要求解除劳动关系的经济补偿金遭拒后，诉至劳动争议仲裁委员会，要求给予解除劳动关系的经济补偿金。

裁判结果

审理机关经审理查明，施某的学历证明为虚假学历证明，施某实际为高中毕业，而且施某实际年龄为48周岁，并不是技术公司要求的45周岁以下，因此认定双方签订的劳动合同无效，劳动关系解除，且技术公司无须支付解除劳动关系的经济补偿金。

法条链接

《中华人民共和国劳动合同法》

第二十六条 下列劳动合同无效或者部分无效：

（一）以欺诈、胁迫的手段或者乘人之危，使对方在违背真实意思的情况下订立或者变更劳动合同的；

（二）用人单位免除自己的法定责任、排除劳动者权利的；

（三）违反法律、行政法规强制性规定的。

对劳动合同的无效或者部分无效有争议的，由劳动争议仲裁机构或者人民法院确认。

第二十七条 劳动合同部分无效，不影响其他部分效力的，其他部分仍然有效。

第二十八条 劳动合同被确认无效，劳动者已付出劳动的，用人单位应当向劳动者支付劳动报酬。劳动报酬的数额，参照本单位相同或者相近岗位劳动者的劳动报酬确定。

证据收集

本案中，用人单位需要提交所有可以证明劳动者提供的书面文件虚假的证据，比如身份证明、户籍证明、学历证明、履历证明等以及相关的查询证据，包括查询网页的公证书等，用以证明劳动者在建立劳动关系时存在欺诈行为。

律师策略

收集劳动者信息，用人单位应注意劳动者填写的入职登记表以及劳动者提交的签字认可的相关书面材料。

1. 报到材料可以包括，身份证明、户籍证明、学历证书、体检证明、离职证明等，且均需劳动者签字确认，并带原件方便入职时用人单位核查。

2. 入职登记表中应当包括个人身份信息、学历、通信地址、履历等，如果单位发现其中内容存在虚假的，可以主张劳动合同因欺诈而无效。

3. 入职登记表中的所有信息均需由员工本人填写并签名，书面承诺"知晓登记表记载事实为公司决定是否录用的决定因素，保证所提供信息不存在任何虚假陈述和遗漏，否则将视为欺诈，公司有权随时解除合同"。

4. 针对入职登记表中"健康"一项，如果劳动者确有重大疾病但是采取隐瞒病史的态度与用人单位建立劳动关系，用人单位也可以合同欺诈为由要求认定双方的劳动合同无效。

4 第四章
竞业限制——单位应把握商业秘密保护伞

本书是我的第三本专著，在前两本专著中，我从未想过要将竞业限制作为一个单独章节进行更详尽的分析，但是最近几年，很多行业尤其是互联网行业飞速发展，企业之间的竞争更多地转向人才的竞争，大批的高精尖劳动者无视竞业限制的约束，不仅到竞争企业工作，还帮助新东家挖走原同事，带走源代码，带走经营思路，等等，这些行为无疑将给用人单位造成重大损失。而在竞业限制违约金追讨的诉讼过程中，往往由于竞业限制协议约定条款不明确、竞业限制补偿金支付存在问题或者对竞业限制违约行为的证据举证不能，遭受损失的用人单位最终也只能无功而返。所以我觉得有必要将有关上述问题的一些处理思路梳理一下，给各位读者一个方向性的指导。

4.1 竞业限制内容应完善，防止员工"干私活"侵权

【实战案例 25】劳动者通过直系亲属创立竞争公司，构成违约吗？

| 案情概要

张某入职某互联网公司任产品总监，负责公司所有线上产品的研发及运营，入职时，张某与公司签订了竞业禁止协议，协议约定张某不能到竞争企业工作，或者通过其他方式与竞争企业合作，否则需要承担 100 万元的竞业限制违约金，公司为此每月支付张某 2 万元的竞业限制补偿金。张某工作能力很强，其思路非常新颖，很多上线产品均很受好评，但是好景不长，该互

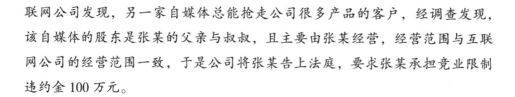

联网公司发现，另一家自媒体总能抢走公司很多产品的客户，经调查发现，该自媒体的股东是张某的父亲与叔叔，且主要由张某经营，经营范围与互联网公司的经营范围一致，于是公司将张某告上法庭，要求张某承担竞业限制违约金 100 万元。

裁判结果

审理机关经审理查明，自媒体公司的股东确为张某的父亲与叔叔，但是互联网公司无法证明张某实际经营该公司或者与该公司的经营产品有任何关联，故不能认定张某存在竞业禁止的行为，法院驳回了互联网公司的诉讼请求。

法条链接

《中华人民共和国劳动合同法》

第二十三条 用人单位与劳动者可以在劳动合同中约定保守用人单位的商业秘密和与知识产权相关的保密事项。

对负有保密义务的劳动者，用人单位可以在劳动合同或者保密协议中与劳动者约定竞业限制条款，并约定在解除或者终止劳动合同后，在竞业限制期限内按月给予劳动者经济补偿。劳动者违反竞业限制约定的，应当按照约定向用人单位支付违约金。

第二十四条 竞业限制的人员限于用人单位的高级管理人员、高级技术人员和其他负有保密义务的人员。竞业限制的范围、地域、期限由用人单位与劳动者约定，竞业限制的约定不得违反法律、法规的规定。

在解除或者终止劳动合同后，前款规定的人员到与本单位生产或者经营同类产品、从事同类业务的有竞争关系的其他用人单位，或者自己开业生产或者经营同类产品、从事同类业务的竞业限制期限，不得超过二年。

《最高人民法院关于审理劳动争议案件适用法律若干问题的解释（四）》

第六条 当事人在劳动合同或者保密协议中约定了竞业限制，但未约定解除或者终止劳动合同后给予劳动者经济补偿，劳动者履行了竞业限制义务，要求用人单位按照劳动者在劳动合同解除或者终止前十二个月平均工资的 30% 按月支付经济补偿的，人民法院应予支持。

前款规定的月平均工资的 30% 低于劳动合同履行地最低工资标准的，按照劳动合同履行地最低工资标准支付。

第七条 当事人在劳动合同或者保密协议中约定了竞业限制和经济补偿，当事人解除劳动合同时，除另有约定外，用人单位要求劳动者履行竞业限制义务，或者劳动者履行了竞业限制义务后要求用人单位支付经济补偿的，人民法院应予支持。

第八条 当事人在劳动合同或者保密协议中约定了竞业限制和经济补偿，劳动合同解除或者终止后，因用人单位的原因导致三个月未支付经济补偿，劳动者请求解除竞业限制约定的，人民法院应予支持。

第九条 在竞业限制期限内，用人单位请求解除竞业限制协议时，人民法院应予支持。

在解除竞业限制协议时，劳动者请求用人单位额外支付劳动者三个月的竞业限制经济补偿的，人民法院应予支持。

第十条 劳动者违反竞业限制约定，向用人单位支付违约金后，用人单位要求劳动者按照约定继续履行竞业限制义务的，人民法院应予支持。

《中华人民共和国公司法》

第一百四十八条 董事、高级管理人员不得有下列行为：

（一）挪用公司资金；

（二）将公司资金以其个人名义或者以其他个人名义开立账户存储；

（三）违反公司章程的规定，未经股东会、股东大会或者董事会同意，将公司资金借贷给他人或者以公司财产为他人提供担保；

（四）违反公司章程的规定或者未经股东会、股东大会同意，与本公司订立合同或者进行交易；

（五）未经股东会或者股东大会同意，利用职务便利为自己或者他人谋取属于公司的商业机会，自营或者为他人经营与所任职公司同类的业务；

（六）接受他人与公司交易的佣金归为己有；

（七）擅自披露公司秘密；

（八）违反对公司忠实义务的其他行为。

董事、高级管理人员违反前款规定所得的收入应当归公司所有。

第一百四十九条 董事、监事、高级管理人员执行公司职务时违反法律、行政法规或者公司章程的规定，给公司造成损失的，应当承担赔偿责任。

《中华人民共和国反不正当竞争法》

第九条 经营者不得实施下列侵犯商业秘密的行为：

（一）以盗窃、贿赂、欺诈、胁迫或者其他不正当手段获取权利人的商业秘密；

（二）披露、使用或者允许他人使用以前项手段获取的权利人的商业秘密；

（三）违反约定或者违反权利人有关保守商业秘密的要求，披露、使用或者允许他人使用其所掌握的商业秘密。

第三人明知或者应知商业秘密权利人的员工、前员工或者其他单位、个人实施前款所列违法行为，仍获取、披露、使用或者允许他人使用该商业秘密的，视为侵犯商业秘密。

本法所称的商业秘密，是指不为公众所知悉、具有商业价值并经权利人采取相应保密措施的技术信息和经营信息。

证据收集

本案中，用人单位与劳动者签订的竞业限制协议中限制的行为中并不包含自营公司或者其直系亲属、其他关联人经营竞争公司的行为，最终用人单位败诉，因此竞业限制协议中的限制行为需要详细约定。

律师策略

法律已经非常明确地规定，用人单位若要主张竞业限制违约金则必须完成以下三个方面的举证责任，一是必须签有竞业限制协议；二是必须支付了竞业限制补偿金；三是有证据证明劳动者存在协议约定的竞业限制的行为。所以我们必须从这三方面入手，详解竞业限制诉讼中用人单位胜诉的关键点。

1. 竞业限制协议中需要详细列举竞业限制行为，不仅包括到竞争企业去工作、建立其他合作关系、为竞争企业挖走工作人员、自营或者其直系亲属、关联人经营与用人单位相竞争的公司等，同时针对竞争企业还不能笼统地表述为存在竞争的企业，而要详细列举公司名称，且列举的公司名称与其实际工商注册的名称应保持高度一致。

2. 竞业限制补偿金的支付问题，可以通过调取银行转账记录来证明。

3. 最难举证的便是劳动者存在竞业限制的行为，司法实践中，很多签了竞业限制协议的劳动者具有防调查的观念，不会与竞争企业签订劳动合同，而采取其他方式为其工作，所以很难举证。一般情况下，用人单位可以到竞争企业中去做调查，通过录音录像的方式证明劳动者与其存在合作关系等。

用人单位也可以与劳动者约定，定期汇报其工作情况，公开其收入情况。发生诉讼时，用人单位可要求法院调取劳动者银行收入记录，发现其与竞争企业有经济来往的，均可以作为证据证明该劳动者存在竞业禁止的违约行为。

4.2　对无保密义务人员，竞业限制应解除

【实战案例 26】签订竞业限制协议就需要支付竞业限制补偿金吗？

案情概要

孔某入职出版社担任食堂服务员。出版社人与孔某签署劳动合同，劳动合同中约定："乙方（指劳动者）若与甲方解除劳动关系，自离开甲方公司之日起两年内不得从事与甲方经营范围所做项目相关联的相同工作。如发现乙方有违反本协议约定行为的，需要支付甲方相应的竞业限制违约金。"劳动合同到期后，双方未再续签。孔某想起劳动合同中约定的内容，多次放弃了其他出版社食堂的工作。离职半年后，孔某认为自己履行了竞业限制义务，要求出版社支付其竞业限制补偿金，未果，遂诉至劳动争议仲裁委员会。

裁判结果

审理机关经审理查明认为，孔某作为出版社的食堂服务员，不属于用人单位的高级管理人员、高级技术人员和其他负有保密义务的人员，不是竞业限制协议应该适用的对象，属于无效的协议，孔某无须承担竞业限制义务，出版社也无义务支付竞业限制补偿金。

法条链接

《中华人民共和国劳动合同法》

第二十三条　用人单位与劳动者可以在劳动合同中约定保守用人单位的商

业秘密和与知识产权相关的保密事项。

对负有保密义务的劳动者，用人单位可以在劳动合同或者保密协议中与劳动者约定竞业限制条款，并约定在解除或者终止劳动合同后，在竞业限制期限内按月给予劳动者经济补偿。劳动者违反竞业限制约定的，应当按照约定向用人单位支付违约金。

第二十四条　竞业限制的人员限于用人单位的高级管理人员、高级技术人员和其他负有保密义务的人员。竞业限制的范围、地域、期限由用人单位与劳动者约定，竞业限制的约定不得违反法律、法规的规定。

在解除或者终止劳动合同后，前款规定的人员到与本单位生产或者经营同类产品、从事同类业务的有竞争关系的其他用人单位，或者自己开业生产或者经营同类产品、从事同类业务的竞业限制期限，不得超过二年。

第二十五条　除本法第二十二条和第二十三条规定的情形外，用人单位不得与劳动者约定由劳动者承担违约金。

《最高人民法院关于审理劳动争议案件适用法律若干问题的解释（四）》

第六条　当事人在劳动合同或者保密协议中约定了竞业限制，但未约定解除或者终止劳动合同后给予劳动者经济补偿，劳动者履行了竞业限制义务，要求用人单位按照劳动者在劳动合同解除或者终止前十二个月平均工资的30%按月支付经济补偿的，人民法院应予支持。

前款规定的月平均工资的30%低于劳动合同履行地最低工资标准的，按照劳动合同履行地最低工标准支付。

第七条　当事人在劳动合同或者保密协议中约定了竞业限制和经济补偿，当事人解除劳动合同时，除另有约定外，用人单位要求劳动者履行竞业限制义务，或者劳动者履行了竞业限制义务后要求用人单位支付经济补偿的，人民法院应予支持。

第八条　当事人在劳动合同或者保密协议中约定了竞业限制和经济补偿，劳动合同解除或者终止后，因用人单位的原因导致三个月未支付经济补偿，劳动者请求解除竞业限制约定的，人民法院应予支持。

第九条　在竞业限制期限内，用人单位请求解除竞业限制协议时，人民法院应予支持。

在解除竞业限制协议时，劳动者请求用人单位额外支付劳动者三个月的竞业限制经济补偿的，人民法院应予支持。

第十条　劳动者违反竞业限制约定，向用人单位支付违约金后，用人单位要求劳动者按照约定继续履行竞业限制义务的，人民法院应予支持。

《北京市高级人民法院、北京市劳动争议仲裁委员会关于劳动争议案件法律适用问题研讨会会议纪要》

38.用人单位与劳动者在劳动合同或保密协议中约定了竞业限制条款，但未就补偿费的给付或具体给付标准进行约定，不应据此认定竞业限制条款无效，双方可以通过协商予以补救，经协商不能达成一致的，可按照双方劳动关系终止前最后一个年度劳动者工资的20%—60%支付补偿费。用人单位明确表示不支付补偿费的，竞业限制条款对劳动者不具有约束力。

劳动者与用人单位未约定竞业限制期限的，应由双方协商确定，经协商不能达成一致的，限制期最长不得超过两年。

《上海市高级人民法院关于适用〈劳动合同法〉若干问题的意见》

十三、当事人对产业限制条款约定不清的处理

劳动合同当事人仅约定劳动者应当履行竞业限制义务，但未约定是否向劳动者支付补偿金，或者虽约定向劳动者支付补偿金但未明确约定具体支付标准的，基于当事人就竞业限制有一致的意思表示，可以认为竞业限制条款对双方仍有约束力。补偿金数额不明的，双方可以继续就补偿金的标准进行协商；协商不能达成一致的，用人单位应当按照劳动者此前正常工资的20%—50%支付。协商不能达成一致的，限制期最长不得超过两年。

《江苏省劳动合同条例》

第二十七条　用人单位与劳动者可以在劳动合同中约定保守用人单位的商业秘密和与知识产权相关的保密事项。

对负有保密义务的劳动者，用人单位可以与其在劳动合同或者保密协议中，就劳动者要求解除劳动合同的提前通知期以及提前通知期内的岗位调整、劳动报酬作出约定。提前通知期不得超过六个月。

《浙江省技术秘密保护办法》

第十五条　竞业限制补偿费的标准由权利人与相关人员协商确定。没有确定的，年度补偿费按合同终止前最后一个年度该相关人员从权利人处所获得报酬总额的三分之二计算。

《深圳经济特区企业技术秘密保护条例》

第二十四条 竞业限制协议约定的补偿费，按月计算不得少于该员工离开企业前最后十二个月月平均工资的二分之一。约定补偿费少于上述标准或者没有约定补偿费的，补偿费按照该员工离开企业前最后十二个月月平均工资的二分之一计算。

《宁波市企业技术秘密保护条例》

第十七条第一款 在竞业限制期间，企业应当按照竞业限制协议中的约定，向被竞业限制人员支付一定的补偿费。年补偿费不得低于该员工离职前一年从该企业获得的年报酬总额的二分之一。

证据收集

用人单位需要收集的证据是双方签订的劳动合同以及岗位职责书等用于证明劳动者并非法律规定的竞业限制对象的书面文件。

律师策略

现今商业竞争日益激烈，越来越多的用人单位意识到商业秘密的重要性，但是在实际操作过程中，由于竞业限制内容不规范、竞业行为举证不能或者竞业限制补偿金支付不及时等往往导致用人单位维权困难，甚至最终铩羽而归。那么在具体实际操作过程中，用人单位到底该关注什么呢？

1. 竞业限制协议并非谁签了都有用

劳动合同法相关条款明确规定"竞业限制的人员限于用人单位的高级管理人员、高级技术人员和其他负有保密义务的人员"。用人单位可以在规章制度中对负有保密义务的人员作出扩大性解释，并与相关人员签订竞业限制协议。

2. 竞业限制的内容更是重中之重

（1）法律规定竞业限制的范围、地域、期限由用人单位与劳动者约定，但是实际操作过程中，很多用人单位在约定范围、区域时过于笼统。实际上最优方案是协议中要明确竞业限制的行业、经营范围，最终落实到具体的单位名称，要注意的是单位名称一个字也不能错，否则前功尽弃，比如北京某某科技公司与北京市某某科技公司，虽然只是多了一个"市"字，结果往往大相径庭。

（2）竞业限制协议最难操作的地方是如何知晓劳动者是否到竞争企业就职，所以可在协议中约定要求劳动者按月书面提供其工作变化状态声明等文件，以便收集相关证据，证明劳动者存在违约行为。

（3）竞业限制的期限是两年，在解除或者终止劳动合同后，劳动者到与本单位生产或者经营同类产品、从事同类业务的有竞争关系的其他用人单位，或者自己开业生产或者经营同类产品、从事同类业务的竞业限制期限，不得超过两年。超过两年的部分无效，劳动者可以不予履行，用人单位也无须支付竞业限制补偿金。

（4）竞业限制期补偿金数额方面，法律并未作出具体规定，由双方当事人约定，可以参照当地的法规予以确定，依据现有的法律法规，各地的补偿金数额在劳动者月收入的20%—60%。

（5）竞业限制补偿金的支付时间，一定避免类似于"单位在设定工资时已经考虑到了竞业限制义务，工资中已包含补偿金"或"竞业限制经济补偿金随工资一并发放"的约定，这都会被视为未支付竞业限制补偿金。竞业限制补偿金在离职后仍必须如约支付，当然用人单位可以与劳动者约定具体的支付方式，因为在两年的竞业限制期限内，没有人能够预料到将来的变数，不建议一次性支付给劳动者。

（6）竞业限制违约金数额一定要明确、具体。如果竞业限制协议中未明确约定违约金数额，用人单位则需提交证据证明经济损失，这无形中增加了用人单位的举证义务与诉讼难度。

3. 用人单位与劳动者都可以解除竞业限制协议

依照《最高人民法院关于审理劳动争议案件适用法律若干问题的解释（四）》的规定：如果用人单位长达三个月不按协议约定支付经济补偿金或者经劳动者要求仍不支付的，则劳动者可以解除竞业限制协议。

如果用人单位与劳动者在竞业限制协议中未明确约定经济补偿金的数额和支付形式，劳动者仍不能直接要求解除该协议，但可以通过审判机构确定用人单位的支付数额及支付形式，用人单位需要履行。

法律赋予了用人单位单方解除竞业限制协议的权利，用人单位可以在竞业

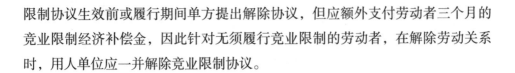

限制协议生效前或履行期间单方提出解除协议，但应额外支付劳动者三个月的竞业限制经济补偿金，因此针对无须履行竞业限制的劳动者，在解除劳动关系时，用人单位应一并解除竞业限制协议。

4.3 保密协议与竞业限制协议不能混为一谈

【实战案例 27】竞业限制与保密义务冲突吗？

案情概要

曹某到某服装公司 A 工作，担任打版师，负责将设计师的设计图纸生产成样品，双方未签订竞业限制及保密协议，而曹某在工作期间有机会接触到 A 公司所有衣服的设计图纸。B 公司知晓这一情况后，找到曹某，要曹某将设计师的图纸提供给 B 公司，曹某拒绝。但是之后曹某多次将生产过程中的瑕疵样衣偷给 B 公司，B 公司依样制造衣服与 A 公司形成竞争。A 公司经多方调查，获知此信息，A 公司诉至法院请求依法判令曹某及 B 公司两被告停止侵权，并赔偿 A 公司经济损失五百万元；诉讼费用由两被告承担。

裁判结果

审理机关认为，根据《不正当竞争法》的相关规定，劳动者的保密义务是法定义务，曹某应该保守公司的商业秘密；而 B 公司在明知曹某处于 A 公司关键岗位，知晓 A 公司商业秘密的情况之下，通过自曹某处拿取样衣生产而从中获利，理应承担连带赔偿责任。

法条链接

《中华人民共和国反不正当竞争法》

第九条 经营者不得实施下列侵犯商业秘密的行为：

（一）以盗窃、贿赂、欺诈、胁迫或者其他不正当手段获取权利人的商业秘密；

（二）披露、使用或者允许他人使用以前项手段获取的权利人的商业秘密；

（三）违反约定或者违反权利人有关保守商业秘密的要求，披露、使用或者允许他人使用其所掌握的商业秘密。

第三人明知或者应知商业秘密权利人的员工、前员工或者其他单位、个人实施前款所列违法行为，仍获取、披露、使用或者允许他人使用该商业秘密的，视为侵犯商业秘密。

本法所称的商业秘密，是指不为公众所知悉、具有商业价值并经权利人采取相应保密措施的技术信息和经营信息。

证据收集

用人单位需要收集的证据是曹某拿取不合格样衣的相关证据，比如监控录像、录音资料、B公司成品衣服以及通过法院调取的曹某是否有大额收益的相关证据等。

律师策略

根据《反不正当竞争法》第九条第三款的规定，本法所称的商业秘密，是指不为公众所知悉、具有商业价值并经权利人采取相应保密措施的技术信息和经营信息。而保密协议是指用人单位针对知悉企业商业秘密的劳动者签订的要求劳动者保守用人单位商业秘密和与知识产权相关的保密事项的协议。而竞业限制协议是通过限制劳动者就业选择权的方式，防止离职的劳动者泄露用人单位的商业秘密。可见，竞业限制是保密的一种手段，通过订立竞业限制协议，可以防止商业秘密被泄露；保密是目标，从而保护用人单位的合法权益。两者存在很多区别。

1. 保密是一种法定义务，无论用人单位与劳动者是否签订保密协议，劳动者需保守用人单位商业秘密，保护商业秘密可以是有条件的，也可以是无条件的，无论是否约定和支付保密费，保密义务人均应保守商业秘密；而竞业限制是用人单位与劳动者约定的义务，而且竞业限制需要支付一定的经济补偿金，未支付补偿金的，劳动者可以不履行竞业限制义务。

2. 履行期限不同。劳动者履行保密义务时，只要商业秘密未被公开或者未经商业秘密所有者的授权，劳动者都无权公开；而按照《劳动合同法》第二十四条的规定，在解除或者终止劳动合同后，竞业限制期限最长不超过二年。

3. 承担的责任不同。违反保密义务,劳动者不仅需要承担民事责任,在一定条件下可能构成侵犯商业秘密犯罪,可承担刑事责任;而劳动者违反了竞业限制义务,到竞争企业去工作,仅负民事赔偿责任。

两者有很多不同之处,但是有共同的目的,即防止商业秘密不被泄露,所以其并不冲突,而是相辅相成的关系。

5 第五章

试用期——试用有法，裁人有术

试用期是法律赋予用人单位单方解除劳动合同这一生杀大权的黄金时期，但是用人单位如不能合理利用该段时期，掉入试用期的试用误区，则必然会发生试用期间劳动关系难解除的问题，更有些用人单位自作主张，单签试用期劳动合同、多次试用或者延长试用期，以为占尽便宜，其实风险暗藏其中，最终难以逃避多付赔偿金或者无法解除劳动关系的法律后果。我们要做的是在源头规避风险，尽量避免走入误区，依法试用，合法解除。其中，注意劳动合同期限长短与试用期限长短是关键。

1. 劳动合同期限不满 3 个月或者劳动合同中约定以完成一定工作任务为期限的，不得约定试用期。

2. 劳动合同期限 3 个月以上不满 1 年的，试用期不得超过 1 个月。

3. 劳动合同期限 1 年以上不满 3 年的，试用期不得超过 2 个月。

4. 3 年以上固定期限劳动合同和无固定期限的劳动合同，试用期不得超过 6 个月。

法律规定上述"不满""以外"不包括本数，"以上""以下"包括本数。

5.1 录用条件为试用期的，裁人基础必须落实

【实战案例 28】试用期员工严重违纪，劳动关系可解除吗？

案情概要

严某与某网络公司签订劳动合同，约定试用期 6 个月，网络公司向严某

公示了规章制度，制度规定月度内连续迟到、早退 3 次，年度内连续迟到、早退 6 次，或者连续旷工 3 天的，属于严重违反公司规章制度的行为，单位可以严重违纪为由解除劳动关系。严某入职后的第 3 个月内，迟到 3 次、早退 3 次，并依照流程在考勤表中标明连续迟到、早退达 6 次，且签字确认。后网络公司认为严某严重违纪，解除了严某的劳动关系。严某要求违法解除劳动关系的经济赔偿金，认为网络公司并未约定录用条件，不能因此解除劳动关系。

裁判结果

审理机关认为，网络公司已经向严某公示了规章制度，且严某书面认可了其迟到的行为，公司以严重违纪为由辞退，符合法律的规定，无须支付严某解除劳动关系的经济赔偿金。

法条链接

《中华人民共和国劳动合同法》

第十九条 劳动合同期限三个月以上不满一年的，试用期不得超过一个月；劳动合同期限一年以上不满三年的，试用期不得超过二个月；三年以上固定期限和无固定期限的劳动合同，试用期不得超过六个月。

同一用人单位与同一劳动者只能约定一次试用期。

以完成一定工作任务为期限的劳动合同或者劳动合同期限不满三个月的，不得约定试用期。

试用期包含在劳动合同期限内。劳动合同仅约定试用期的，试用期不成立，该期限为劳动合同期限。

第八十三条 用人单位违反本法规定与劳动者约定试用期的，由劳动行政部门责令改正；违法约定的试用期已经履行的，由用人单位以劳动者试用期满月工资为标准，按已经履行的超过法定试用期的期间向劳动者支付赔偿金。

第三十九条 劳动者有下列情形之一的，用人单位可以解除劳动合同：

（一）在试用期间被证明不符合录用条件的；

（二）严重违反用人单位的规章制度的；

（三）严重失职，营私舞弊，给用人单位造成重大损害的；

（四）劳动者同时与其他用人单位建立劳动关系，对完成本单位的工作任务造成严重影响，或者经用人单位提出，拒不改正的；

（五）因本法第二十六条第一款第一项规定的情形致使劳动合同无效的；

（六）被依法追究刑事责任的。

证据收集

用人单位需要收集的证据包括规章制度、员工规章制度签收单、考勤表、员工考勤情况确认单等。

律师策略

依据法律规定，在试用期解除劳动关系的，用人单位需要向劳动者说明理由，依此，很多用人单位认为只要向劳动者解释一下即可。实际上，用人单位与试用期劳动者解除劳动关系无须支付解除劳动关系的经济补偿金有两种方式：一是在试用期证明劳动者不符合录用条件，一是劳动者在试用期存在严重违反公司规章制度行为。第一种方式中，需要用人单位举证证明劳动者不符合用人单位的录用条件，用人单位需有证据证明劳动者不符合录用条件且该条件劳动者认可或者无法不认可。第二种方式中，需要用人单位举证证明规章制度、规章制度已公示给劳动者及劳动者存在严重违纪的行为，用人单位需有证据证明劳动者存在严重违纪行为且该行为劳动者认可或者无法不认可，如视频资料、录音资料等。

当然，试用期劳动者用人单位也可以选择协商一致解除劳动关系或者依据《劳动合同法》第四十条的相关规定，证明劳动者不能适应岗位职责，经调岗或者培训后，仍不能适应岗位职责，用人单位支付解除劳动关系的经济补偿金后，也可以解除试用期劳动者的劳动关系。

试用期里与劳动者约定录用条件时，一定要注意如下事项：

1. 录用条件一定要与岗位职责相适应，而且约定要具体，不能泛泛约定。

2. 录用条件的考核点一定要可量化，比如迟到几次、旷工几天、被投诉多少次都需要明确规定。

5.2 员工书面同意延长试用期是否有效?

【实战案例 29】延长试用期内可以不符合录用条件为由解除劳动关系吗?

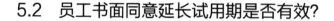

案情概要

　　华某入职到某自媒体工作,岗位是总经理助理,双方签订了 3 年的劳动合同,约定试用期为 6 个月,在此期间,自媒体公司发现华某工作能力虽有所欠缺,但学习能力较强,且工作态度很好,所以与华某沟通,双方延长试用期 3 个月,如果 3 个月内,自媒体公司发现华某仍无法适应公司工作的,双方劳动关系解除,华某表示同意,并签署了书面的延长试用期协议。但是在延长的 3 个月试用期内,华某的能力确实无法胜任公司工作,自媒体公司遂决定解除与华某的劳动关系,但是华某要求再给他 3 个月的期限,他肯定能尽快进入工作状态,自媒体公司拒绝。后华某将自媒体公司诉至劳动争议仲裁委员会,要求其支付违法解除劳动关系的经济赔偿金。

裁判结果

　　审理机关认为,依据法律规定,用人单位无权延长劳动者的试用期,本案中虽然用人单位与劳动者达成延长试用期的一致意见,但是因为该约定违反了劳动合同法关于试用期不能延长的禁止性规定,所以双方的约定无效,视为华某的试用期已过,在此基础上自媒体公司以不符合录用条件为由解除劳动关系属于违法解除劳动关系,理应支付华某违法解除劳动关系的经济赔偿金。

法条链接

　　《中华人民共和国劳动合同法》

　　第十九条　劳动合同期限三个月以上不满一年的,试用期不得超过一个月;

劳动合同期限一年以上不满三年的，试用期不得超过二个月；三年以上固定期限和无固定期限的劳动合同，试用期不得超过六个月。

同一用人单位与同一劳动者只能约定一次试用期。

以完成一定工作任务为期限的劳动合同或者劳动合同期限不满三个月的，不得约定试用期。

试用期包含在劳动合同期限内。劳动合同仅约定试用期的，试用期不成立，该期限为劳动合同期限。

证据收集

本案中，用人单位与华某签署了书面的延长试用期协议，但因该约定违反了《劳动合同法》第十九条的强制性规定，因此，该延长试用期协议的约定是无效的。

律师策略

试用期能否延长？应该说，试用期可以延长。但是延长必须得符合一定条件。

条件一：原来约定试用期小于法定试用期。即 3 年劳动合同法定试用期不得超过 6 个月，原来只约定试用期 3 个月的情况下，我们认为可以延长。

条件二：试用期延长必须与劳动者协商一致。即，在条件一符合的情况下延长试用期也属于合同变更，根据相关规定变更劳动合同内容的需要双方协商一致。如果劳动者不愿意或者不能协商一致的情况下，用人单位无权单方面延长试用期。

条件三：原试用期与延长后的试用期相加不得大于法定试用期。即劳动合同 3 年，原来约定试用期 1 个月的，延长的试用期最多为 5 个月。如果延长 6 个月则违法。

条件四：延长必须在初次试用期到期前提出。例如，无固定期限劳动合同初次约定试用期 4 个月，如果还要延期 2 个月的，必须在 4 个月到期之日前提出并与劳动者协商一致，如果逾期提出的，视作自动转正。

从试用期来说，《劳动合同法》的规定是：同一劳动者在同一用人单位，只能约定一次试用期；在试用期被证明不符合录用条件的，单位可以解除劳动合同。但《劳动合同法》没有规定可以延长试用期，也就是说《劳动合同法》并

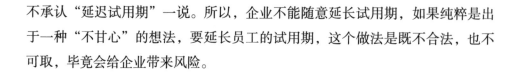

不承认"延迟试用期"一说。所以，企业不能随意延长试用期，如果纯粹是出于一种"不甘心"的想法，要延长员工的试用期，这个做法是既不合法，也不可取，毕竟会给企业带来风险。

【实战案例 30】试用期绝对不能延长吗？

▌案情概要

金某与用人单位建立劳动关系，双方签署了为期 3 年的劳动合同，试用期为 6 个月，劳动合同中明确约定，"试用期内产生病假、事假的，试用期依照病假、事假天数顺延"。金某入职不到 10 天，就因病请假 3 个月，假期结束到岗没超过 1 星期，金某又休病假 2 个月。用人单位发现金某到岗后没几天试用期就将到期，认为金某请假时间过长，依照劳动合同约定应该延长金某的试用期 5 个月，金某不同意，用人单位便单方通知金某试用期将延长 5 个月。金某不服，诉至劳动争议仲裁委员会，要求判令试用期已到期。

▌裁判结果

审理机关认为，双方劳动合同中明确约定病假、事假导致试用期缩短的，可以依照病假、事假天数延长试用期，不存在用人单位无故延长试用期，金某的试用期应依照劳动合同的约定顺延 5 个月。

▌法条链接

《中华人民共和国劳动合同法》

第十九条 劳动合同期限三个月以上不满一年的，试用期不得超过一个月；劳动合同期限一年以上不满三年的，试用期不得超过二个月；三年以上固定期限和无固定期限的劳动合同，试用期不得超过六个月。

同一用人单位与同一劳动者只能约定一次试用期。

以完成一定工作任务为期限的劳动合同或者劳动合同期限不满三个月的，不得约定试用期。

试用期包含在劳动合同期限内。劳动合同仅约定试用期的，试用期不成立，该期限为劳动合同期限。

证据收集

用人单位需要收集的证据包括劳动合同、病假请假单、医院诊断证明等书面证据。

律师策略

为避免在试用期内因劳动者病假、事假频繁而无法考察劳动者工作能力、协作能力的情况，用人单位可以通过书面约定的形式约定劳动者请病假、事假天数不计算在试用期内，试用期将依照病假、事假天数顺延，这不属于用人单位单方延长试用期。但如果用人单位并未通过书面形式将该条款约定下来，则无法单方将病假、事假天数在试用期内扣除，即使劳动者后来书面同意仍有风险，因此顺延试用期优先约定更有效。

5.3　单签试用期合同对用人单位是否有利？

【实战案例 31】试用期劳动合同未到期能否解除？

案情概要

魏某到某建筑工程公司工作，工程公司表示魏某属于试工期，试工期为 6 个月，在试工期内，建筑工程公司只能与魏某签订试用期劳动合同，试用期劳动合同到期公司发现魏某无法胜任岗位职责的，建筑工程公司将以不符合录用条件为由解除与魏某的试用期劳动合同，如果试用期劳动合同到期后，魏某工作能力合格，公司将与其签订正式劳动合同。魏某表示同意，当日，双方签署了试用期劳动合同。6 个月后，魏某负责的项目发生了监理、项目经理吃拿卡要等违纪问题，且工期一延再延，严重影响了项目回款，于是公司领导决定不再继续录用魏某，随即以不符合录用条件为由解除了与魏某的劳动关系。魏某不同意建筑公司的处理意见，遂将建筑工程公司诉至劳动争议仲裁委员会，要求违法解除的经济赔偿金。

裁判结果

审理机关认为，虽然双方均未对试用期劳动合同的签署与适用提出异议，但依据法律的规定，试用期应该包含在劳动合同内，并依照劳动合同期限的长短约定试用期的期限，一旦双方单独签署试用期劳动合同，视为未约定试用期。因此建筑公司不能以不符合录用条件为由解除与魏某的劳动关系，应支持魏某的请求。

法条链接

《中华人民共和国劳动合同法》

第十九条 劳动合同期限三个月以上不满一年的，试用期不得超过一个月；劳动合同期限一年以上不满三年的，试用期不得超过二个月；三年以上固定期限和无固定期限的劳动合同，试用期不得超过六个月。

同一用人单位与同一劳动者只能约定一次试用期。

以完成一定工作任务为期限的劳动合同或者劳动合同期限不满三个月的，不得约定试用期。

试用期包含在劳动合同期限内。劳动合同仅约定试用期的，试用期不成立，该期限为劳动合同期限。

证据收集

用人单位需要收集的证据包括劳动合同及其他证明魏某负责项目发生问题的证据。

律师策略

该案例中，建筑公司本以为单独签署试用期劳动合同是如意算盘，试用期劳动合同期限内属于试工期，随时可以解除劳动合同，而且试用期劳动合同不是正式劳动合同，不受《劳动合同法》的约束，可以签订数次。实则法律已经明确限制了用人单位滥用试用期的行为：一是双方仅签订试用期劳动合同的，视为双方签订了正式劳动合同，约定的试用期无效；二是双方签订的劳动合同中仅约定试用期的，视为约定的试用期无效，双方签订的属于正式劳动合同；三是双方签订试用期劳动合同的，用人单位无法以不符合录用条件为由解除劳动关系；四是双方签订的所谓的试用期劳动合同到期后，用人单位与劳动者签订的正式合同，视为第二次签订劳动合同，该劳动合同到期后，用人单位只能与员工续签无固定期限劳动合同，而无法终止双方的劳动合同。用人单位选择单签试用期劳动合同，其好处与坏处十分分明，故在管理实务中应尽量避免。

5.4 试用期陷阱多，单位必须重视

【实战案例 32】依公司安排跨单位调整岗位的是否可重新约定试用期？

案情概要

陶某至某科技公司工作，任销售总监，3 年后，科技公司在上海成立全资子公司，科技公司遂与陶某商议将陶某调入上海公司任运营总监，负责上海公司的全面业务及运营工作。陶某则自科技公司辞职，入职上海公司，与上海公司重新签订劳动合同，劳动合同中约定的试用期为 6 个月。

陶某到上海公司工作后，因上海公司仍在组建初期，其业务尚处于试水阶段，经常开始后很快被其他业务取代，因此很多业务无法持续进行，严重影响了上海公司的经营业绩。而且陶某与上海公司的总经理经常意见不一致，导致双方隔阂愈加明显和严重。一日，陶某又因运营部门人事变动与上海公司总经理大吵一架，摔门而出，不想第二天，陶某接到解聘邮件，上海公司以不符合录用条件为由，解除与陶某的劳动关系。陶某称其工作年限应该连续计算并要求上海公司支付违法解除劳动关系的经济赔偿金。

裁判结果

审理机关认为，该案的焦点在于同一劳动者与关联公司建立劳动关系时是否可以重新约定试用期？因为本案中，陶某是被公司派遣到子公司工作，应视

为在同一公司工作，因此不能再次约定试用期。

法条链接

《中华人民共和国劳动合同法》

第十九条 劳动合同期限三个月以上不满一年的，试用期不得超过一个月；劳动合同期限一年以上不满三年的，试用期不得超过二个月；三年以上固定期限和无固定期限的劳动合同，试用期不得超过六个月。

同一用人单位与同一劳动者只能约定一次试用期。

以完成一定工作任务为期限的劳动合同或者劳动合同期限不满三个月的，不得约定试用期。

试用期包含在劳动合同期限内。劳动合同仅约定试用期的，试用期不成立，该期限为劳动合同期限。

第八十三条 用人单位违反本法规定与劳动者约定试用期的，由劳动行政部门责令改正；违法约定的试用期已经履行的，由用人单位以劳动者试用期满月工资为标准，按已经履行的超过法定试用期的期间向劳动者支付赔偿金。

《最高人民法院关于审理劳动争议案件适用法律若干问题的解释（四）》

第五条 劳动者非因本人原因从原用人单位被安排到新用人单位工作，原用人单位未支付经济补偿，劳动者依照劳动合同法第三十八条规定与新用人单位解除劳动合同，或者新用人单位向劳动者提出解除、终止劳动合同，在计算支付经济补偿或赔偿金的工作年限时，劳动者请求把在原用人单位的工作年限合并计算为新用人单位工作年限的，人民法院应予支持。

用人单位符合下列情形之一的，应当认定属于"劳动者非因本人原因从原用人单位被安排到新用人单位工作"：

（一）劳动者仍在原工作场所、工作岗位工作，劳动合同主体由原用人单位变更为新用人单位；

（二）用人单位以组织委派或任命形式对劳动者进行工作调动；

（三）因用人单位合并、分立等原因导致劳动者工作调动；

（四）用人单位及其关联企业与劳动者轮流订立劳动合同；

（五）其他合理情形。

劳动部《关于实行劳动合同制度若干问题的通知》

4. 用人单位对工作岗位没有发生变化的同一劳动者只能试用一次。

证据收集

用人单位需要收集的证据包括劳动合同、辞职信、工资发放明细等。

律师策略

试用期的相关禁止性规定很复杂，尤其是试用期期限及二次约定试用期方面有待于用人单位了解与遵守。

1. 试用期期限

试用期期限并不是由用人单位单方规定或者与劳动者协商约定，而是由法律明确界定的，用人单位只能在法律界定的范围内规定试用期长短，一旦用人单位规定的试用期限违反了法律禁止性规定，则视为试用期已经结束，用人单位不得再以不符合录用条件为由解除劳动关系。

2. 试用期社会保险缴纳

试用期应该为劳动者缴纳社会保险，如果确因某些地区社会保险缴纳增员、减员有时间限制，则用人单位应与劳动者书面约定，在每月固定时间为其缴纳社会保险，入职日期在约定缴纳日期后的，应依约至下一个月办理缴纳手续。

3. 试用期薪酬

试用期的薪酬数额不得低于转正后薪酬数额的百分之八十，且不得低于当地最低工资标准。

4. 二次约定试用期

依据《劳动合同法》的相关规定，同一用人单位与同一劳动者只能约定一次试用期。但是依据 1996 年《劳动部关于实行劳动合同制度若干问题的通知》的有关规定，如果岗位发生变更的，用人单位可以与劳动者二次约定试用期，因此如果劳动者二次入职的岗位存在差异，用人单位可以与劳动者约定试用期。

6 第六章
规章制度为管理依据，内容程序均需合法

正如一个国家必须有法律法规一样，一个用人单位必须有自己的规章制度以约束和奖励员工的某些行为，引导劳动者向着用人单位预设的方向工作。但规章制度同样需要符合法定条件才能发挥法定和应有的效力，而这些往往容易被用人单位忽视。比如规章制度制定的程序有哪些？规章制度如何向劳动者告知？以及如何应用规章制度解除劳动关系等，这些其实都需要用工管理者详细了解，熟练应用。

6.1　规章制度的订立及修改程序不得简化

【实战案例 33】未召开全员职工代表大会修订的规章制度有效吗？

案情概要

某技术公司修订新的规章制度，但是很多员工在外地出差，无法召开全员代表大会，公司决定无法参加会议的员工授权在公司的职员参加，出差的员工均签字确认了授权委托书，明确认可代理人参加会议的权利及其代理行为。员工姜某存在严重违纪的行为，技术公司以严重违纪为由解除与其的劳动关系，姜某对此不予认可，认为技术公司存在违法解除劳动关系的行为，诉至劳动争议仲裁委员会，要求违法解除劳动关系的经济赔偿金。

裁判结果

在庭审过程中，技术公司提交了关于规章制度修订的全员职工代表会议的会议纪要及姜某的授权委托书，而姜某认为其未参加职工代表大会，公布的规章制度不应对其发生法律效力。审理机关认为，姜某在授权委托书明确确认了被委托职工的代理权，因此理应对授权的行为承担相应的责任，修订后的规章制度的效力应得到确认，故在姜某存在严重违纪行为的情况下，技术公司有权依规章制度的规定，解除与姜某的劳动关系，因此姜某的诉讼请求应被驳回。

法条链接

《广东省高级人民法院、广东省劳动争议仲裁委员会关于适用〈劳动争议调解仲裁法〉、〈中华人民共和国劳动合同法〉若干问题的指导意见》

第二十条　用人单位在《劳动合同法》实施前制定的规章制度，虽未经过《劳动合同法》第四条第二款规定的民主程序，但内容未违反法律、行政法规及政策规定，并已向劳动者公示或告知的，可以作为用人单位用工管理的依据。

《劳动合同法》实施后，用人单位制定、修改直接涉及劳动者切身利益的规章制度或者重大事项时，未经过《劳动合同法》第四条第二款规定的民主程序的，原则上不能作为用人单位用工管理的依据。但规章制度或者重大事项的内容未违反法律、行政法规及政策规定，不存在明显不合理的情形，并已向劳动者公示或告知，劳动者没有异议的，可以作为劳动仲裁和人民法院裁判的依据。

《深圳市中级人民法院关于审理劳动争议案件若干问题的指导意见（试行）》

78. 用人单位在《劳动合同法》实施以前制定的规章制度，虽未经过《劳动合同法》第四条第二款规定的民主程序，但内容未违反法律、行政法规及政策规定，并已向劳动者公示或告知的，可以作为用人单位用工管理的依据。

《劳动合同法》实施后，用人单位制定、修改直接涉及劳动者切身利益的规章制度或重大事项时，未经过《劳动合同法》第四条第二款规定的民主程序的，原则上不能作为用人单位用工管理的依据。但规章制度或重大事项的内容未违反法律、行政法规及政策规定，不存在明显不合理的情形，并已向劳动者公示或告知的，劳动者没有异议的，可以作为劳动仲裁和人民法院裁判的依据。

79.《劳动合同法》第四条第二款规定的"平等协商确定"主要是指程序上的要求，如果平等协商无法达成一致，最后决定权在用人单位。如该规章制度违反法律法规的规定，给劳动者造成损害的，劳动者可依据《劳动合同法》第八十条寻求救济。

证据收集

用人单位需要收集的证据包括职工代表大会参会签到表、职工代表大会会议纪要、职工代表大会表决意见表、姜某授权委托书等书面材料，必要时可以要求代理人出庭作证。

律师策略

规章制度的制定和修改，需要经过民主程序，当然对于规章制度的制定司法界主流观点仍是"单决制"，即如果劳动者不能认可颁布的规章制度内容，只要该内容不违反法律禁止性规定，该规章制度是否适用，最终的决定权还是在于用人单位。不过，需要注意的是，这种"单决制"是存在于"民主协商"基础之上的，用人单位颁布或者修改规章制度的民主程序还是不能省略。

那么到底什么样的民主程序才是有效民主程序呢？必须是全员都参加的员工大会吗？当然不是，即便是国家法律法规制定修改也不可能实现全民参会，所以可以通过如下形式实现。

1. 全员大会审议通过；

2. 职工代表大会提出方案和意见，审议通过；

3. 全员下发规章制度内容审议函，审议函明确规定异议期限，在限期内未向公司提出修改意见的，视为同意规章制度的相关规定，要求每一个员工签收审议函，留下签收单。

最后，在很多省市审判规则中，民主程序并不是规章制度是否有效的必要条件，虽然规章制度的制定或者修改没有通过民主程序，但只要其内容合法，在通过有效合法的方式向员工公示后，也可作为有效规章制度。比如北京市、广东省、深圳市、浙江省等。

6.2　规章制度内容必须合法

【实战案例 34】用人单位对于劳动者有罚款权利吗？

案情概要

　　戚某应聘到某公司工作，任营销经理，该公司规章制度中明确规定："员工在岗期间如果发生迟到、早退行为超过30分钟的，扣发当日工资，如果旷工的，双倍扣发当日工资，公司经理级以上会议，迟到一次扣发1000元。"一日，公司召开经理级以上会议，戚某迟到5分钟，公司负责人当场宣布，当月工资扣发1000元，戚某称其因接听客户电话迟到，公司负责人称规章制度中未规定迟到原因，客户电话不是理由，明知开会可以早些打，戚某大怒，与公司负责人发生肢体冲突，不欢而散。发工资时，戚某发现，果真少发了1000元，遂以拖欠工资为由解除了劳动关系，并要求公司补齐工资，支付被迫解除劳动关系的经济补偿金。

裁判结果

　　审理过程中，公司拿出规章制度，认为劳动者签收规章制度就表明认可公司有权扣罚劳动者的工资，戚某认为其工资属于其个人资产，公司无权侵犯他的所有权。审理机关认为，戚某的工资虽然由用人单位下发，但是戚某对其工资享有物权，未经戚某同意，用人单位不能侵犯其物权，支持了戚某的主张。

法条链接

　　《中华人民共和国劳动合同法》

　　第四条第一款　用人单位应当依法建立和完善劳动规章制度，保障劳动者享有劳动权利、履行劳动义务。

　　第三十八条　用人单位有下列情形之一的，劳动者可以解除劳动合同：

　　（一）未按照劳动合同约定提供劳动保护或者劳动条件的；

（二）未及时足额支付劳动报酬的；

（三）未依法为劳动者缴纳社会保险费的；

（四）用人单位的规章制度违反法律、法规的规定，损害劳动者权益的；

（五）因本法第二十六条第一款规定的情形致使劳动合同无效的；

（六）法律、行政法规规定劳动者可以解除劳动合同的其他情形。

用人单位以暴力、威胁或者非法限制人身自由的手段强迫劳动者劳动的，或者用人单位违章指挥、强令冒险作业危及劳动者人身安全的，劳动者可以立即解除劳动合同，不需事先告知用人单位。

第八十条 用人单位直接涉及劳动者切身利益的规章制度违反法律、法规规定的，由劳动行政部门责令改正，给予警告；给劳动者造成损害的，应当承担赔偿责任。

▌证据收集

用人单位需要收集的证据包括规章制度、公示规章制度的签收单、表明戚某迟到的书面材料。

▌律师策略

虽然用人单位规章制度的内容拥有一定意义上的"单决权"，但是用人单位也不能据此为所欲为，一定要符合法律的相关规定。否则，员工可以此为由拒绝接受该规章制度的约束。比如，用人单位规章规定，"员工迟到，用人单位可不予发放当日工资，并处相同金额的罚款"。员工一旦迟到，用人单位据此规章扣发工资的，属于拖欠工资。

还有一些特殊行业有其特殊的行规，如模特公司规定模特结婚生子即属于严重违纪，也将因侵犯了劳动者的婚嫁权、生育权而无效。而且因制度内容违法给员工造成损害的，员工可以依照《劳动合同法》相关规定，要求用人单位赔偿，比如解除劳动关系后，欠缴社会保险致使员工无法报销医疗费用，该损失有可能由用人单位承担。

因此在司法实践中，建议用人单位在制定修改规章制度时，请专业的法律人士来审阅一下，以避免发生上述错误，得不偿失。

6.3　规章制度内容公示很重要

【实战案例 35】规章制度在催告函中公示是否具有法律效力？

案情概要

　　谢某在某公司工作后的一年内，经常请事假，公司领导与其沟通很多次，也不见其有所改善。这天，谢某又交来假条要求请假，称要到西藏旅游，请假5 天，领导非常气愤，说要么就上班，要么就离职。结果谢某真的第二天就没有来。公司于当日向谢某发放了书面催告函，要求其在接到催告函 3 日内，到公司上班，否则将认定其无故旷工 3 日，严重违反公司的规章制度，公司将以严重违反公司规章制度为由，解除其劳动关系，并不予支付其解除劳动关系的经济补偿金。

　　第二天，谢某未来上班，满 3 日后，公司下发解除通知，写明因谢某未经公司同意擅自旷工已超过 3 日，严重违反了公司的规章制度，公司因此解除谢某的劳动关系。谢某认为公司应支付其违法解除劳动关系的经济赔偿金。

裁判结果

　　审理机关经审理查明，公司的规章制度是通过催告函向谢某公示的，规章制度内容没有违反法律的禁止性规定，谢某接到通知后，仍未返回工作岗位，公司以谢某旷工为由解除劳动关系合理合法，谢某的诉请被驳回。

法条链接

　　《中华人民共和国劳动合同法》

　　第四条　用人单位应当依法建立和完善劳动规章制度，保障劳动者享有劳动权利、履行劳动义务。

　　用人单位在制定、修改或者决定有关劳动报酬、工作时间、休息休假、劳动安全卫生、保险福利、职工培训、劳动纪律以及劳动定额管理等直接涉及劳动者切身利益的规章制度或者重大事项时，应当经职工代表大会或者全体职工讨论，提出方案和意见，与工会或者职工代表平等协商确定。

在规章制度和重大事项决定实施过程中，工会或者职工认为不适当的，有权向用人单位提出，通过协商予以修改完善。

用人单位应当将直接涉及劳动者切身利益的规章制度和重大事项决定公示，或者告知劳动者。

证据收集

用人单位需要收集的证据包括规章制度、催告函、催告函快递单原件、谢某的考勤记录等书面材料。

律师策略

规章制度的公示是规章制度对劳动者形成约束力不可或缺的必经程序，很多用人单位通过微信、邮件、告示牌、群文件等形式公示规章制度，显然是无法得到预期的法律效力的，因为发生争议时，难以举证。比如告示牌公示，在庭审过程中同样很难举证某一位劳动者阅读过告示牌上的内容，因此在司法实践中我们推荐以下公示方法。

1. 入职签收单：员工入职时候通过签收的形式领取规章制度。

2. 劳动合同附件：作为劳动合同的附件一并下发给劳动者，并在劳动合同中明确写明规章制度的页码。

3. 规章制度内容考试：对于规章制度的主要内容特别是奖惩、考核等内容进行阅览后考试。

4. 会议公示：通过会议纪要、员工签到形式公示给劳动者。

5. 心得体会：要求员工阅读规章制度内容并通过写心得体会的形式将之体现出来。

6. 特快专递。

6.4 违纪行为需详细列明，且应另加兜底条款

【实战案例 36】食堂大妈用菜盆洗内衣，规章制度没有相关规定，能以严重违纪解除劳动关系吗？

案情概要

邹某入职到某单位食堂任服务员，负责清洗餐具和食堂卫生保洁，一日邹某洗衣服时发现衣盆坏掉了，临时拿了两个菜盆当衣盆洗衣服，结果被单位的员工发现。单位知道后，投诉到食堂，食堂以严重违纪为由解除了与邹某的劳动关系，邹某认为食堂没有制度规定菜盆不能洗衣服，公司存在违法解除劳动关系的行为，食堂应支付其违法解除劳动关系的经济赔偿金。

裁判结果

这是发生在北京地区的一个真实案例，此案中，审理机关审理发现，食堂确实没有规章制度规定菜盆不能洗碗，因此裁定食堂支付给邹某违法解除劳动关系的经济赔偿金。这个案例判决一出，一片哗然，邹某的行为非常明显地违反了道德准则，职业道德如此低下的人，用人单位与之解除劳动关系却要支付违法解除劳动关系经济赔偿金明显不合理，为此，北京市出台了会议纪要进行审判规则的纠正。

法条链接

《中华人民共和国劳动合同法》

第三十九条 劳动者有下列情形之一的，用人单位可以解除劳动合同：

（一）在试用期间被证明不符合录用条件的；

（二）严重违反用人单位的规章制度的；

（三）严重失职，营私舞弊，给用人单位造成重大损害的；

（四）劳动者同时与其他用人单位建立劳动关系，对完成本单位的工作任务造成严重影响，或者经用人单位提出，拒不改正的；

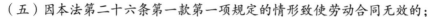

（五）因本法第二十六条第一款第一项规定的情形致使劳动合同无效的；

（六）被依法追究刑事责任的。

《北京市高级人民法院、北京市劳动人事争议仲裁委员会关于审理劳动争议案件法律适用问题的解答》

13. 在规章制度未作出明确规定、劳动合同亦未明确约定的情况下，劳动者严重违反劳动纪律和职业道德的，用人单位是否可以解除劳动合同？

《劳动法》第三条第二款中规定："劳动者应当遵守劳动纪律和职业道德"。上述规定是对劳动者的基本要求，即便在规章制度未作出明确规定、劳动合同亦未明确约定的情况下，如劳动者存在严重违反劳动纪律或职业道德的行为，用人单位可以依据《劳动法》第三条第二款的规定与劳动者解除劳动合同。

证据收集

用人单位需要收集的证据包括规章制度、邹某的投诉记录、邹某自认的违反职业道德行为检讨书、说明书等书面材料。

律师策略

该案例的意义在于使得立法机构认识到了法律法规在设定内容时的前瞻性和预设性等特性的重要，谁也无法穷尽所有将来可能发生的事件，规章制度的内容设定也一样。规章制度内容一方面需要以列举的方式将最常发生的事件规定出来，另一方面还要扩大内容的涵盖性和适用性，也即通过概括性的语言将某些行为规定出来，比如"其他影响公司正常经营的行为""其他违反职业道德的行为""其他影响用人单位办公秩序的行为"，等等，方便用人单位将来约束劳动者的某些行为。

6.5 "严重"与"重大"勿模糊约定

【实战案例 37】员工酒后失控造成千万损失，算严重违纪吗？

案情概要

喻某在某煤炭企业任销售经理，公司与某投资公司合作，煤炭公司总经理要求喻某陪同，与投资公司负责人尚女士商议合作事宜。会后煤炭企业总经理邀请尚女士参加晚宴，在晚餐过程中，喻某酒后失言，使得尚女士愤然离去，双方的投资合作项目无奈告吹。煤炭公司总经理勃然大怒，当场辞退了喻某。喻某不服，认为其虽然酒后失言，冲撞客户，但属于无心之失，煤炭企业的规章制度中并未规定此行为属于"严重违纪"，也并未规定上千万损失属于"重大损害"，要求煤炭公司支付其解除劳动关系的经济赔偿金。煤炭企业称其酒后失言的行为，致使公司遭受了上千万的损失，公司没有向其索赔，就算不错了，不会支付他解除劳动关系的经济赔偿金。喻某诉至当地劳动争议仲裁委员会，要求煤炭企业支付其解除劳动关系的经济赔偿金。

裁判结果

审理机关认为，煤炭企业的制度中并未约定"重大损害"的实质要件，也即并未规定上千万的损失构成重大损害，属于严重违纪行为，因此，煤炭公司以此为由解聘喻某，属于违法解除劳动关系，理应支付其违法解除劳动关系的经济赔偿金。

法条链接

《中华人民共和国劳动合同法》

第三十九条　劳动者有下列情形之一的，用人单位可以解除劳动合同：

（一）在试用期间被证明不符合录用条件的；

（二）严重违反用人单位的规章制度的；

（三）严重失职，营私舞弊，给用人单位造成重大损害的；

（四）劳动者同时与其他用人单位建立劳动关系，对完成本单位的工作任务造成严重影响，或者经用人单位提出，拒不改正的；

（五）因本法第二十六条第一款第一项规定的情形致使劳动合同无效的；

（六）被依法追究刑事责任的。

证据收集

用人单位需要收集的证据包括规章制度、签收单、喻某承认其有严重违纪行为的承诺函、检讨书等书面材料。

律师策略

　　本案中，煤炭企业所犯的最大的错误莫过于未规定什么条件下构成"重大损害"或者"严重违纪"，因此建议用人单位对"重大损害"给予量化的指标，以此来衡量是否构成重大损害。如规定给用人单位造成 1 万元的经济损失的，构成给用人单位带来重大损害，或者被客户投诉 3 次以上的，构成重大损害或者严重违纪。这样在发生劳动争议时，用人单位才能便于举证证明员工确实存在严重违纪的行为。

7 第七章
考勤为人事管理利剑，不能马虎大意

7.1 高管不定时工作制有利有弊，单位应慎重选择

【实战案例 38】不定时工作制的高管还有旷工之说吗？

案情概要

柏某入职某公司做总经理助理，双方劳动合同中约定柏某实行不定时工时制，可以不考勤打卡。工作一年后，公司的人事经理通知柏某，到岗后公司变更了规章制度，全体员工均改为标准工时制，其他工时制均被取消。柏某认为劳动合同中对考勤工作制的变更属于对劳动合同的重大变更，员工可以不同意，拒绝在劳动合同变更书中签字。但公司仍然要求他自收到通知之日起每天到公司打卡上下班，否则，按旷工处理。几天后，柏某收到了公司的解聘通知书，称因柏某连续旷工超过 5 日，公司以严重违反公司规章制度为由解除与柏某的劳动关系。柏某则认为，双方劳动合同约定实行弹性工作制，虽然他未依照公司规定朝九晚五到岗上班，但是他确实为公司提供了劳动，因此公司不能认定其存在旷工行为。后柏某诉至劳动争议仲裁委员会，要求公司支付其违法解除劳动关系的经济赔偿金。

裁判结果

审理机关认为，某公司与柏某签订的劳动合同中明确约定柏某的考勤工作

制为不定时工作制，而考勤制度的变更属于对柏某劳动合同的变更，应该征得柏某的同意，否则只能依照原劳动合同执行，继续履行不定时工作制。该公司以柏某旷工为由解除与柏某的劳动关系，属于违法解除劳动关系的行为，理应支付违法解除劳动关系的经济赔偿金。

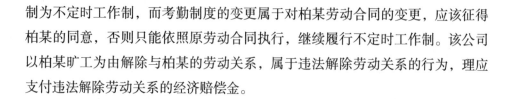

法条链接

《中华人民共和国劳动法》

第三十九条　企业因生产特点不能实行本法第三十六条、第三十八条规定的，经劳动行政部门批准，可以实行其他工作和休息办法。

《工资支付暂行规定》

第十三条　用人单位在劳动者完成劳动定额或规定的工作任务后，根据实际需要安排劳动者在法定标准工作时间以外工作的，应按以下标准支付工资：

（一）用人单位依法安排劳动者在日法定标准工作时间以外延长工作时间的，按照不低于劳动合同规定的劳动者本人小时工资标准的150%支付劳动者工资；

（二）用人单位依法安排劳动者在休息日工作，而又不能安排补休的，按照不低于劳动合同规定的劳动者本人日或小时工资标准的200%支付劳动者工资；

（三）用人单位依法安排劳动者在法定休假节日工作的，按照不低于劳动合同规定的劳动者本人日或小时工资标准的300%支付劳动者工资。

实行计件工资的劳动者，在完成计件定额任务后，由用人单位安排延长工作时间的，应根据上述规定的原则，分别按照不低于其本人法定工作时间计件单价的150%、200%、300%支付其工资。

经劳动行政部门批准实行综合计算工时工作制的，其综合计算工作时间超过法定标准工作时间的部分，应视为延长工作时间，并应按本规定支付劳动者延长工作时间的工资。

实行不定时工时制度的劳动者，不执行上述规定。

《国务院〈关于职工工作时间的规定〉问题解答》

五、问：哪些企业职工可实行不定时工作制？答：不定时工作制是针对因生产特点、工作特殊需要或职责范围的关系，无法按标准工作时间衡量或需要机动作业的职工所采用的一种工时制度。例如：企业中从事高级管理、推销、货运、装卸、长途运输驾驶、押运、非生产性值班和特殊工作形式的个体工作岗位的职工，出租车驾驶员等，可实行不定时工作制。鉴于每个企业的情况不同，企业可依据上述原则结合企业的实际情况进行研究，并按有关规定报批。

六、问：哪些企业职工可实行综合计算工时工作制？答：综合计算工时工作制是针对因工作性质特殊，需连续作业或受季节及自然条件限制的企业的部分职工，采用的以周、月、季、年等为周期综合计算工作时间的一种工时制度，但其平均日工作时间和平均周工作时间应与法定标准工作时间基本相同。主要是指：交通、铁路、邮电、水运、航空、渔业等行业中因工作性质特殊，需要连续作业的职工、地质、石油及资源勘探、建筑、制盐、制糖、旅游等受季节和自然条件限制的行业的部分职工；亦工亦农或由于受能源、原材料供应等条件限制难以均衡生产的乡镇企业的职工等。另外，对于那些在市场竞争中，由于外界因素影响，生产任务不均衡的企业的部分职工也可以参照综合计算工时工作制的办法实施。

对于因工作性质或生产特点的限制，实行不定时工作制或综合计算工时工作制等其他工作和休息办法的职工，企业都应根据《中华人民共和国劳动法》和《规定》的有关条款，在保障职工身体健康并充分听取职工意见的基础上，采取集中工作、集中休息、轮休调休、弹性工作时间等适当的工作和休息方式，确保职工的休息休假权利和生产、工作任务的完成。同时，各企业主管部门也应积极创造条件，尽可能使企业的生产任务均衡合理，帮助企业解决贯彻《规定》中的实际问题。

《劳动部关于职工工作时间有关问题的复函》

六、若甲企业经批准以季为周期综合计算工时（总工时应为 40 时 / 周 ×12 周 / 季 =480 时 / 季）。若乙职工在该季的第一、二月份刚好完成了 480 小时的工作，第三个月整月休息。甲企业这样做是否合法且不存在着延长工作时间问题，该季各月的工资及加班费（若认定为延长工作时间的话）应如何计发？

某企业经劳动行政部门批准以季为周期综合计算工时（总工时应为 508

小时／季。）该企业因生产任务需要，经商工会和劳动者同意，安排劳动者在该季的第一、二月份刚好完成了 508 小时的工作，第三个月整月休息。该企业这样做应视为合法且没有延长工作时间。对于这种打破常规的工作时间安排，一定要取得工会和劳动者的同意，并且注意劳逸结合，切实保障劳动者身体健康。

工时计算方法应为：

1. 工作日的计算

年工作日：365 天／年 –104 天／年（休息日）–7 天／年（法定休假日）=254 天／年

季工作日：254 天／年 ÷4 季 = 63.5 天

月工作日：254 天／年 ÷12 月 = 21.16 天

2. 工作小时数的计算

以每周、月、季、年的工作日乘以每日的 8 小时。

▊ 证据收集

用人单位需要收集的证据包括劳动合同、考勤制度公示材料、劳动合同变更单、考勤表、催告函等书面材料。

▊ 律师策略

本案中，有两个争议焦点：一是不定时工时制的劳动者未依照标准工时制出勤，能否认定旷工？二是不定时工作制考勤制度变更能否单方变更？先说第一个，不定时工作制员工以完成工作为主要考核指标，如果约定实行不定时工作制，一般情况之下，不能再对其进行标准工时制的考勤约束，也即不存在迟到、早退、旷工等情况。二是考勤工作制的变更与劳动合同的履行密切相关，依据《劳动合同法》第三十五条的规定，用人单位无权进行单方变更，必须经过劳动者的同意。因此考勤工作制一旦确定，用人单位是很难单方变更的。另外，既然说到了不定时工作制，我们有必要对工时制有一个了解。

中国现存在三种工时制度：标准工时制、不定时工时制以及综合工时制。

标准工时制是指每天工作 8 小时，每周工作 40 小时，比如行政、财务、人力资源等标准工时制要求工作时间固定，上下班时间均有限制；

不定时工时制是在满足完成工作量这一条件的情况之下，无确定的上下班时间，对出勤时间不作具体要求，由劳动者自主支配，企业高级管理人员或者司机都常用该种工时制度；

综合工时制与不定时工时制的相同点是对工作时间没有固定的限制，以标准工时为基础，以一定的期限为周期，比如以周、月、季、年为周期，综合计算工作时间，不过，综合工时制有限制，比如平均日与周工作时间仍不能超过标准工时制日与周工作时长。

上述三种工时制都可以被应用，用人单位可以自主选择其中一种或者两种或者三种实际应用到考勤方式中来，不过在管理实践中需要关注以下事项。

1. 用人单位不能单方变更工时制度。

用人单位针对工时制的变更，属于对劳动合同的变更，如果不能征得员工的同意，用人单位不得单方变更，因此用人单位一定要慎重确定工作时间。

2. 不是所有岗位的劳动者都可以适用不定时工作制，必须严格依照法律规定。

《关于企业实行不定时工作制和综合计算工时工作制的审批办法》中规定，企业对符合下列条件之一的职工，可以实行不定时工作制。

（一）企业中的高级管理人员、外勤人员、推销人员、部分值班人员和其他因工作无法按标准工作时间衡量的职工；

（二）企业中的长途运输人员、出租汽车司机和铁路、港口、仓库的部分装卸人员以及因工作性质特殊，需机动作业的职工；

（三）其他因生产特点、工作特殊需要或职责范围的关系，适合实行不定时工作制的职工。除上述规定明示外，用人单位不得自行确定不定时工作制的适用对象。

3. 特殊工时制度需要依当地法律法规到用人单位所在地或者劳动合同履行地的劳动行政部门报备。

综合工时制要求必须报批或者备案，不定时工作制一般要求用人单位与劳动者协议约定，而无须报备。

在备案或者审批时，一般需提交申请报告、工时管理制度或者规章制度、实施方案，以及申请适用特殊工时制的职工名册及职工签名表。

7.2　指纹、人脸打卡效力待定，需员工书面确认

【实战案例 39】门禁卡打卡记录必然证明存在加班与否吗？

案情概要

　　潘某入职于某公司，双方签订了为期一年的劳动合同。该公司员工出入必须由人脸识别打卡方可进入，员工由此识别后作为考勤记录，每天上午 9 点打卡到岗，下午 6 点打卡离岗，才视为正常出勤。制度明确规定，员工加班必须填写加班申请单，经公司批准后方能视为加班，否则无故在公司逗留的，不计为加班，该制度向潘某公示。一年后公司以潘某劳动合同到期为由，终止了与潘某的劳动关系，潘某多次要求公司其加班费，均遭到拒绝。劳动关系终止后，潘某诉至劳动争议仲裁委员会要求公司支付其加班费，并提交了其在公司的人脸识别打卡记录，该打卡记录显示每天潘某均为夜间 22 点后离开公司。公司则认为公司从未要求潘某加班，并提交了潘某签字的规章制度，以证明潘某总在公司逗留并未为公司提供劳动，不应支付加班费。

裁判结果

　　审理机关经审理发现，公司考勤方式确实为人脸识别打卡，潘某当庭认可其提交的记录是考勤记录同时也是出入公司的记录，但主张该记录可以证明其存在加班。潘某当庭认可公司有规定，加班需有加班申请，但是潘某未能提交加班申请单证明公司安排其加班，因此审理机关最终驳回了潘某的诉讼请求。

法条链接

　　《中华人民共和国劳动争议调解仲裁法》

　　第六条　发生劳动争议，当事人对自己提出的主张，有责任提供证据。与争议事项有关的证据属于用人单位掌握管理的，用人单位应当提供；用人单位不提供的，应当承担不利后果。

《最高人民法院关于民事诉讼证据的若干规定》

第七十五条　有证据证明一方当事人持有证据无正当理由拒不提供，如果对方当事人主张该证据的内容不利于证据持有人，可以推定该主张成立。

《最高人民法院关于审理劳动争议案件适用法律若干问题的解释（三）》

第九条　劳动者主张加班费的，应当就加班事实的存在承担举证责任。但劳动者有证据证明用人单位掌握加班事实存在的证据，用人单位不提供的，由用人单位承担不利后果。

《北京市工资支付规定》

第十三条第一款　用人单位应当按照工资支付周期编制工资支付记录表，并至少保存二年备查。工资支付记录表应当主要包括用人单位名称、劳动者姓名、支付时间以及支付项目和金额、加班工资金额、应发金额、扣除项目和金额、实发金额等事项。

证据收集

用人单位需要收集的证据包括规章制度、签收单、考勤记录等书面材料。

律师策略

很多用人单位都在使用电子打卡，人脸识别以及指纹打卡也不再难以实现，但是在诉讼的角度，无论是人脸识别还是指纹打卡，其最终的书面文档都是Excel表单，通常由用人单位保管，存在修改的可能性，因此必须通过书面形式确认打卡记录，才能产生应有的法律效力，否则就算是人脸识别，仍属于效力待定的证据。

在管理实践中，用人单位的考勤管理方式无外乎三种，一为手写打卡，要求必须本人手写上下班时间，不许他人代写，否则失去法律效力；二为电子打卡，最好实现每天、每周或者每月都有员工的书面确认，否则仍属效力待定的书面证据；三为互联网签到，该种方式要做到员工对其账号进行书面确认，并对其打卡记录保存二年，方便发生诉讼时进行网页公证。

劳动者发生旷工的，用人单位需要对员工发放书面的催告函，催告其到岗上班，员工仍未到岗的，才可以旷工论处，该催告函可以手机短信、快递至住所地的方式送达给劳动者，未经合法送达的，仍属效力待定的证据材料。

7.3　加班工资计算不能任意约定，应以合法为前提

【实战案例 40】用人单位规定的加班费计算基数有效吗？

案情概要

葛某在北京某公司任职员，双方签订了为期 1 年的劳动合同，劳动合同中明确约定工资为 6000 元 / 月，其中，基本工资 3500 元，岗位工资 1000 元，绩效工资 1500 元，除此之外，葛某每月还有交通补贴 100 元，通信补贴 100 元，午餐补贴 220 元。公司的规章制度中规定，绩效奖金依据绩效结果以及公司运营状况决定是否发放，葛某的绩效工资为浮动工资，公司在为劳动者缴纳社会保险、核算加班费及解除补偿金时，以基本工资作为计算基数。

一年内，葛某被要求法定节假日加班 7 天。但是加班工资核发时，葛某发现公司未全额支付其加班工资，诉至劳动争议仲裁委员会，要求公司补发其加班工资。

裁判结果

审理机关经审理发现，双方在劳动合同中明确约定葛某的工资总额为 6420 元，虽然双方约定核算加班费依照基本工资为计算基数，但依照北京市相关的法律规定，应依照不低于劳动合同约定的劳动者本人所在岗位相对应的工资标准确定，因此应该按照 6420 元为基数计算加班工资，显然用人单位核算加班费时存在错误，应该补齐加班工资。

法条链接

《中华人民共和国劳动争议调解仲裁法》

第六条　发生劳动争议，当事人对自己提出的主张，有责任提供证据。与争议事项有关的证据属于用人单位掌握管理的，用人单位应当提供；用人单位不提供的，应当承担不利后果。

《最高人民法院关于民事诉讼证据的若干规定》

第七十五条　有证据证明一方当事人持有证据无正当理由拒不提供，如果对方当事人主张该证据的内容不利于证据持有人，可以推定该主张成立。

《工资支付暂行规定》

第十三条　用人单位在劳动者完成劳动定额或规定的工作任务后，根据实际需要安排劳动者在法定标准工作时间以外工作的，应按以下标准支付工资：

（一）用人单位依法安排劳动者在日法定标准工作时间以外延长工作时间的，按照不低于劳动合同规定的劳动者本人小时工资标准的150%支付劳动者工资；

（二）用人单位依法安排劳动者在休息日工作，而又不能安排补休的，按照不低于劳动合同规定的劳动者本人日或小时工资标准的200%支付劳动者工资；

（三）用人单位依法安排劳动者在法定休假节日工作的，按照不低于劳动合同规定的劳动者本人日或小时工资标准的300%支付劳动者工资。

实行计件工资的劳动者，在完成计件定额任务后，由用人单位安排延长工作时间的，应根据上述规定的原则，分别按照不低于其本人法定工作时间计件单价的150%、200%、300%支付其工资。

经劳动行政部门批准实行综合计算工时工作制的，其综合计算工作时间超过法定标准工作时间的部分，应视为延长工作时间，并应按本规定支付劳动者延长工作时间的工资。

实行不定时工时制度的劳动者，不执行上述规定。

《北京市工资支付规定》

第十三条第一款　用人单位应当按照工资支付周期编制工资支付记录表，并至少保存二年备查。工资支付记录表应当主要包括用人单位名称、劳动者姓名、支付时间以及支付项目和金额、加班工资金额、应发金额、扣除项目和金额、实发金额等事项。

第四十四条　根据本规定第十四条计算加班工资的日或者小时工资基数、根据第十九条支付劳动者休假期间工资，以及根据第二十三条第一款支付劳动者产假、计划生育手术假期间工资，应当按照下列原则确定：

（一）按照劳动合同约定的劳动者本人工资标准确定；

（二）劳动合同没有约定的，按照集体合同约定的加班工资基数以及休假期

间工资标准确定;

(三)劳动合同、集体合同均未约定的,按照劳动者本人正常劳动应得的工资确定。

依照前款确定的加班工资基数以及各种假期工资不得低于本市规定的最低工资标准。

《北京市高级人民法院、北京市劳动人事争议仲裁委员会关于审理劳动争议案件法律适用问题的解答》

22. 如何确定劳动者加班费计算基数?

劳动者加班费计算基数,应当按照法定工作时间内劳动者提供正常劳动应得工资确定,劳动者每月加班费不计到下月加班费计算基数中。具体情况如下:

(1)用人单位与劳动者在劳动合同中约定了加班费计算基数的,以该约定为准;双方同时又约定以本市规定的最低工资标准或低于劳动合同约定的工资标准作为加班费计算基数,劳动者主张以劳动合同约定的工资标准作为加班费计算基数的,应予支持。

(2)劳动者正常提供劳动的情况下,双方实际发放的工资标准高于原约定工资标准的,可以视为双方变更了合同约定的工资标准,以实际发放的工资标准作为计算加班费计算基数。实际发放的工资标准低于合同约定的工资标准,能够认定为双方变更了合同约定的工资标准的,以实际发放的工资标准作为计算加班费的计算基数。

(3)劳动合同没有明确约定工资数额,或者合同约定不明确时,应当以实际发放的工资作为计算基数。用人单位按月直接支付给职工的工资、奖金、津贴、补贴等都属于实际发放的工资,具体包括国家统计局《〈关于工资总额组成的规定〉若干具体范围的解释》中规定"工资总额"的几个组成部分。加班费计算基数应包括"基本工资"、"岗位津贴"等所有工资项目。不能以"基本工资"、"岗位工资"或"职务工资"单独一项作为计算基数。在以实际发放的工资作为加班费计算基数时,加班费(前月)、伙食补助等应当扣除,不能列入计算基数范围。国家相关部门对工资组成规定有调整的,按调整的规定执行。

(4)劳动者的当月奖金具有"劳动者正常工作时间工资报酬"性质的,属于工资组成部分。劳动者的当月工资与当月奖金发放日期不一致的,应将这两部分合计作为加班费计算基数。用人单位不按月、按季发放的奖金,根据实际情况判断可以不作为加班费计算基数。

（5）在确定职工日平均工资和小时平均工资时，应当按照原劳动和社会保障部《关于职工全年月平均工作时间和工资折算问题的通知》规定，以每月工作时间为 21.75 天和 174 小时进行折算。

（6）实行综合计算工时工作制的用人单位，当综合计算周期为季度或年度时，应将综合周期内的月平均工资作为加班费计算基数。

《广东省工资支付条例》

第二十条 用人单位安排劳动者加班或者延长工作时间，应当按照下列标准支付劳动者加班或者延长工作时间的工资报酬：

（一）工作日安排劳动者延长工作时间的，支付不低于劳动者本人日或者小时正常工作时间工资的百分之一百五十的工资报酬；

（二）休息日安排劳动者工作又不能安排补休的，支付不低于劳动者本人日或者小时正常工作时间工资的百分之二百的工资报酬；

（三）法定休假日安排劳动者工作的，支付不低于劳动者本人日或者小时正常工作时间工资的百分之三百的工资报酬。

《北京市高级人民法院、北京市劳动争议仲裁委员会关于劳动争议案件法律适用问题研讨会会议纪要》

19. 对于加班工资的日或小时工资基数的确定，应参照《北京市工资支付规定》第四十四条的规定执行。

用人单位与劳动者在劳动合同中约定了工资标准，但同时又约定以本市最低工资标准或低于劳动合同约定的工资标准作为加班工资基数，劳动者主张以劳动合同约定的工资标准作为加班工资基数的，应予支持。

证据收集

用人单位需要收集的证据包括规章制度、签收单、劳动合同、考勤表、工资发放记录等书面材料。

律师策略

关于加班费应该如何核算、加班基数如何确定、加班能否倒休等问题，一直是劳动争议高发的领域，用人单位在管理过程中也存在各种误区，因此在

此章节对加班费的核算作整体梳理，以便用人单位应用到工作实务中。

1. 如何计算加班费

日工资基数的计算方法为：月工资 / 月计薪天数，法定的假期调整后月计薪天数为 21.75 天，在管理实务中，一方面可以全部依照统一计薪天数核算，比如 21.75 天或者 22 天计算，另一方面也可依据核算月当月实际计薪天数计算。

对于加班费核算基数如何确定，需要依据用人单位所在地当地的法规及行政规章等规定来确定，但以如下方式为主。

（1）以劳动合同明确约定的工资数额为准，劳动合同中约定工资数额为确定之数的，以此为基数，即便劳动合同中约定有工资构成如"基本工资""绩效工资"等，应全部计算在内，不能以"基本工资"或者"绩效工资"单独一项或几项作为核算基数，双方在劳动合同中约定仍有风险，如果工资总额中包含其他津贴的，一并计算在内。

（2）如果劳资双方在劳动合同中没有约定工资数额，或者合同约定不明确时，可以实发工资作为计算基数，也即劳动者每月实际拿到的报酬总额，凡是用人单位直接支付给职工的工资、提成、奖金、补贴等都属于实发工资，如果用人单位能够证明下发给劳动者的报酬中包含劳动保护补贴、报销及其他福利的，不列入计算范围，此方式在北京市、广东省广泛适用。

（3）如果劳资双方在劳动合同中没有约定工资数额，或者合同约定不明确时，仅以工资作为加班费的核算基数，不包括提成、各项补贴或者奖金等非固定收入，此方式在上海市广泛适用。

（4）如果加班费的计算基数低于当地当年的最低工资标准的，应当以用人单位所在地区规定的日、时最低工资标准为基数。

2. 加班如何安排"倒休"

依据《工资支付暂行规定》第十三条的相关规定，用人单位依法安排劳动者在休息日工作，而又不能安排补休的，按照不低于劳动合同规定的劳动者本人日或小时工资标准的 200% 支付劳动者工资。

可见如果用人单位实行标准工时制，法定节假日加班以及延时加班是不能够倒休的，只有公休日可以安排倒休。

3. 出入记录与考勤记录冲突的问题

在上述案例中，用人单位之所以能够胜诉，主要原因在于该公司建立了加班审批制度并要求劳动者按照加班申请流程申请并经过审批，劳动者要求加班或者公司安排加班的，应将申请书交由公司批准后才可以认定为加班，未经加班审批的员工不视为加班。因此如果用人单位的考勤卡与办公室门禁重合的，需要建立加班审批制度，降低风险。

4. 如何下发加班费

发了就行？当然不是，如果存在加班，一定要有具体核算公式，与考勤表、加班申请表核对后计算加班费，然后制作工资单，最好能有劳动者签字，如确实没有签字流程的，可以在规章制度中写明员工在收到工资后的一段时间内有异议期，超过期限未提出异议的，视为认可工资总额。

7.4　年假权益法定，单位不可单方约定未休失效

【实战案例 41】用人单位规定年假不休过期作废，有效吗？

案情概要

奚某在某咨询公司任咨询顾问，依据工作年限与法律规定享有 5 天的年假，但因为其负责的项目期限较长，一直没有时间休假。该咨询公司规章制度中规定："员工的年休假必须在当年休完，不累计计算，也不跨年休假，当年的年休假未休完的，一律作废。"奚某找到公司理论，认为其没有休假是为了公司的项目进展顺利，并不是放弃了休假，公司理应补齐假期。但公司认为规章制度已经明确规定过期作废，并且已经向奚某公示该规定，且所有员工都是这样执行，因此不同意给奚某补休年假。奚某诉至当地劳动争议仲裁委员会，要求咨询公司补发他的年假工资。

▌裁判结果

审理机关认为，年休假是国家法律赋予劳动者的权利，不能因用人单位的规章制度而消失，奚某的年假因故没有休完，用人单位需要依据法律的规定补发年假工资，而不能实行过期作废的制度，因此支持了奚某的主张。

▌法条链接

《职工带薪年休假条例》

第五条 单位根据生产、工作的具体情况，并考虑职工本人意愿，统筹安排职工年休假。

年休假在 1 个年度内可以集中安排，也可以分段安排，一般不跨年度安排。单位因生产、工作特点确有必要跨年度安排职工年休假的，可以跨 1 个年度安排。

单位确因工作需要不能安排职工休年休假的，经职工本人同意，可以不安排职工休年休假。对职工应休未休的年休假天数，单位应当按照该职工日工资收入的 300% 支付年休假工资报酬。

《企业职工带薪年休假实施办法》

第十条 用人单位经职工同意不安排年休假或者安排职工年休假天数少于应休年休假天数，应当在本年度内对职工应休未休年休假天数，按照其日工资收入的 300% 支付未休年休假工资报酬，其中包含用人单位支付职工正常工作期间的工资收入。

用人单位安排职工休年休假，但是职工因本人原因且书面提出不休年休假的，用人单位可以只支付其正常工作期间的工资收入。

第十一条 计算未休年休假工资报酬的日工资收入按照职工本人的月工资除以月计薪天数（21.75 天）进行折算。

前款所称月工资是指职工在用人单位支付其未休年休假工资报酬前 12 个月剔除加班工资后的月平均工资。在本用人单位工作时间不满 12 个月的，按实际月份计算月平均工资。

职工在年休假期间享受与正常工作期间相同的工资收入。实行计件工资、提成工资或者其他绩效工资制的职工，日工资收入的计发办法按照本条第一款、第二款的规定执行。

《上海市企业工资支付办法》

九、企业安排劳动者加班的，应当按规定支付加班工资。劳动者在依法享受婚假、丧假、探亲假、病假等假期期间，企业应当按规定支付假期工资。

加班工资和假期工资的计算基数为劳动者所在岗位相对应的正常出勤月工资，不包括年终奖，上下班交通补贴、工作餐补贴、住房补贴，中夜班津贴、夏季高温津贴、加班工资等特殊情况下支付的工资。

加班工资和假期工资的计算基数按以下原则确定：

（一）劳动合同对劳动者月工资有明确约定的，按劳动合同约定的劳动者所在岗位相对应的月工资确定；实际履行与劳动合同约定不一致的，按实际履行的劳动者所在岗位相对应的月工资确定。

（二）劳动合同对劳动者月工资未明确约定，集体合同（工资专项集体合同）对岗位相对应的月工资有约定的，按集体合同（工资专项集体合同）约定的与劳动者岗位相对应的月工资确定。

（三）劳动合同、集体合同（工资专项集体合同）对劳动者月工资均无约定的，按劳动者正常出勤月依照本办法第二条规定的工资（不包括加班工资）的70%确定。

加班工资和假期工资的计算基数不得低于本市规定的最低工资标准。法律、法规另有规定的，从其规定。

证据收集

用人单位需要收集的证据包括规章制度、签收单、考勤表等书面材料，如果有证据证明已经支付了年假工资的，可以提交工资支付记录。

律师策略

关于年假的争议点在于年假天数的核算、年假的调休、年假工资的核算等，这些争议点如果不能厘清，会为员工管理留下隐患，因此作为用工管理者必须明确关键点，规避用工风险。

1.用人单位能否统一安排休假

用人单位可以在法律允许范围内统一安排员工休假，但是必须有向劳动者发出通知的书面手续。

劳动者向用人单位提出的休假申请，用人单位也可以不予同意，未经同意擅自休年假的，可视为旷工，这些都可以在用人单位的规章制度中明确。

2. 关于年假天数的规定

（1）员工必须在同一用人单位工作满 12 个月，才能享受年假

《企业职工带薪年休假实施办法》第三条确实已经规定，职工连续工作满 12 个月以上的，享受带薪年休假（以下简称年休假），这里的"连续工作满 12 个月"应该有两种理解，一种是员工必须在同一家用人单位连续工作满一年才享有年休假，另一种是员工在上一家单位工作时间与现就职用人单位工作时间之和满一年，享有年休假，但是员工必须证明在两家单位工作时间连续，并无间隔。

后一种理解通常用于首次参加工作的员工。国内有的地区对此条款做出了限制解释，比如北京规定："员工只有在同一家用人单位工作满一年以上，才享有年假，"因此各用人单位应根据所在地区法律法规的相关规定确定法律适用规则。

如果地方法律法规未对"连续"做解释的地区，用人单位也可以在规章制度对"连续"加以限制，比如必须是两份工作期间无任何间断或者间隔在一段时日以内的，才视为"连续"，其他情形均不能被认为是连续。

（2）工作时间不满 12 个月，年假天数的折算

《职工年休假条例》第三条明确规定，职工累计工作已满 1 年不满 10 年的，年休假 5 天；已满 10 年不满 20 年的，年休假 10 天；已满 20 年的，年休假 15 天。在劳动争议的庭审过程中对于是否"累计"计算，须有劳动者提供证据证明累计工作年限，很多劳动者都是通过提供社会保险的缴费年限证明。

员工在本单位工作不满 12 个月的，员工如果已经满足连续工作满 1 年的条件，计算本单位年假的剩余天数，按照在本单位工作当年年度剩余日历天数折算确定，折算后不足一整天的，不享有年假，折算公式为：

年假天数 =（在本单位工作当年年度剩余日历天数 /365）× 职工全年应休年假天数

举例说明：A（假设全年年假天数为 5 天）进入 B 公司工作，已经休完一年的年假，次年 2 月 1 日离职，次年 1 月 1 日开始至次年 2 月 1 日（每月按 30 日

计算）享有年休假，但是年休假天数应该折算为，A 应休年假天数 =（30 天 /
365）× 5 = 0.41 天，因此 A 在公司没有应休的年假天数。

3. 年假天数核算基数

在劳动争议案件中，年假天数的核算一般由劳动者证明其工龄，审理机关
也会依照职权调查取证，如无法证明的，依照 5 天计算。

4. 年假"作废""清零""自动放弃"是否合法

有的用人单位在规章制度中规定，年休假一律不跨年休假，员工当年尚未
休完的年假视为员工主动放弃休假，年假天数作废或者自动清零，此项规定因
违反法律规定而无效，如果员工有未休完的年假的，用人单位应该依照年假天
数支付其年假工资，而不能以作废或者清零为由拒绝支付。

5. 年假工资的计算

《企业职工带薪年休假实施办法》第十条明确规定，用人单位经职工同意不
安排年休假或者安排职工年休假天数少于应休年休假天数，应当在本年度内对
职工应休未休年休假天数，按照其日工资收入的 300% 支付未休年休假工资报
酬，其中包含用人单位支付职工正常工作期间的工资收入。故用人单位必须按
照该职工日工资收入的 300% 支付年休假工资。

日工资收入的计算方法为员工在用人单位连续工作 12 个月（应支付年假工
资前的 12 个月）的月平均工资，除以月计薪天数（21.75 天），如果员工在用人
单位工作未满 12 个月的，按实际工作月数核算平均工资。

公式：年假工资 =（月平均工资 /21.75）× 应休年假天数 ×200%（不包含
员工已得日工资）

用人单位在发放年假工资时，要注意在工资单中明确未休年假天数及年假
工资额，以免劳动者以未收到年假工资为由主张权益。

8 第八章
薪酬与考核相辅相成，缺一不可

劳动者的薪酬直接体现着劳动者的价值以及对用人单位作出的贡献，在日常的管理实务中，很多用人单位因为没有合法有效的薪酬制度，最终导致"多劳没有多得，少劳反倒没有少得"，在发现劳动者不适合工作岗位的时候，亦无法实现合法调岗降薪，一不小心就涉嫌拖欠工资，一不留神就变成被告。所以，用人单位必须建立健全薪酬制度，必须设定工资构成，并且在浮动工资发放金额及发放条件、发放时间方面的约定更需系统化，从而有效地调整劳动者的工资额度，进而约束劳动者的行为。

8.1 薪酬待遇的发放条件，单位应有决定权

【实战案例 42】离职员工有无权利要求年底奖金？

案情概要

柏某进入某公司工作，该公司将员工薪酬分为两个部分，一部分按月发放，为工资，一部分年底发放，为年底奖金，公司的规章制度明确规定："公司依经营情况，可以决定是否发放年终奖金及发放金额，而且只有在年底奖金发放时在岗的员工才有资格领取年底奖金。"柏某工作一年后向单位提出辞职并办理了离职交接手续。很快，柏某得知公司为全员发放了年终奖金，柏某认为公司应当贯彻同工同酬的原则，付给自己相应数额的奖金，原因是自己前一年全年在岗，而且也完成了正常的工作任务，应当得到年终奖金，公司则认为，规章制

度中已经明确约定：年终奖只有下发时仍然在岗的员工才有权利获得，公司下发年底奖金时，柏某已经离职，因此柏某无权获得年底奖金。柏某诉至当地仲裁委员会，要求公司支付其年终奖金。

裁判结果

审理机关经审理查明，公司有关于年终奖金的规章制度，有权自主制定年终奖是否发放及发放的方案，且在规章制度明确规定了年终奖发放的时间、享有年终奖的员工范围，公司向员工下发年终奖时，柏某已经离职，依据规章制度的规定，不应获得年底奖金，因此驳回了柏某的诉讼请求。

法条链接

《中华人民共和国劳动法》

第四十七条　用人单位根据本单位的生产经营特点和经济效益，依法自主确定本单位的工资分配方式和工资水平。

证据收集

用人单位需要收集的证据包括规章制度、签收单等书面材料。

律师策略

国家的法律法规赋予了用人单位自主确定工资水平及发放条件的权利，用人单位可以设立绩效奖金、年终奖金、提成奖金等，可以通过规章制度或者合同明确奖金的支付范围和支付条件，在用人单位并不想下发年底奖金时，不会构成拖欠工资。那么如何设定奖金的下发条件呢？

各项奖金都可以通过以下三种方式在规章制度中明确约定。

一是固定工资，比如直接在劳动合同里明确"年收入为×××元"或者将工资分为两部分发放，一部分是按月发放，一部分是年底统一发放，该类方式与工资相同，一旦约定后，无法再行单方变更发放条件；

二是属于奖励金，可以规定发放条件、发放金额及发放时间、范围等；

三是作为绩效奖金，根据绩效考核结果决定是否获得奖金等。

"提成"作为对员工工作业绩的奖励，属于特殊的奖励金，也需要进行明确

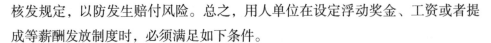

核发规定，以防发生赔付风险。总之，用人单位在设定浮动奖金、工资或者提成等薪酬发放制度时，必须满足如下条件。

1. 需有完善的奖金核发形式或者方式，并将该规定书面公示给员工，留下书面痕迹。

2. 如果是业绩提成需有明确的业绩表单。表单中包括员工业绩合同名称、业绩额度、合同支付比例、提成比例、提成金额等，要求员工签字确认。

3. 明确发放条件。比如可以规定提成奖金必须在回款后计发，如果劳动者在签订合同后就辞职，对于合同履行没有任何贡献，公司将不予支付提成款。

8.2 巧用工资构成，防范易发风险

【实战案例 43】办公费用凭票报销属于工资收入吗？

▌案情概要

水某入职某集团公司任销售总监，双方签订了劳动合同。劳动合同明确约定：水某的月工资为 40000 元，每月有 15000 元的办公费用，需要凭发票走报销手续，填写支出凭单后领取，另有 10000 元的住房补贴及交通补贴，也需凭票报销。一年以后，集团公司因为调整组织架构，将销售岗位全部撤销，转为运营岗位，薪资不变。水某不同意公司组织架构变更方案，公司遂与水某协商解除劳动关系，同意支付水某解除劳动关系的经济补偿金，补偿金基数为 40000 元。但是水某坚称其工资数额为每月 65000 元，公司则认为 15000 元与 10000 元属于报销款，不属于工资，不应作为补偿金基数。水某遂将集团公司诉至劳动争议仲裁委员会，要求集团公司依照 65000 元基数核发解除劳动关系的经济补偿金。

▌裁判结果

审理机关经审理发现，集团公司与水某签署的劳动合同中明确显示月工资为 40000 元整，另查明，水某每月填写报销凭单，提交发票后领取办公费用 15000 元及 10000 元的住房补贴和交通补贴，审理机关认为办公费用及各项补

贴均需要上交发票领取，属于报销款，并不是水某的工资收入，因此裁决集团公司依照 40000 元的基数赔偿水某解除劳动关系的经济补偿金。

法条链接

《中华人民共和国劳动合同法》

第三十八条第一款　用人单位有下列情形之一的，劳动者可以解除劳动合同：

（一）未按照劳动合同约定提供劳动保护或者劳动条件的；

（二）未及时足额支付劳动报酬的；

（三）未依法为劳动者缴纳社会保险费的；

（四）用人单位的规章制度违反法律、法规的规定，损害劳动者权益的；

（五）因本法第二十六条第一款规定的情形致使劳动合同无效的；

（六）法律、行政法规规定劳动者可以解除劳动合同的其他情形。

第四十六条　有下列情形之一的，用人单位应当向劳动者支付经济补偿：

（一）劳动者依照本法第三十八条规定解除劳动合同的；

（二）用人单位依照本法第三十六条规定向劳动者提出解除劳动合同并与劳动者协商一致解除劳动合同的；

（三）用人单位依照本法第四十条规定解除劳动合同的；

（四）用人单位依照本法第四十一条第一款规定解除劳动合同的；

（五）除用人单位维持或者提高劳动合同约定条件续订劳动合同，劳动者不同意续订的情形外，依照本法第四十四条第一项规定终止固定期限劳动合同的；

（六）依照本法第四十四条第四项、第五项规定终止劳动合同的；

（七）法律、行政法规规定的其他情形。

《北京市工资支付规定》

第二十六条　用人单位因经营困难暂时无法按时支付工资的，应当向劳动者说明情况，并经与工会或者职工代表协商一致后，可以延期支付工资，但最长不得超过 30 日。

劳动部关于印发《关于贯彻执行〈中华人民共和国劳动法〉若干问题的意见》的通知

53. 劳动法中的"工资"是指用人单位依据国家有关规定或劳动合同的约定，以货币形式直接支付给本单位劳动者的劳动报酬，一般包括计时工资、计件工资、奖金、津贴和补贴、延长工作时间的工资报酬以及特殊情况下支付的工资等。"工资"是劳动者劳动收入的主要组成部分。劳动者的以下劳动收入不属于工资范围：（1）单位支付给劳动者个人的社会保险福利费用，如丧葬抚恤救济费、生活困难补助费、计划生育补贴等；（2）劳动保护方面的费用，如用人单位支付给劳动者的工作服、解毒剂、清凉饮料费用等；（3）按规定未列入工资总额的各种劳动报酬及其他劳动收入，如根据国家规定发放的创造发明奖、国家星火奖、自然科学奖、科学技术进步奖、合理化建议和技术改进奖、中华技能大奖等，以及稿费、讲课费、翻译费等。

《防暑降温措施管理办法》

第十七条 劳动者从事高温作业的，依法享受岗位津贴。

用人单位安排劳动者在35℃以上高温天气从事室外露天作业以及不能采取有效措施将工作场所温度降低到33℃以下的，应当向劳动者发放高温津贴，并纳入工资总额。高温津贴标准由省级人力资源社会保障行政部门会同有关部门制定，并根据社会经济发展状况适时调整。

证据收集

用人单位需要收集的证据包括劳动合同、报销单、报销发票等书面材料。

律师策略

薪酬的法定范围：

1. 岗位工资；

2. 绩效工资；

3. 销售提成；

4. 年底奖金；

5. 加班费；

6. 高温津贴等各项津贴；

7. 货币形式发放的住房补贴、取暖补贴、交通费、通信费。

劳动法中的"工资"是指用人单位依据国家有关规定或劳动合同的约定，以货币形式直接支付给本单位劳动者的劳动报酬，一般包括计时工资、计件工资、奖金、津贴和补贴、延长工作时间的工资报酬以及特殊情况下支付的工资等。

单位支付给劳动者个人的各项福利费、劳动保护方面的费用或者通过非货币形式支付给劳动者的购物卡、实物等，一般不被作为工资收入计算，因此在实际操作过程中需注意如下事项：

1. 工资构成多样性有助于用人单位降低用工成本。在上述案例中我们发现，劳动合同中明确约定薪酬构成确实有效降低解除劳动关系经济补偿金的基数，当然同时可能降低加班费、社会保险、年假等事项的核算基数，从而降低用人单位的用工成本。所以在管理实务中，可以将工资分为固定工资或者基本工资、岗位工资、绩效工资、提成工资、月度季度奖金、各项津贴、补助等，同时遵照本章第一节的讨论，制定合法有效的计发条件，经向员工公示后，便可合法降低用工成本。

2. 工资构成多样性应与工资发放多样性相结合使用。在法律实务中，经常发生如下情况，虽然用人单位将劳动者的工资划分为多项，但是在下发工资时，并未区分对待，而是均随工资打入员工账户或者通过其他途径发放给员工，在这种情况下，除用人单位能够证明该收入属于报销或者其他福利的，均属员工工资收入。在此情况下，一旦用人单位停止发放，将属于克扣工资。

3. 还需注意同工同酬制度，尤其是与员工签署了集体合同且集体合同明确约定了岗位工资的，同岗位员工薪酬必须一致，否则，用人单位将面临补齐差额的风险。

8.3　孕产期女员工工资发放需依法核算

【实战案例 44】与孕期女员工签订的休假协议有效吗?

▌案情概要

章某入职于某广告公司任策划经理，其怀孕后因先兆流产多次请假，后提交医院诊断证明其孕期需要休息待产，向公司提出休假 1 年，公司不同意。章某与公司商议，能否与公司签订一份休假协议，在孕期停止到岗工作，在家里办公直至产假结束，公司经商议后同意，但声明公司规章制度中明确规定，员工不到岗上班的，只能发放最低工资，不能依照原待遇发放工资，章某表示可以。双方于是签署了休假协议，协议内容为：因章某怀孕后多次病假，无法正常上班，双方协商约定，章某休假待产直至哺乳期结束后上班，公司每月发放最低工资给她，并扣除社会保险及住房公积金相应金额，保险缴纳至章某产假结束。至此，章某未再回到公司工作，公司每月发放最低工资在扣除相应金额后至章某账户。章某产假休假完毕未再到公司上班，公司以为章某自动离职了，没有与章某确认也未通知她上班。8 个月后，公司收到诉状，章某要求公司补齐拖欠的工资差额，同时，章某因为公司拖欠工资而申请离职，要求公司支付其被迫解除劳动关系的经济补偿金。

裁判结果

在审理过程中，公司提交了双方签订的孕期休假协议，证明章某同意公司支付其最低工资，章某对真实性表示认可，但是对证明目的不予认可，认为由于其孕期请假频繁，公司为了降低其工资，才让其休假在家并与其签订了休假协议。审理机关认为，孕期章某并未提供劳动，公司有权支付其最低工资，但不得在最低工资中仍扣除社会保险及住房公积金，故理应补齐。在章某产假期间，公司应发放正常出勤工资或者下发生育津贴，因此理应补齐工资差额，而章某"三期"期间，广告公司存在拖欠工资的行为，章某因此提出解除劳动关系的，广告公司应该支付解除劳动关系的经济补偿金。

法条链接

《女职工劳动保护特别规定》

第五条 用人单位不得因女职工怀孕、生育、哺乳降低其工资、予以辞退、与其解除劳动或者聘用合同。

第六条 女职工在孕期不能适应原劳动的，用人单位应当根据医疗机构的证明，予以减轻劳动量或者安排其他能够适应的劳动。

对怀孕 7 个月以上的女职工，用人单位不得延长劳动时间或者安排夜班劳动，并应当在劳动时间内安排一定的休息时间。

怀孕女职工在劳动时间内进行产前检查，所需时间计入劳动时间。

第八条第一款 女职工产假期间的生育津贴，对已经参加生育保险的，按照用人单位上年度职工月平均工资的标准由生育保险基金支付；对未参加生育保险的，按照女职工产假前工资的标准由用人单位支付。

《北京市工资支付规定》

第二十三条　劳动者生育或者施行计划生育手术依法享受休假期间，用人单位应当支付其工资。

劳动者因产前检查和哺乳依法休假的，用人单位应当视同其正常劳动支付工资。

第四十四条第一款　根据本规定第十四条计算加班工资的日或者小时工资基数、根据第十九条支付劳动者休假期间工资，以及根据第二十三条第一款支付劳动者产假、计划生育手术假期间工资，应当按照下列原则确定：

（一）按照劳动合同约定的劳动者本人工资标准确定；

（二）劳动合同没有约定的，按照集体合同约定的加班工资基数以及休假期间工资标准确定；

（三）劳动合同、集体合同均未约定的，按照劳动者本人正常劳动应得的工资确定。依照前款确定的加班工资基数以及各种假期工资不得低于本市规定的最低工资标准。

《上海市劳动局关于〈上海市女职工劳动保护办法〉中有关问题的解释》

六、关于产前假、产假和哺乳假问题

《办法》第十二条规定的"产前假两个半月"，只能按预产期在产假前执行。第十四条中的"产假九十天"，不含计划生育规定的晚育产假十五天，其中"产前休息十五天"，系指预产期前十五天，除提前生育者外，不得放在产后休息。

女职工六个半月哺乳假期满后，确有困难，要求继续请假为婴儿哺乳的，各单位可按照上海市人民政府办公厅转发市劳动局《关于整顿企业劳动组织工作中若干具体政策的意见》（沪府办发〔1983〕67号），根据生产和女职工的实际情况，哺乳假可酌情延长，但不得超过一年，其中两个半月产前假，产假和六个半月哺乳假在增加工资时应作出勤对待。

请长病假女职工不享受产前假和哺乳假，产假期间工资照发。

七、关于按《办法》享受的产前假、哺乳假工资的计算基数问题

按《办法》享受的两个半月产前假和六个半月哺乳假的女职工，其工资按本人工资的百分之八十发给；若女职工仍有困难，继续请哺乳假，不超过一年

的，其工资按本人工资的百分之七十发给（生活确实有困难的，可适当提高，但最高不超过本人工资的百分之八十）。这里的本人工资是指按女职工请产前假或请产假前正常出勤月的实得工资（不包括生产性津贴和奖金）计算。若女职工生活困难，符合本市生活困难补助标准的，单位应按有关规定给予困难补助。

《国家劳动总局保险福利司关于女职工保胎休息和病假超过六个月后生育时的待遇问题给上海市劳动局的复函》

一、女职工按计划生育怀孕，经过医师开具证明，需要保胎休息的，其保胎休息的时间，按照本单位实行的疾病待遇的规定办理。

二、保胎休息和病假超过六个月后领取疾病救济费的女职工，按计划生育时可以从生育之日起停发疾病救济费，改发产假工资，并享受其它生育待遇。产假期满后仍需病休的，从产假期满之日起，继续发给疾病救济费。

三、保胎休息的女职工，产假期满后仍需病休的，其病假时间应与生育前的病假和保胎休息的时间合并计算。

四、不按计划生育怀孕的女职工，其保胎、病假休息和生育时的待遇，仍按省、市现行的有关规定办理。

证据收集

用人单位需要收集的证据包括双方签订的休假协议、工资支付记录（银行对账单）等书面材料。

律师策略

《女职工劳动保护特别规定》第五条规定："用人单位不得因女职工怀孕、生育、哺乳降低其工资、予以辞退、与其解除劳动或者聘用合同。"也即女员工在"三期"期间，不能无故降低其在岗工资，"三期"女员工的工资如何计发是重中之重。

1. 产检是否需要支付工资

《女职工劳动保护特别规定》中明确规定，产检计算在工作时间内，也即产检期间的工资不得扣发。

如果用人单位规章制度中规定："员工需到指定医院产检，否则依照事假处理，不计发工资"，有没有法律效力呢？应该说只要产检事实发生了，无论是否到指定医院，产检时间均计算在工作时间内，因此该规定是无效的。

2. 保胎假是否需要计发工资

司法实践中，保胎假依照病假处理，而且保胎期间的工资依照病假工资发放，但国内各个地区的病假工资计发方式有所不同，具体工资发放标准依据用人单位所在地的法律法规关于病假的规定执行，但是最低不得低于当地最低工资的百分之八十。用人单位可以在规章制度中规定保胎假休假的条件，比如需要提交医院出具的诊断证明等。

3. 流产假应否发放产假工资

关于女职工享有的流产假法律是这样规定的：怀孕未满 4 个月流产的，享受 15 天产假；怀孕满 4 个月流产的，享受 42 天产假，因此流产假期间依照产假工资执行。

4. 女员工产假工资可以是基本工资吗

各个地区关于产假工资的规定均有差异，但总体原则是不得故意降低"三期"女员工工资，因此如果用人单位规章制度中规定产假期间仅下发基本工资是不合法的，如有其他工资构成必须如实核发。

比如《北京市工资支付规定》规定，"三期"女员工的工资，依照劳动合同的约定支付，劳动合同没有约定或者约定不明确的，依照集体合同的约定确定，劳动合同、集体合同均未约定或者约定不明确的，依照劳动者正常劳动应得的工资确定。由此可得，如在北京市辖区内的用人单位的工资有其他工资构成的，在核发产假工资时应全部包含在内，当然其他地区有不同之处的，依照当地的法律法规执行。

5. 浮动的绩效奖金或者业务提成、管理津贴等是否应纳入产假工资

对此司法界并无统一的意见，主流意见为应视用人单位是否就绩效奖金、业务提成、管理津贴在何种条件下发放、在何种条件下可不予发放进行了约定而定，如果用人单位已经通过规章制度或者协议约定与劳动者约定，比如对未

参与绩效考核或者没有任何业绩的员工可扣除其绩效奖金，或者未对员工进行实际业务管理不计发管理津贴等。"三期"女员工在产假期间，因未为用人单位提供劳动，不参与绩效考核或者没有销售业绩，自然可以不予下发绩效奖金、业务提成、管理津贴等。

6. 生育保险基金是否可以代替产假工资

已经缴纳了生育保险的女员工可以享受生育津贴，如果生育津贴低于女员工正常劳动所得的，由用人单位补齐，生育保险高于用人单位应发工资的，不予扣发。

7. 哺乳假必须休假一年吗

在这里必须明确一个问题，哺乳期最长为 1 年，有的女员工哺乳 6 个月就断奶的，该员工的哺乳期 6 个月结束。哺乳期内及为哺乳而花费的在途时间均应支付正常出勤工资直至哺乳期结束。

《女职工劳动保护特别规定》第九条明确规定，用人单位应当在每天的劳动时间内为哺乳期女职工安排 1 小时哺乳时间；女职工生育多胞胎的，每多哺乳 1 个婴儿每天增加 1 小时哺乳时间。

还有的用人单位与女员工协商将零碎的哺乳时间合并一次性休完，这是欠妥的，因为一次性休完后，实际上员工仍处在哺乳期内，如果扣发其工资仍有风险。

8.4 病假工资核算有法可依，应仔细计发

【实战案例 45】对"小病大养、以病代工"劳动者能单方解除劳动关系吗？

| 案情概要

云某入职到北京某科技公司任产品总监，劳动合同期限为 3 年，在劳动合同

到期前 2 个月，公司找到云某沟通，在劳动合同到期后，公司将终止劳动合同，不再与云某续签，云某当即表示不认可，认为自己在公司工作就就业，不能说终止就终止。3 天后，云某提交了诊断证明，该诊断证明写明：云某患有轻微抑郁症，要求静养 3 个月。自此，云某一直未再到公司上班。依据相应的规章制度，员工因病在医疗期内的，用人单位不得终止劳动合同，故科技公司一直支付云某病假工资。在 3 个月即将到期时，云某再次递交了诊断证明及病假单，要求继续休假 3 个月，科技公司表示不同意，认为依据法律的相关规定，云某只享有 3 个月的医疗期，在医疗期到期后，双方的劳动合同已经到期，公司将单方终止劳动关系。云某不同意，诉至劳动争议仲裁委员会，要求科技公司继续履行劳动合同。

裁判结果

审理机关经审理发现，科技公司与云某的劳动合同已经到期，云某入职科技公司满 3 年，依照法律的规定，享受的医疗期为 3 个月。依据《劳动合同法》的相关规定，劳动者因病在医疗期内的，用人单位不得解除劳动关系。本案中，科技公司在云某医疗期满后终止劳动合同的行为符合法律的规定，因此审理机关驳回了云某的诉讼请求。

法条链接

《中华人民共和国劳动合同法》

第四十条 有下列情形之一的，用人单位提前三十日以书面形式通知劳动者本人或者额外支付劳动者一个月工资后，可以解除劳动合同：

（一）劳动者患病或者非因工负伤，在规定的医疗期满后不能从事原工作，也不能从事由用人单位另行安排的工作的；

（二）劳动者不能胜任工作，经过培训或者调整工作岗位，仍不能胜任工作的；

（三）劳动合同订立时所依据的客观情况发生重大变化，致使劳动合同无法履行，经用人单位与劳动者协商，未能就变更劳动合同内容达成协议的。

劳动部关于印发《关于贯彻执行〈中华人民共和国劳动法〉若干问题的意见》

35. 请长病假的职工在医疗期满后，能从事原工作的，可以继续履行劳动合同；医疗期满后仍不能从事原工作也不能从事由单位另行安排的工作的，由劳动鉴定委员会参照工伤与职业病致残程度鉴定标准进行劳动能力鉴定。被鉴定为一至四级的，应当退出劳动岗位，解除劳动关系，办理因病或非因工负伤退休退职手续，享受相应的退休退职待遇；被鉴定为五至十级的，用人单位可以解除劳动合同，并按规定支付经济补偿金和医疗补助费。

59. 职工患病或非因工负伤治疗期间，在规定的医疗期间内由企业按有关规定支付其病假工资或疾病救济费，病假工资或疾病救济费可以低于当地最低工资标准支付，但不能低于最低工资标准的 80%。

76. 依据劳动部《企业职工患病或非因工负伤医疗期的规定》（劳部发〔1994〕479 号）和劳动部《关于贯彻〈企业职工患病或非因工负伤医疗期的规定〉的通知》（劳部发〔1995〕236 号），职工患病或非因工负伤，根据本人实际参加工作的年限和本企业工作年限长短，享受 3—24 个月的医疗期。对于某些患特殊疾病（如癌症、精神病、瘫痪等）的职工，在 24 个月内尚不能痊愈的，经企业和当地劳动部门批准，可以适当延长医疗期。

广州市关于印发《广州市职工患病或非因工负伤医疗期管理实施办法》的通知

第十一条 职工享受的疾病津贴（病假待遇）标准，按下列办法计发：

一、对在 12 个月内病假累计不满 6 个月的职工，本年的病假工资，以上年度本人月均工资总额（下称月均工资）为基数，如超过上年度市属（县级市，下同）职工月均工资，则以上年度市属职工月均工资为基数，连续工龄不满 5 年，按 45% 发；满 5 年不满 10 年，按 50% 发给；满 10 年不满 20 年，按 55% 发给；满 20 及以上，按 60% 发给。获得各级政府授予劳动模范（先进生产工作者）称号的职工，按 65% 发给。享受建国前参加革命工作离休、退休待遇的职工，按 70% 发给。

二、对在 12 个月内病假累计满 6 个月及以上的职工，本年的疾病救济费，以上年度本人月均工资总额为基数（如超过上年度市属职工月均工资，则以上年度市属职工月均工资为基数），连续工龄不满 10 年，按 40% 发给；满 10 年不满 20 年，按 45% 发；满 20 年及以上，按 50% 发给。

获得各级政府授予劳动模范（先进生产工作者）称号的职工，按 55% 发给。享受建国前参加革命工作离休、退休待遇的职工，按 60% 发给。从下年度起，单位按不低于本企业职工工资增长的 70% 水平，适当调整长期病休待遇。

三、单位根据实际，可在上述计发比例的基础上提高 5%—10% 的比例计发病假待遇。

四、按上述标准计发病假待遇后，如低于本市规定的最低工资标准 80% 的，需给予补足；如超过本人本年正常上班月（日）均工资收入的，按本人本年正常上班的工资收入的 80% 发给。

《企业职工患病或非因工负伤医疗期规定》

第三条　企业职工因患病或非因工负伤，需要停止工作医疗时，根据本人实际参加工作年限和在本单位工作年限，给予三个月到二十四个月的医疗期：

（一）实际工作年限十年以下的，在本单位工作年限五年以下的为三个月；五年以上的为六个月。

（二）实际工作年限十年以上的，在本单位工作年限五年以下的为六个月；五年以上十年以下的为九个月；十年以上十五年以下的为十二个月；十五年以上二十年以下的为十八个月；二十年以上的为二十四个月。

第六条　企业职工非因工致残和经医生或医疗机构认定患有难以治疗的疾病，在医疗期内医疗终结，不能从事原工作，也不能从事用人单位另行安排的工作的，应当由劳动鉴定委员会参照工伤与职业病致残程度鉴定标准进行劳动能力的鉴定。被鉴定为一至四级的，应当退出劳动岗位，终止劳动关系，办理退休、退职手续，享受退休、退职待遇；被鉴定为五至十级的，医疗期内不得解除劳动合同。

第七条　企业职工非因工致残和经医生或医疗机构认定患有难以治疗的疾病，医疗期满，应当由劳动鉴定委员会参照工伤与职业病致残程度鉴定标准进行劳动能力的鉴定。被鉴定为一至四级的，应当退出劳动岗位，解除劳动关系，并办理退休、退职手续，享受退休、退职待遇。

证据收集

用人单位需要收集的证据包括规章制度、劳动合同、云某的请假单及诊断证明等书面文件。

律师策略

在这里我们要明确两个问题，一个是病假工资的问题，一个是医疗期的问题。

1. 劳动者为了防止用人单位扣发工资，常出现"小病大养"或者"无病装病"的情况，用人单位必须完善自身的病假制度以及薪酬待遇的构成方能解决上述问题。

（1）用人单位可将薪酬构成添加一项全勤奖，一旦员工发生病假、事假或者其他休假情形时，用人单位可以不予发放这项工资，以防员工以病为由，擅自缺勤。

（2）用人单位还应在制度中详细规定病假请假与销假的程序。对没有履行请假手续或者请假未被批准擅自离岗的行为，均视为擅自缺勤，可依照用人单位的相应制度予以处理，并不予发放病假工资。当然，用人单位这样做一定要注意，若是确因患病但因客观情况无法请假的，用人单位应该给予员工补办请假手续的权利，而不应该一概而论，侵害员工的正当权益。

（3）用人单位一定要及时核查请假员工的就诊的实际情况。实务工作中，经常出现病假员工所交假条或者诊断证明并非医院真实开具，而是虚假证明的情形，因此用人单位必须在规章制度中明确对该项行为的处罚，加大惩罚力度，甚至可以依照严重违纪来处理。

2. 病假工资应该如何规定与核算？

（1）国家法律对病假工资下限做出规定：劳动者请病假的，支付其工资不得低于用人单位所在地最低工资标准的80%。该下限是劳动者实际拿到手的工资总额，不得再行扣发社会保险及公积金等。

（2）各个地区对于病假工资有实施细则规定的，从其规定。比如广东和上海对于病假工资的核算标准是依据劳动者工龄的不同支付一定比例的病假比例，具体支付方式详见本节的法条链接。

（3）用人单位可以在不违反法律规定的前提下，通过规章制度或者劳动合同约定的形式详细表述病假工资的核算标准，比如病假工资的核算基数、病假工资的计算方式等。

3. 如何计算医疗期期限？

（1）根据工作年限确定医疗期长短

劳动部《企业职工患病或非因工负伤医疗期规定》第三条规定，企业职工因患病或非因工负伤，需要停止工作医疗时，根据本人实际参加工作年限和在本单位工作年限，给予三个月到二十四个月的医疗期。

第一，实际工作年限十年以下的，在本单位工作年限五年以下的为三个月；五年以上的为六个月。

第二，实际工作年限十年以上的，在本单位工作年限五年以下的为六个月；五年以上十年以下的为九个月；十年以上十五年以下的为十二个月；十五年以上二十年以下的为十八个月；二十年以上的为二十四个月。

各行政区根据自身区域的特点也有一些地方性规定，比如上海市《关于本市劳动者在履行劳动合同期间患病或者非因工负伤的医疗期标准的规定》中规定，医疗期按劳动者在本用人单位的工作年限加以确定。劳动者在本单位工作第1年，医疗期为3个月；以后工作每满1年，医疗期增加1个月，但最长不超过24个月。

（2）医疗期的连续计算与累计计算方式

第一，员工的医疗期如果没有中断，连续计算，则自休假之日开始至员工到岗上班之日止，连续计算医疗期直至期满。

第二，员工的医疗期期间如果有中断的，可以累计计算。

根据劳动部关于发布《企业职工患病或非因工负伤医疗期的规定》的通知（劳部发［1994］479号）第四条规定，医疗期三个月的，按六个月内累计病休时间计算；六个月的，按十二个月内累计病休时间计算；九个月的，按十五个月内累计病休时间计算；十二个月的，按十八个月内累计病休时间计算；十八个月的，按二十四个月内累计病休时间计算；二十四个月的，按三十个月内累计病休时间计算。

看一个小例子：假设张某依据工龄计算可以休6个月的病假，如果从患病当年1月1日起第一次病休，那么该张某的医疗期应在1月1日至次年1月1日之间确定，在此期间累计病休6个月即视为医疗期满。其他依此类推。

第三，医疗期计算过程中，公休、假日和法定节日包括在内，如果在医疗期内涉及上述节假日的，不再扣除。

（3）医疗期终止

如果医疗期是连续计算的，那么休假时间与医疗期相等，且医疗期以自然月为计算单位，如果医疗期累计计算的，累计休假时间与医疗期相等，医疗期以30天/月为计算单位。上述两种休假时间均在等于应休医疗期天数时，医疗期届满。

（4）试用期劳动者患病的医疗期及处理方式

第一，根据《关于合同制工人在试用期内患病医疗问题的复函》（劳办险字〔1989〕3 号）和《企业职工患病或非因工负伤医疗期规定》（劳部发〔1994〕479 号）第 3 条的规定，劳动者在试用期内患病或非因工负伤，可以享受的医疗期限为 3 个月。因此试用期员工也有医疗期。

第二，用人单位在劳动合同中约定试用期可以请假的，试用期需要在休假结束后依照休假天数顺延，但顺延试用期不能超过法定试用期的最长期限。

第三，用人单位可以在录用条件、劳动合同或者规章制度、入职登记表中详细规定，要求劳动者身体健康，无慢性疾病或者重大疾病，隐瞒重大疾病属于合同欺诈，可导致双方的劳动合同无效，用人单位可以解除劳动关系。

第四，试用期录用条件也可以规定："劳动者身体存在慢性疾病的，属于不符合录用条件，"用人单位也可以此为由解除劳动关系。

针对医疗期劳动关系处理有如下关键点需要注意。

1. 对某些患特殊疾病（如癌症、精神病、瘫痪等）的职工，在 24 个月内尚不能痊愈的，经企业和劳动主管部门批准，可以适当延长医疗期，也即针对上述情况，用人单位不能在医疗期结束后，依照法律法规的相关规定或者用人单位规章制度规定与其解除劳动关系，而应适当延长医疗期。

2. 企业职工非因工致残和经医生或医疗机构认定患有难以治疗的疾病，在医疗期内终结，不能从事原工作，也不能从事用人单位另行安排的工作的，应当由劳动鉴定委员会参照工伤与职业病致残程度鉴定标准进行劳动能力的鉴定。被鉴定为一至四级的，应当退出劳动岗位，终止劳动关系，办理退休、退职手续，享受退休、退职待遇；被鉴定为五至十级的，医疗期内不得解除劳动合同。当然各地的政策也有不同，具体应该依照当地的法律法规规定进行处理，比如北京市，北京户口的可以直接办理退休，非北京户口办理退职手续的，可以一次性领取一定金额的养老金，而在广东省因故无法办理退职手续的，需要用人单位承担相应的工资待遇。

因此根据上述规定，医疗期满劳动合同的解除需要满足以下条件。

1. 属于患病或者非因工负伤；

2. 医疗期满；

3. 不能从事原工作，也不能从事由用人单位另行安排的工作的；

4. 提前三十日以书面形式通知或者额外支付劳动者一个月工资；

5. 须支付经济补偿金和医疗补助费。

当然，满足上述条件，也不必然做到合法解除劳动关系，用人单位确需与医疗期满员工解除劳动关系的，应尽量与该员工进行协商，经协商一致解除劳动关系才能真正将用人单位的用工风险降到最低。

8.5　单位调岗调薪有法定底线，不能逾越

【实战案例 46】合法调岗调薪员工拒绝到岗，可以合法解除劳动关系吗？

案情概要

苏某与某公司签订了劳动合同，劳动合同约定其岗位为操作工。劳动合同还约定："公司按工作标准经考核考评确认员工不胜任本岗位工作，可以调换员工的岗位。本合同履行期间生产经营发生变化，经双方协商一致，也可以变更员工的岗位。员工连续旷工超过 3 日的，属于严重违反公司规章制度的行为，公司可以解除劳动关系并不支付解除劳动关系的经济补偿金。"苏某的工作是在动力车间热力站看仪表，在第一年度的考核考评中，综合得分为 60 分，低于公司的合格线 80 分。因此，公司于第二年向苏某发出了《员工调转通知单》，将苏某从动力车间调至纺织车间，工种未变，工资未变。苏某对此存有异议，坚持不到纺织车间工作，连续 3 日未到公司上班。后公司以苏某旷工为由解除劳动合同。苏某与公司就此事发生劳动争议，苏某要求违法解除劳动合同的经济补偿金。

裁判结果

审理机关经审理查明认为，该公司制定有关于调岗调薪单的规章制度，并且依照规章制度对苏某进行了考核，而苏某考核不合格，故该公司对其调岗调薪合理合法。而苏某拒绝到新岗位工作，构成旷工，故该公司有权依据相关规

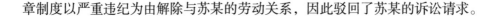
章制度以严重违纪为由解除与苏某的劳动关系，因此驳回了苏某的诉讼请求。

法条链接

《中华人民共和国劳动合同法》

第四十条　有下列情形之一的，用人单位提前三十日以书面形式通知劳动者本人或者额外支付劳动者一个月工资后，可以解除劳动合同：

（一）劳动者患病或者非因工负伤，在规定的医疗期满后不能从事原工作，也不能从事由用人单位另行安排的工作的；

（二）劳动者不能胜任工作，经过培训或者调整工作岗位，仍不能胜任工作的；

（三）劳动合同订立时所依据的客观情况发生重大变化，致使劳动合同无法履行，经用人单位与劳动者协商，未能就变更劳动合同内容达成协议的。

《劳动部关于企业职工流动若干问题的通知》

二、用人单位与掌握商业秘密的职工在劳动合同中约定保守商业秘密有关事项时，可以约定在劳动合同终止前或该职工提出解除劳动合同后的一定时间内（不超过六个月），调整其工作岗位，变更劳动合同中相关内容；用人单位也可规定掌握商业秘密的职工在终止或解除劳动合同后的一定期限内（不超过三年），不得到生产同类产品或经营同类业务且有竞争关系的其他用人单位任职，也不得自己生产与原单位有竞争关系的同类产品或经营同类业务，但用人单位应当给予该职工一定数额的经济补偿。

劳动部办公厅《关于职工因岗位变更与企业发生争议等有关问题的复函》

一、关于用人单位能否变更职工岗位问题。按照《劳动法》第十七条、第二十六条、第三十一条的规定精神，因劳动合同订立所依据的客观情况发生重大变化，致使原劳动合同无法履行而变更劳动合同，须经双方当事人协商一致，若不能达成协议，则可按法定程序解除劳动合同；因劳动者不能胜任工作而变更、调整职工工作岗位，则属于用人单位的自主权。对于因劳动者岗位变更引起的争议应依据上述规定精神处理。

证据收集

用人单位需要收集的证据包括规章制度、签收单、考核记录、调岗通知、考勤表等书面材料。

律师策略

1.合法有效的绩效考核是用人单位管理劳动者的利器，通过绩效考核进行的调岗调薪可以发生法定的法律效力，但是用人单位在制定绩效考核制度时，一定要注意可操作性并将之与薪酬制度联系起来，如此绩效考核制度才能发生预期的效力。

（1）考核制度的内容要详尽，应包括考核范围、考核周期、考核项、考核分值解释、考核结果与薪酬如何关联等。

（2）考核制度要确定需要考核的岗位名称。

（3）员工签字确认的考核制度中考核标准项，考核项设定的时候最好实行量化指标，比如对销售人员的考核项，如果设定为未积极完成领导交付的任务属于不合格则太过主观，因为通过领导拍脑门确定无法实现公允有效，但是如果考核项与销售业绩挂钩，设定未达到销售额为考核不合格，在发生争议的时候更加容易提供证据来证明。

（4）考核结果公示，亦可采取其他形式送达，最好能够留下员工的书面签字文件用于证明已经通知劳动者。

（5）考核制度中还要明确岗位和薪酬将依照考核结果如何调整，在调整岗位时，用人单位还需注意不能肆意调整员工工作岗位，比如让销售总监做保洁之类的，新岗位必须与其原岗位相关。

2.涉密调岗。

根据《劳动部关于企业职工流动若干问题的通知》第二条规定，用人单位与掌握商业秘密的职工在劳动合同中约定保守商业秘密有关事项时，可以约定在劳动合同终止前或该职工提出解除劳动合同后的一定时间内（不超过六个月），调整其工作岗位，变更劳动合同中相关内容。这就是针对保密岗位进行的脱密调岗。

用人单位可与劳动者在签订劳动合同时约定：在与员工解除劳动合同前不超过六个月的时间内，调整该员工的工作岗位，劳动者一方应该履行。但此种脱密期一般不应调整薪酬，否则可能构成拖欠工资。

8.6　员工无产假待遇违反国家计生政策

【实战案例 47】女员工违反国家计划生育政策还能休产假吗？

▌案情概要

　　彭某与某公司签订劳动合同，期限为 5 年，在职期间，育有二子，正常休了产假、哺乳假。第四年，彭某又向公司表示，其准备生育第三胎，公司认为此举将违反计划生育政策，劝其三思。但时隔 4 个月后，彭某表示，其已经怀孕。彭某后因先兆流产，向公司请病假在家待产，公司按照事假未支付其工资。在彭某生育后，公司因为彭某违反了计划生育政策，不同意彭某休产假，拒绝为彭某办理产假相关待遇的手续，并表示所有休假均按照事假扣除工资。后彭某多次与公司协商未果，将公司诉至劳动争议仲裁委员会，认为自己应享受生育保险待遇，且公司应依法支付孕期、产期和哺乳期间的工资，同时认为其是因公司拖欠工资而解除劳动关系，要求公司支付解除劳动关系的经济补偿金。

▌裁判结果

　　审理机关经审理查明，彭某符合生二孩的政策，但是根据国家的法律规定是彭某不可以生三孩，因此彭某的行为违反了计划生育条例，公司有权不支付产假工资。但是彭某因先兆流产而休的病假，公司应该支付其病假工资，因此本案中公司仍存在拖欠工资的行为，理应支付彭某解除劳动关系的经济补偿金。

▌法条链接

　　《北京市人口与计划生育条例》
　　第三十五条　违反本条例规定生育子女的夫妻，应当依法缴纳社会抚养费。征收社会抚养费的具体办法，由市人民政府制定。
　　享受本条例第十九条规定的奖励和优待的夫妻，再生育子女的，停止其奖励和优待，收回《独生子女父母光荣证》。

第三十六条第一款 机关、企业事业单位、社会团体、其他组织的职工违反本条例规定生育的，由其所在单位给予行政处分或者纪律处分；分娩的住院费和医药费自理，产假期间停止其工资福利待遇；三年内不得被评为先进个人、不得提职，并取消一次调级。

《广东省人口与计划生育条例》

第四十六条 对不符合法律、法规规定生育子女的，应当按下列规定征收社会抚养费：

（一）城镇居民超生一个子女的，对夫妻双方分别按当地县（市、区）或不设区的地级市上年城镇居民（常住居民）人均可支配收入额为基数，一次性征收三倍以上六倍以下的社会抚养费，本人上年实际收入高于当地县（市、区）上年城镇居民（常住居民）人均可支配收入的，对其超过部分还应当按照一倍以上二倍以下加收社会抚养费；超生二个以上子女的，以超生一个子女应征收的社会抚养费为基数，按超生子女数为倍数征收社会抚养费；

（二）农村居民超生一个子女的，对夫妻双方分别按当地县（市、区）或不设区的地级市上年农村居民（常住居民）人均可支配收入为基数，一次性征收三倍以上六倍以下的社会抚养费，本人实际上年收入高于当地上年农村居民（常住居民）人均可支配收入的，对其超过部分还应当按照一倍以上二倍以下加收社会抚养费；超生二个以上子女的，以超生一个子女应征收的社会抚养费为基数，按超生子女数为倍数征收社会抚养费；

（三）未办理结婚登记生育第一胎子女，责令补办结婚登记；未办理结婚登记生育第二胎子女，按本条第（一）项或者第（二）项规定的计算基数征收二倍的社会抚养费；未办理结婚登记生育第三胎以上子女的，按本条第（一）项或者第（二）项规定的计算基数征收三倍以上六倍以下的社会抚养费；

（四）有配偶又与他人生育的，按本条第（一）项或者第（二）项规定的计算基数征收六倍以上九倍以下的社会抚养费。

《上海市人口与计划生育条例》

第四十一条 对违反本条例规定生育子女的公民，除征收社会抚养费外，给予以下处理：

（一）分娩的住院费和医药费自理，不享受生育保险待遇和产假期间的工资待遇；

（二）持有《光荣证》的，应退回《光荣证》，终止凭证享受的一切待遇，并退回依据本条例第三十五条规定所享受的奖励；

（三）系国家工作人员的，依法给予行政处分；系其他人员的，所在单位可以给予纪律处分；

（四）系农民的，调整自留地和安排宅基地时，不增加自留地和宅基地的分配面积。

证据收集

用人单位需要收集的证据包括规章制度、签收单、考勤表、休假单等书面材料。

律师策略

依照《女职工劳动保护特别规定》的规定，女职工生育享受 98 天产假，其中产前可以休假 15 天；难产的，增加产假 15 天；生育多胞胎的，每多生育 1 个婴儿，增加产假 15 天。另外有的地区还有晚婚假、晚育假、陪产假等。

但根据用人单位所在地的不同，具体产假天数是不同的，需要依据当地的法律法规计算。休假自女员工请假之日开始计算，女员工在生产前未请假的，自生育当日开始计算。

女员工享有的产假待遇，包括检查费、接生费、手术费、住院费、药费均依照生育保险予以报销，且产假期间享有产假工资，那么违反了计划生育条例的生育女员工有何区别待遇？这是本节要讨论的问题。

依照我国法律的规定："女职工生育享受不少于 98 天的产假。"该规定并没有设定条件，比如符合计划生育的生育行为就可享有产假等，可见，只要有怀孕和生育的事实，员工可依法休产假，无论是否符合计划生育的规定。

而产假待遇就不同了，违反计划生育政策是不能享受生育保险待遇的，也即不能报销上述各项费用及享受产假工资。另外，有的地区还规定，违反国家规定生育子女的还需缴纳一定金额的社会抚养费。

那么对于违反计划生育政策的女员工，用人单位到底能不能单方辞退呢？

这需要依据当地的地方性法律法规确定。比如北京市，用人单位的规章制度明确规定违反计划生育政策的行为属于严重违反规章制度的行为，但仍不能以此为由辞退该女员工，否则有可能被撤销解聘行为或者仍需要支付违法解除劳动关系的经济赔偿金。而依据《广东省计划生育条例》的相关规定，公示的制度如果是经民主程序制定且已经明确规定违反计划生育政策的生育行为属于严重违反规章制度的行为，用人单位可以据此为由辞退"三期"女员工，且无须支付解除劳动关系的经济补偿金。

虽然法律没有明确赋予用人单位对于违反计划生育政策的女员工可以解除劳动关系的权利，但是公司可以设定某些特定福利，比如加薪条件、升职机会等，用以约束女员工的行为。

9 | 第九章

社会保险缴纳属法定义务，单位与员工均需履行

9.1 单位异地缴纳社会保险需员工书面同意

【实战案例 48】异地缴纳的生育险有效吗？

▌案情概要

郎女士，河南郑州人，与北京某公司建立劳动关系，公司依法为其在公司注册地北京市缴纳了社会保险。后因工作需要，郎女士被调入郑州市，工作两年后，郎女士怀孕生子。根据郎女士的生育情况，郎女士可以享受北京的生育津贴，因为郎女士的生育险在北京缴纳，其生育津贴依照北京的政策发放。但是郎女士认为，她的工作地在河南，应依照河南省的规定执行产假休假政策，而公司则认为其生育险是在北京缴纳的，应该适用北京的产假待遇，郎女士的产假工资只能依照北京政策下发。于是郎女士以拖欠工资为由解除劳动关系，并诉至河南省劳动争议仲裁委员会，要求公司补发产假工资，以及解除劳动关系的经济补偿金。

▌裁判结果

审理机关经审理查明，双方的劳动合同履行地在河南，依照优先适用劳动合同履行地的原则，公司应该依照河南郑州的产假待遇支付郎女士产假工资，

因此支持了郎女士的诉求。

法条链接

《中华人民共和国劳动争议调解仲裁法》

第二十一条 劳动争议仲裁委员会负责管辖本区域内发生的劳动争议。

劳动争议由劳动合同履行地或者用人单位所在地的劳动争议仲裁委员会管辖。双方当事人分别向劳动合同履行地和用人单位所在地的劳动争议仲裁委员会申请仲裁的，由劳动合同履行地的劳动争议仲裁委员会管辖。

《社会保险登记管理暂行办法》

第六条 社会保险登记实行属地管理。

缴费单位具有异地分支机构的，分支机构一般应当作为独立的缴费单位，向其所在地的社会保险经办机构单独申请办理社会保险登记。

跨地区的缴费单位，其社会保险登记地由相关地区协商确定。意见不一致时，由上一级社会保险经办机构确定登记地。

《河南省人口与计划生育条例》

第二十七条 依法办理婚姻登记的夫妻，除国家规定的婚假外，增加婚假十八日，参加婚前医学检查的，再增加婚假七日；符合法律、法规规定生育子女的，除国家规定的产假外，增加产假三个月，给予其配偶护理假一个月；婚假、产假、护理假期间视为出勤。

证据收集

用人单位需要收集的证据包括劳动合同、社会保险缴纳明细等书面材料。

律师策略

异地缴纳社会保险存在两个法律风险：一是社会保险缴纳地与用人单位住所地不同时的处理，二是异地缴纳社会保险的处理。

1.因为劳动争议审理机构的管辖优先适用劳动合同履行地，所以是在劳动合同履行地也即劳动者办公地优先审理劳动争议，而仲裁机构适用的是其机构所在地的法律法规，因此建议用人单位缴纳社会保险时，优先在劳动者办公地缴纳。

2.如果劳动者有异地缴纳社会保险的需要，可以先由劳动者提出异地缴纳申请，说明理由；然后，用人单位与劳动者应就社会保险缴纳地达成一致意见，从用人单位住所地或者劳动合同履行地中二选一，并形成书面的社会保险缴纳协议，以约束双方的行为。

9.2 员工书面同意不缴纳社会保险仍有风险

【实战案例 49】员工要求不缴社会保险，用人单位能否免责？

| 案情概要

鲁某入职某连锁餐饮企业，因为其户口所在地与公司注册办公地点不在同一个城市，鲁某月收入也并不高，不愿支付社会保险个人应缴纳部分，餐饮企业于是让其提出书面申请，鲁某同意。在鲁某提出不缴纳社会保险的书面申请后，双方协商一致由公司每月以现金的形式补给鲁某社会保险补偿金，由其自行处理社会保险缴纳事宜，鲁某同意自己缴纳社会保险。但实际上，鲁某并未自己办理缴纳社会保险的手续。后鲁某为了买房，遂与公司协商由公司为其缴纳社会保险，公司以其签署了免责协议为由拒绝。鲁某不服，诉至当地劳动局社会保险稽查部门，要求餐饮企业为其补缴社保，并因公司未为其缴纳社会保险为由解除劳动关系，要求餐饮企业支付其被迫解除劳动关系的经济补偿金。

| 裁判结果

审理机关经审理查明，鲁某提出其申请及协议均是用人单位为了逃避缴纳社会保险的责任让其写的，而审理机关认为虽然该连锁餐饮企业与鲁某达成了社会保险补偿协议，但是该协议违反了法律的规定，不能免除其社会保险缴纳义务，该连锁餐饮企业应为鲁某缴纳社会保险，还应支付欠缴款项的滞纳金。而鲁某以用人单位没有为其缴纳社会保险为由解除劳动关系，过错在该连锁餐饮企业，故其理应支付鲁某解除劳动关系的经济补偿金。

法条链接

《中华人民共和国劳动合同法》

第二十六条　下列劳动合同无效或者部分无效：

（一）以欺诈、胁迫的手段或者乘人之危，使对方在违背真实意思的情况下订立或者变更劳动合同的；

（二）用人单位免除自己的法定责任、排除劳动者权利的；

（三）违反法律、行政法规强制性规定的。

对劳动合同的无效或者部分无效有争议的，由劳动争议仲裁机构或者人民法院确认。

《中华人民共和国劳动法》

第七十二条　社会保险基金按照保险类型确定资金来源，逐步实行社会统筹。用人单位和劳动者必须依法参加社会保险，缴纳社会保险费。

《中华人民共和国社会保险法》

第六十条　用人单位应当自行申报、按时足额缴纳社会保险费，非因不可抗力等法定事由不得缓缴、减免。

证据收集

用人单位需要收集的证据包括劳动合同、社会保险补偿金、补偿协议等书面材料。

律师策略

在管理实务中，很多用人单位都认为，既然劳动者同意不缴纳社会保险，用人单位又支付了补偿金，劳动者权益并未受损，便可以免除用人单位的社会保险缴纳义务。但这种想法是错误的，为劳动者缴纳社会保险是法律规定的法定义务，不能因劳资双方的约定而免除。

而本案中，餐饮企业与劳动者达成了一致意见，以现金的形式补给劳动者社会保险补偿金，可谓赔了夫人又折兵，用人单位支付了社会保险补偿金后并不能免除为劳动者补缴社会保险的法定义务，用人单位虽然可以要求劳动者返还已经支付的社会保险补偿金，但劳动者拒绝返还的，用人单位追究其返还责任的，无形中增加诉讼成本。

那么用人单位没有可以规避风险的办法了吗？

一般情况下，律师建议用人单位为劳动者缴纳社会保险，劳动者确实拒绝缴纳的，用人单位可以要求劳动者自行缴纳，并依据其缴纳金额进行报销，这样，一方面，劳动者的社会保险已经缴纳，不存在补缴的问题，另一方面，用人单位还可以知晓保险补偿支付后，劳动者是否自行缴纳了社会保险，最大限度地降低用工风险。

9.3　社会保险缴费存在基数差，是省钱还是浪费？

【实战案例 50】离职员工有无权利要求年底奖金？

▌案情概要

韦某入职到某技术公司，双方约定韦某的工资为 20000 元 / 月，在韦某入职时，公司要求社会保险依照 5000 元的基数缴纳，韦某表示同意。于是韦某与技术公司签署了社会保险缴纳协议，协议约定，韦某同意技术公司依照 5000 元为其缴纳社会保险，并同意放弃要求技术公司补缴的权利。一年后，韦某因与公司意见不合，提出离职，并于当日向当地社会保险稽核部门提出要求按照其实际收入补缴社会保险。

▌裁判结果

稽核部门经核查发现，韦某的月工资为每月 20000 元，但是技术公司缴纳社会保险的工资基数为 5000 元。技术公司在庭审中辩称，韦某在入职时已经与公司达成一致意见，同意依照 5000 元基数缴纳社会保险，并拿出协议。但是稽核部门认为，依照劳动者的实际收入缴纳社会保险是用人单位的法定义务，不能因为用人单位与员工达成一致，就免除缴纳义务。

法条链接

《中华人民共和国社会保险法》

第六十条第一款　用人单位应当自行申报、按时足额缴纳社会保险费，非因不可抗力等法定事由不得缓缴、减免。职工应当缴纳的社会保险费由用人单位代扣代缴，用人单位应当按月将缴纳社会保险费的明细情况告知本人。

第六十二条　用人单位未按规定申报应当缴纳的社会保险费数额的，按照该单位上月缴费额的百分之一百一十确定应当缴纳数额；缴费单位补办申报手续后，由社会保险费征收机构按照规定结算。

第六十三条　用人单位未按时足额缴纳社会保险费的，由社会保险费征收机构责令其限期缴纳或者补足。

用人单位逾期仍未缴纳或者补足社会保险费的，社会保险费征收机构可以向银行和其他金融机构查询其存款账户；并可以申请县级以上有关行政部门作出划拨社会保险费的决定，书面通知其开户银行或者其他金融机构划拨社会保险费。用人单位账户余额少于应当缴纳的社会保险费的，社会保险费征收机构可以要求该用人单位提供担保，签订延期缴费协议。

用人单位未足额缴纳社会保险费且未提供担保的，社会保险费征收机构可以申请人民法院扣押、查封、拍卖其价值相当于应当缴纳社会保险费的财产，以拍卖所得抵缴社会保险费。

证据收集

用人单位需要收集的证据包括劳动合同、补缴协议等书面材料。

律师策略

根据社会保险法的相关规定，用人单位一定要根据劳动者的总收入缴纳社会保险，该义务不能因为劳资双方的约定而免除。如果用人单位缴纳社会保险存在基数差的，理应补齐，并应该依照当地社保局的规定缴纳一定金额的滞纳金。

10 第十章
用人单位逃避工伤理赔责任不是解决之道

10.1　工伤保险应缴纳，商业保险无法替代

【实战案例51】不存在劳动关系需要承担赔偿责任吗?

案情概要

马某为某物业员工，岗位是维修工人，一日马某有急事请假，但工作还未完成，遂找其朋友苏某帮其将剩下的工作完成。苏某冒充马某到业主家修理室外护栏时，室外护栏因年久失修断落，苏某从二楼跌下，导致脾脏破裂，多处骨折。受伤后，苏某多次找到物业公司，称因其是在为业主修理护栏时受伤，物业公司理应承担相应的工伤赔偿责任。物业以苏某与该公司不存在劳动关系为由，拒绝为苏某办理工伤申请并依法支付苏某工伤保险待遇。苏某诉至当地劳动争议仲裁委员会，要求物业公司承担一次性伤残补助金、一次性就业补助金、一次性医疗补助金以及为苏某报销所有的医疗费用。

裁判结果

审理机关经审理查明，苏某是代其朋友马某到业主家里修缮护栏，但苏某并不是物业公司的员工，依据国家法律规定，工伤保险仅限于用人单位为其员工缴纳并申请了工伤保险待遇的情况，因此驳回了苏某的请求。

法条链接

《中华人民共和国社会保险法》

第四十一条　职工所在用人单位未依法缴纳工伤保险费，发生工伤事故的，由用人单位支付工伤保险待遇。用人单位不支付的，从工伤保险基金中先行支付。

从工伤保险基金中先行支付的工伤保险待遇应当由用人单位偿还。用人单位不偿还的，社会保险经办机构可以依照本法第六十三条的规定追偿。

《工伤保险条例》

第二条第一款　中华人民共和国境内的企业、事业单位、社会团体、民办非企业单位、基金会、律师事务所、会计师事务所等组织和有雇工的个体工商户（以下称用人单位）应当依照本条例规定参加工伤保险，为本单位全部职工或者雇工（以下称职工）缴纳工伤保险费。

证据收集

用人单位需要收集的证据包括与马某的劳动合同、社会保险缴纳证明、业主相关信息等书面材料。

律师策略

本案中，苏某与物业公司是否存在劳动关系是焦点，如果存在劳动关系，那么双方应依照工伤保险条例的相关规定进行理赔，如果双方不存在雇佣关系，那么应该依照人身损害赔偿的相关规定承担各自的责任。

根据《工伤保险条例》的规定，中华人民共和国境内的企业、事业单位、社会团体、民办非企业单位、基金会、律师事务所、会计师事务所等组织和有雇工的个体工商户应当依照本条例规定参加工伤保险，为本单位全部职工或者雇工缴纳工伤保险费。该规定将工伤理赔限定于用人单位与其职工之间，也即用人单位为其全部职工或者雇工缴纳工伤保险、进行工伤理赔，如果双方不存在劳动关系则不需要承担工伤理赔责任。

那么用人单位不缴纳工伤保险的风险在哪里呢？用人单位是否为员工缴纳工伤保险不影响其承担工伤理赔义务，未缴纳工伤险的，一旦员工发生工伤事故，所有工伤保险待遇均由用人单位承担。

10.2　工伤认定存在时效，无法理赔风险大

【实战案例 52】用人单位不为员工申报工伤，需要承担什么工伤理赔责任？

案情概要

苗某属于北京某快递公司的驾驶员，在送货途中直行时受到逆行车辆的碰撞，导致左腰部肋骨骨折，腿骨压缩性骨折。事故发生后，苗某入院治疗，快递公司支付 1 万元治疗费用后拒绝再行支付任何费用，不仅拒绝为苗某申请工伤鉴定，更拒绝支付治疗期间的工资及手术费用。苗某痊愈后，因为肩部受伤，不能再驾驶汽车，遂向快递公司提出离职，要求快递公司为其申请工伤认定并承担其垫付的医疗费、护理费、伙食费等费用，却再次遭到拒绝。苗某多方投诉举报均未收到效果，一年多后，苗某以人身损害赔偿纠纷为由将快递公司告上法庭，要求快递公司承担其受伤的治疗费用、损害赔偿费用等。庭审中，快递公司称已经无法为苗某申请工伤理赔，因为已经超过申请期限，苗某则认为该责任应由物业公司承担。

裁判结果

审理机关经审理查明，苗某的确因超过工伤申请时限，而无法申请工伤，而苗某受伤属于因公负伤，快递公司作为其雇主，应该承担赔偿责任。因无法申请工伤，故应依据人身损害赔偿的相关法律规定，由快递公司承担赔偿责任，赔偿苗某在此期间的医疗费、护理费、伙食费等损失。

法条链接

《工伤保险条例》

第十七条　职工发生事故伤害或者按照职业病防治法规定被诊断、鉴定为职业病，所在单位应当自事故伤害发生之日或者被诊断、鉴定为职业病之日起 30 日内，向统筹地区社会保险行政部门提出工伤认定申请。遇有特殊情况，经报社会保险行政部门同意，申请时限可以适当延长。

用人单位未按前款规定提出工伤认定申请的，工伤职工或者其近亲属、工会组织在事故伤害发生之日或者被诊断、鉴定为职业病之日起1年内，可以直接向用人单位所在地统筹地区社会保险行政部门提出工伤认定申请。

按照本条第一款规定应当由省级社会保险行政部门进行工伤认定的事项，根据属地原则由用人单位所在地的设区的市级社会保险行政部门办理。

用人单位未在本条第一款规定的时限内提交工伤认定申请，在此期间发生符合本条例规定的工伤待遇等有关费用由该用人单位负担。

▌证据收集

用人单位需要收集的证据包括与苗某的劳动合同、社会保险缴纳证明、受伤治疗单据等书面材料。

▌律师策略

根据《工伤保险条例》的相关规定，职工发生事故伤害或者按照职业病防治法规定被诊断、鉴定为职业病，所在单位应当自事故伤害发生之日或者被诊断、鉴定为职业病之日起30日内向劳动行政部门提出工伤认定申请。如果用人单位未按时提交申请，劳动者可以在事故伤害发生之日或者被诊断、鉴定为职业病之日起1年内提出工伤认定申请。在事故伤害发生之日或者被诊断、鉴定为职业病之日至劳动行政部门受理工伤认定申请期间内，所有符合工伤待遇的费用包括医疗费、工资待遇、护理费等均由用人单位承担。

本案的焦点在于，已经超过认定时限的工伤理赔，没有办法认定工伤的，如何认定理赔责任。司法实践中，如果确实无法申请工伤鉴定，人民法院将依据人身损害赔偿的相关规定追究用人单位的相关责任。也即如果未及时办理工伤认定及伤残鉴定，工伤基金将零理赔，而全部赔偿责任均由用人单位承担。

员工发生工伤事故后，用人单位要积极处理相关事宜，杜绝拖延办理工伤鉴定，防止承担过重的理赔义务。

1.积极关注员工的治疗，并妥善保管治疗受伤员工的所有书面材料和费用单据，有利于降低伤残等级及日后理赔。

2.用人单位可在事故发生之日起30日内向用人单位住所地或者劳动合同履行地的劳动行政部门提出工伤认定申请，劳动者本人也可以事故伤害发生之日或者被诊断、鉴定为职业病之日起1年内提出工伤认定申请。

3. 工伤认定的程序如下：

（1）申请

用人单位或者劳动者本人向劳动行政部门依照当地劳动行政部门的要求提供相关的材料，提出工伤认定申请。

（2）受理

i. 各地劳动行政部门接到申请后 15 日内进行审查。对不属于当地劳动行政部门管辖的告知申请人不予受理。

ii. 申请材料不齐全的，劳动行政部门应一次性告知申请人，申请人可在 30 日内补齐材料。

（3）认定

i. 经审查符合认定条件的，劳动行政部门应在 60 日内（特殊情况可以延长 30 日）做出工伤认定结论，并通知单位和个人。

ii. 如果劳动者提出鉴定申请，但无书面材料证明劳动关系的，应告知劳动者需先通过劳动仲裁确认劳动关系，仲裁时间不计算在受理的规定时间内。

（4）对认定为工伤的发放工伤证或者工伤鉴定书

4. 在停工医疗期内，用人单位全额支付受伤劳动者薪资报酬，不得恶意拖欠，否则不但要补齐薪酬，员工因此解除劳动关系的，还要支付解除劳动关系的经济补偿金。

停工留薪期是指事故发生后，员工在医院救治的时间。

5. 在鉴定结果知晓后，用人单位依据鉴定结果，积极与受伤员工协商工伤保险待遇的申领与支付，法定应由单位承担的部分，单位自行支付。

10.3 单位拒绝认定工伤时需承担举证责任

【实战案例 53】加班途中发生交通事故，是工伤吗？

▌案情概要

花某在某公司任财务总监，一日下班刚到家，就接到公司电话需要召开紧急会议，要求花某务必参加，花某于是驾车返回公司。在去公司的路上花某驾驶的车辆与一辆机动车发生交通事故，致使腿骨骨折。交通警察公布责任认定结果为，对方车主因闯红灯负主要责任，花某经过红绿灯路口未及时减速负次要责任。花某因此在家里休养了4个月，伤愈回到公司后，要求公司报销医疗费用，并依法为其办理工伤认定及核定工伤保险待遇。

公司则称，花某发生事故是在下班后，并不是在工作期间，不应认定为工伤，因此拒绝为花某办理工伤认定及相关手续。花某认为，他是在接到公司电话后回公司的路上发生事故的，理应认定为工伤，因此诉至当地劳动争议仲裁委员会，要求公司为其办理工伤认定及核定工伤保险待遇。

裁判结果

审理机关认为，花某是在接到公司电话后去公司的路上发生交通事故，应认定为在上班途中，且花某在交通事故中被认定为次要责任，依据法律的相关规定，应被认定为工伤，应享受工伤待遇。

法条链接

《中华人民共和国社会保险法》

第三十七条　职工因下列情形之一导致本人在工作中伤亡的，不认定为工伤：

（一）故意犯罪；

（二）醉酒或者吸毒；

（三）自残或者自杀；

（四）法律、行政法规规定的其他情形。

《工伤保险条例》

第十四条　职工有下列情形之一的，应当认定为工伤：

（一）在工作时间和工作场所内，因工作原因受到事故伤害的；

（二）工作时间前后在工作场所内，从事与工作有关的预备性或者收尾性工作受到事故伤害的；

（三）在工作时间和工作场所内，因履行工作职责受到暴力等意外伤害的；

（四）患职业病的；

（五）因工外出期间，由于工作原因受到伤害或者发生事故下落不明的；

（六）在上下班途中，受到非本人主要责任的交通事故或者城市轨道交通、客运轮渡、火车事故伤害的；

（七）法律、行政法规规定应当认定为工伤的其他情形。

第十五条 职工有下列情形之一的，视同工伤：

（一）在工作时间和工作岗位，突发疾病死亡或者在 48 小时之内经抢救无效死亡的；

（二）在抢险救灾等维护国家利益、公共利益活动中受到伤害的；

（三）职工原在军队服役，因战、因公负伤致残，已取得革命伤残军人证，到用人单位后旧伤复发的。

职工有前款第（一）项、第（二）项情形的，按照本条例的有关规定享受工伤保险待遇；职工有前款第（三）项情形的，按照本条例的有关规定享受除一次性伤残补助金以外的工伤保险待遇。

第十六条 职工符合本条例第十四条、第十五条的规定，但是有下列情形之一的，不得认定为工伤或者视同工伤：

（一）故意犯罪的；

（二）醉酒或者吸毒的；

（三）自残或者自杀的。

证据收集

用人单位需要收集的证据包括与花某的劳动合同、通话记录等书面材料用以证明花某并非加班。

律师策略

本案的焦点在于，花某在下班返回公司途中发生交通事故导致受伤，能否被认定为工伤。本案中的答案是肯定的，但如果花某是因回公司取东西，并不是因为公司要求加班而发生交通事故，则不应该被认定为工伤。

还有一点需要注意，在上下班途中发生交通事故的，一定要确认是否负主要责任或者全部责任，如果事故中员工负主要责任或者全部责任，则不能认定为工伤。

本案中花某获得工伤赔偿后，不影响其向对方机动车司机主张交通肇事的赔偿责任。交通事故导致的工伤，工伤理赔与交通肇事责任可以同时主张。

工伤认定的关键点一是双方是否存在劳动关系，二是是否在工作过程中发生伤害事故，这些都是必备要件。

1. 受伤劳动者必须与依法注册的法人单位存在劳动关系。

如果劳动者与用人单位之间不存在劳动关系，比如劳务关系、承包关系等则不能认定为工伤；或者与劳动者建立用工关系的不是法人单位而是自然人，也不能被认定为工伤，只能通过其他途径主张权益。

2. 劳动者非因故意、蓄意造成负伤、致残或者死亡。

如果造成伤害事故的主要原因是劳动者或者第三人的故意或者蓄意，那么无论该伤害程度，均不能认定为工伤，比如自杀、自残等。

3. 劳动者所受到的伤害必须与工作行为存在一定的因果关系，比如劳动者因醉酒或者吸毒导致受伤的，虽然也发生在工作过程中，但不能被认定为工伤。

4. 劳动者必须在履行工作职责的过程中受到伤害，不仅限于在办公场所，也包括在因公出差、上下班途中等。

用人单位组织的旅行途中意外受伤，也可被认定工伤。

如下，将国家法律法规中的法条针对认定为工伤的情形做一下总结，供读者参考。

1. 在工作时间和工作场所内，因工作原因受到事故伤害的。

2. 工作时间前后在工作场所内，从事与工作有关的预备性或者收尾性工作受到事故伤害的。该条款关键是预备性或收尾性工作，比如上下班途中遇到伤害，虽然未到工作场所，但从事与工作有关的预备性或者收尾性工作，因此应认定为工伤。

3. 在工作时间和工作场所内，因履行工作职责受到暴力等意外伤害的。

该条款关键点是必须与履行职责相关，如果因与履职无关的行为受伤，则不能认定为工伤。

4. 患职业病的。

5. 因工外出期间，由于工作原因受到伤害或者发生事故下落不明的。

6. 在上下班途中，受到非本人主要责任的交通事故或者因城市轨道交通、轮船渡运等事故伤害的。

7. 在工作时间和工作岗位，突发疾病死亡或者在 48 小时之内经抢救无效死亡的：如果在家中发生猝死，无论是否因工作导致的，一般也不能认定为工伤。

在司法实践中，48 小时的起算时间为医疗机构初次诊断时所记录的时间。

8. 在抢险救灾等维护国家利益、公共利益活动中受到伤害的。

9. 职工原在军队服役，因战、因公负伤致残，已取得革命伤残军人证，到用人单位后旧伤复发的。

10. 职工在单位组织或者代表单位参加运动会或者户外旅行中受伤的。

10.4　工伤理赔可以协商，不利风险需重视

【实战案例 54】工伤理赔协议有差额，用人单位可以不补齐吗？

█ 案情概要

方某在某工程公司任砖瓦工，在施工过程中导致椎骨骨折，经治疗 3 个月后出院，在理疗医院调养锻炼，在此期间的医疗费用，工程公司共计花费了 30 余万元。方某出院后，未再到施工现场工作。工程公司以方某旷工为由，解除了与方某的劳动关系。方某认为公司违法解除劳动关系，要求支付工伤赔偿金及解除补偿金。工程公司提出因为方某治疗已经花费了 30 万元，只能再一次性支付其 10 万元，方某表示同意，双方签署了协商一致理赔协议，并相互承诺双方再无任何争议。方某理疗医院进行康复训练费用较高，很快 10 万元就花费殆尽，无奈，方某找到工程公司，希望公司再支付一部分费用，工程公司拒绝。方某遂诉至劳动争议仲裁委员会，要求工程公司补齐差额。

█ 裁判结果

审理机关经审理发现，方某的伤残等级为 7 级，10 万元的补偿金过低，双方协商一致的协议属于显失公平的调解协议，工程公司应补齐方某的工伤赔偿金。

法条链接

《工伤保险条例》

第三十条　职工因工作遭受事故伤害或者患职业病进行治疗，享受工伤医疗待遇。

职工治疗工伤应当在签订服务协议的医疗机构就医，情况紧急时可以先到就近的医疗机构急救。

治疗工伤所需费用符合工伤保险诊疗项目目录、工伤保险药品目录、工伤保险住院服务标准的，从工伤保险基金支付。工伤保险诊疗项目目录、工伤保险药品目录、工伤保险住院服务标准，由国务院社会保险行政部门会同国务院卫生行政部门、食品药品监督管理部门等部门规定。

职工住院治疗工伤的伙食补助费，以及经医疗机构出具证明，报经办机构同意，工伤职工到统筹地区以外就医所需的交通、食宿费用从工伤保险基金支付，基金支付的具体标准由统筹地区人民政府规定。

工伤职工治疗非工伤引发的疾病，不享受工伤医疗待遇，按照基本医疗保险办法处理。

工伤职工到签订服务协议的医疗机构进行工伤康复的费用，符合规定的，从工伤保险基金支付。

第三十二条　工伤职工因日常生活或者就业需要，经劳动能力鉴定委员会确认，可以安装假肢、矫形器、假眼、假牙和配置轮椅等辅助器具，所需费用按照国家规定的标准从工伤保险基金支付。

第三十三条　职工因工作遭受事故伤害或者患职业病需要暂停工作接受工伤医疗的，在停工留薪期内，原工资福利待遇不变，由所在单位按月支付。

停工留薪期一般不超过12个月。伤情严重或者情况特殊，经设区的市级劳动能力鉴定委员会确认，可以适当延长，但延长不得超过12个月。工伤职工评定伤残等级后，停发原待遇，按照本章的有关规定享受伤残待遇。工伤职工在停工留薪期满后仍需治疗的，继续享受工伤医疗待遇。

生活不能自理的工伤职工在停工留薪期需要护理的，由所在单位负责。

第三十四条　工伤职工已经评定伤残等级并经劳动能力鉴定委员会确认需要生活护理的，从工伤保险基金按月支付生活护理费。

生活护理费按照生活完全不能自理、生活大部分不能自理或者生活部分不能自理 3 个不同等级支付，其标准分别为统筹地区上年度职工月平均工资的 50%、40% 或者 30%。

第三十五条　职工因工致残被鉴定为一级至四级伤残的，保留劳动关系，退出工作岗位，享受以下待遇：

（一）从工伤保险基金按伤残等级支付一次性伤残补助金，标准为：一级伤残为 27 个月的本人工资，二级伤残为 25 个月的本人工资，三级伤残为 23 个月的本人工资，四级伤残为 21 个月的本人工资；

（二）从工伤保险基金按月支付伤残津贴，标准为：一级伤残为本人工资的 90%，二级伤残为本人工资的 85%，三级伤残为本人工资的 80%，四级伤残为本人工资的 75%。伤残津贴实际金额低于当地最低工资标准的，由工伤保险基金补足差额；

（三）工伤职工达到退休年龄并办理退休手续后，停发伤残津贴，按照国家有关规定享受基本养老保险待遇。基本养老保险待遇低于伤残津贴的，由工伤保险基金补足差额。

职工因工致残被鉴定为一级至四级伤残的，由用人单位和职工个人以伤残津贴为基数，缴纳基本医疗保险费。

第三十六条　职工因工致残被鉴定为五级、六级伤残的，享受以下待遇：

（一）从工伤保险基金按伤残等级支付一次性伤残补助金，标准为：五级伤残为 18 个月的本人工资，六级伤残为 16 个月的本人工资；

（二）保留与用人单位的劳动关系，由用人单位安排适当工作。难以安排工作的，由用人单位按月发给伤残津贴，标准为：五级伤残为本人工资的 70%，六级伤残为本人工资的 60%，并由用人单位按照规定为其缴纳应缴纳的各项社会保险费。伤残津贴实际金额低于当地最低工资标准的，由用人单位补足差额。

经工伤职工本人提出，该职工可以与用人单位解除或者终止劳动关系，由工伤保险基金支付一次性工伤医疗补助金，由用人单位支付一次性伤残就业补助金。一次性工伤医疗补助金和一次性伤残就业补助金的具体标准由省、自治区、直辖市人民政府规定。

第三十七条　职工因工致残被鉴定为七级至十级伤残的，享受以下待遇：

（一）从工伤保险基金按伤残等级支付一次性伤残补助金，标准为：七级伤残为 13 个月的本人工资，八级伤残为 11 个月的本人工资，九级伤残为 9 个月的本人工资，十级伤残为 7 个月的本人工资；

（二）劳动、聘用合同期满终止，或者职工本人提出解除劳动、聘用合同的，由工伤保险基金支付一次性工伤医疗补助金，由用人单位支付一次性伤残就业补助金。一次性工伤医疗补助金和一次性伤残就业补助金的具体标准由省、自治区、直辖市人民政府规定。

第三十八条　工伤职工工伤复发，确认需要治疗的，享受本条例第三十条、第三十二条和第三十三条规定的工伤待遇。

第三十九条　职工因工死亡，其近亲属按照下列规定从工伤保险基金领取丧葬补助金、供养亲属抚恤金和一次性工亡补助金：

（一）丧葬补助金为 6 个月的统筹地区上年度职工月平均工资；

（二）供养亲属抚恤金按照职工本人工资的一定比例发给由因工死亡职工生前提供主要生活来源、无劳动能力的亲属。标准为：配偶每月 40%，其他亲属每人每月 30%，孤寡老人或者孤儿每人每月在上述标准的基础上增加 10%。核定的各供养亲属的抚恤金之和不应高于因工死亡职工生前的工资。供养亲属的具体范围由国务院社会保险行政部门规定；

（三）一次性工亡补助金标准为上一年度全国城镇居民人均可支配收入（2011 年城镇居民人均可支配收入 21810 元）的 20 倍。

伤残职工在停工留薪期内因工伤导致死亡的，其近亲属享受本条第一款规定的待遇。

一级至四级伤残职工在停工留薪期满后死亡的，其近亲属可以享受本条第一款第（一）项、第（二）项规定的待遇。

《最高人民法院关于审理劳动争议案件适用法律若干问题的解释》

第二十条　用人单位对劳动者作出的开除、除名、辞退等处理，或者因其他原因解除劳动合同确有错误的，人民法院可以依法判决予以撤销。

对于追索劳动报酬、养老金、医疗费以及工伤保险待遇、经济补偿金、培训费及其他相关费用等案件，给付数额不当的，人民法院可以予以变更。

证据收集

用人单位需要收集的证据包括与方某的劳动合同、治疗缴费单据、理赔协议等书面材料。

律师策略

用人单位与受伤劳动者在协商工伤理赔事项时，要与劳动者达成一致意见，签订书面的理赔协议，并在理赔协议中作如下说明："受伤劳动者已经知晓根据法律的规定可以获得更多的赔偿金，但主动放弃此权益，双方基于此赔偿款项再无任何争议"，以免发生补齐差额的风险。

依据有关工伤医疗待遇的法律规定，赔偿项主要包含以下几个方面，均由工伤保险基金支付。且各地的赔付标准均存在差异，用人单位应依据当地社保机构的理赔项签订协议。

1. 治（医）疗费，入院治疗发生的费用，用人单位注意保留已经支付费用的相关单据与书面材料。

2. 住院伙食补助费。

3. 外地就医交通费、食宿费。

4. 康复治疗费。

5. 辅助器具费。

6. 生活护理费。

7. 伤残津贴：受伤劳动者被裁定一至四级伤残而需要支付的伤残津贴。

8. 丧葬补助金、供养亲属抚恤金和一次性工亡补助金。

9. 一次性伤残补助金。

10. 一次性工伤医疗补助金。

以下理赔项由用人单位支付：

1. 停工留薪期工资。停工留薪期是劳动者因工作遭受事故伤害需要暂停工作接受工伤医疗的时间，用人单位需要保持原薪酬待遇不变，按月支付。

2. 伤残津贴。职工因工致残被鉴定为五级、六级伤残的，劳动者可以选择保留与用人单位的劳动关系，由用人单位按照劳动者的劳动能力安排工作。难以工作的，由用人单位按月发给伤残津贴。

3. 一次性伤残就业补助金。

11 第十一章
劳务派遣不是万金油，单位应用存风险

11.1 派遣单位须有资质，否则难认定派遣工

【实战案例 55】派遣员工与用工单位可能存在事实劳动关系吗？

案情概要

齐某与某劳务公司建立口头劳动关系后被劳务公司派遣到北京某物业公司任保安，在职期间，物业公司直接向齐某下发工资。且物业公司与劳务公司约定，齐某的社会保险由劳务公司为其缴纳。两年后，物业公司因为项目变更，将齐某退回劳务公司，但是劳务公司拒绝为其安排新工作单位。齐某无奈，欲将劳务公司诉至劳动仲裁委员会。齐某委托的律师在查询劳务公司工商登记信息时，发现该劳务公司是一家个体工商户，其经营范围仅有劳务信息咨询，而且注册资金仅有 10 万元，并不具劳务派遣资质，劳务公司也没有为齐某缴纳社会保险。于是齐某将劳务公司与物业公司共同诉至劳动仲裁委员会，要求确认劳务公司的派遣行为无效，确认齐某与物业公司的劳动关系，并要求物业公司支付其解除劳动关系的经济补偿金。

裁判结果

审理机关认为，齐某未与劳务公司签订劳动合同，劳务公司将齐某派遣至物业公司工作，但是劳务公司并没有派遣资质，其与物业公司的劳务派遣协议

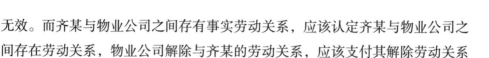

无效。而齐某与物业公司之间存有事实劳动关系，应该认定齐某与物业公司之间存在劳动关系，物业公司解除与齐某的劳动关系，应该支付其解除劳动关系的经济补偿金。

法条链接

《中华人民共和国劳动合同法》

第五十七条　经营劳务派遣业务应当具备下列条件：

（一）注册资本不得少于人民币二百万元；

（二）有与开展业务相适应的固定的经营场所和设施；

（三）有符合法律、行政法规规定的劳务派遣管理制度；

（四）法律、行政法规规定的其他条件。

经营劳务派遣业务，应当向劳动行政部门依法申请行政许可；经许可的，依法办理相应的公司登记。未经许可，任何单位和个人不得经营劳务派遣业务。

证据收集

用人单位可以提交与劳务公司的派遣协议、齐某与劳务公司的劳动合同等书面材料。

律师策略

本案的焦点在与齐某于物业公司之间是劳动关系还是劳务派遣关系？确认劳务派遣关系首先要确认的是派遣主体是否有派遣资质？劳务派遣单位应当是依法登记设立的公司，具备一定的经济实力，且能够独立承担法律责任。而本案中，劳务公司经工商登记注册成为个体工商户，在社保系统中也没有登记开户，没有为齐某缴纳过社会保险费，且其注册资本为 10 万元，不具备派遣资质，不得进行派遣业务，因此劳务公司与物业公司之间的派遣协议无效。

在日常管理实务中，如需签订劳务派遣协议，首先需要找寻有派遣资质的劳务公司，才能最大限度地维护用工单位的利益，防止诉讼风险。

11.2　大规模派遣属违法，切勿聪明反被聪明误

【实战案例56】全员劳务派遣，是省钱省力还是得不偿失？

▌案情概要

某物业公司为了便于管理，与劳务派遣公司合作，将其自身负责的物业项目人员全部更换为劳务派遣公司的派遣工人，仅各项目的负责人为物业公司所属员工，在物业项目结束后，将派遣工人全部退回派遣公司，在承接新的物业项目后，再行签订新的派遣协议。孟某为物业公司某项目的派遣工，负责某小区的安保工作，因该小区业主一辆自行车被偷，遭到业主投诉，因此物业公司将其退回劳务公司待岗。孟某认为自行车被偷不是因为他的工作失误，而是业主未将自行车上锁，因此不应被退回劳务公司，遂将劳务公司、物业公司作为共同被告，诉至劳动争议仲裁委员会，要求物业公司撤回退工通知，恢复其岗位，并支付其收到退工通知至恢复岗位期间的工资。

▌裁判结果

审理机关认为，《劳动合同法》明确规定，劳务派遣用工形式属于补充形式，其只能用在临时性、辅助性或者替代性的工作岗位。物业公司将其主要岗位的工作皆使用派遣工种，违反法律的禁止性规定，其与劳务公司的派遣协议无效。因此认定孟某与物业公司之间存在劳动关系，而因物业公司无法证明孟某在工作过程中存在严重违纪行为，物业公司解除劳动关系的行为违法，应依法被撤销。

▌法条链接

《中华人民共和国劳动合同法》

第六十六条　劳动合同用工是我国的企业基本用工形式。劳务派遣用工是补充形式，只能在临时性、辅助性或者替代性的工作岗位上实施。

前款规定的临时性工作岗位是指存续时间不超过六个月的岗位；辅助性工作岗位是指为主营业务岗位提供服务的非主营业务岗位；替代性工作岗位是指用工单位的劳动者因脱产学习、休假等原因无法工作的一定期间内，可以由其他劳动者替代工作的岗位。

用工单位应当严格控制劳务派遣用工数量，不得超过其用工总量的一定比例，具体比例由国务院劳动行政部门规定。

第六十七条 用人单位不得设立劳务派遣单位向本单位或者所属单位派遣劳动者。

第九十二条 违反本法规定，未经许可，擅自经营劳务派遣业务的，由劳动行政部门责令停止违法行为，没收违法所得，并处违法所得一倍以上五倍以下的罚款；没有违法所得的，可以处五万元以下的罚款。

劳务派遣单位、用工单位违反本法有关劳务派遣规定的，由劳动行政部门责令限期改正；逾期不改正的，以每人五千元以上一万元以下的标准处以罚款，对劳务派遣单位，吊销其劳务派遣业务经营许可证。用工单位给被派遣劳动者造成损害的，劳务派遣单位与用工单位承担连带赔偿责任。

《劳务派遣暂行规定》

第三条 用工单位只能在临时性、辅助性或者替代性的工作岗位上使用被派遣劳动者。

前款规定的临时性工作岗位是指存续时间不超过 6 个月的岗位；辅助性工作岗位是指为主营业务岗位提供服务的非主营业务岗位；替代性工作岗位是指用工单位的劳动者因脱产学习、休假等原因无法工作的一定期间内，可以由其他劳动者替代工作的岗位。

用工单位决定使用被派遣劳动者的辅助性岗位，应当经职工代表大会或者全体职工讨论，提出方案和意见，与工会或者职工代表平等协商确定，并在用工单位内公示。

第四条 用工单位应当严格控制劳务派遣用工数量，使用的被派遣劳动者数量不得超过其用工总量的 10%。

前款所称用工总量是指用工单位订立劳动合同人数与使用的被派遣劳动者人数之和。

计算劳务派遣用工比例的用工单位是指依照劳动合同法和劳动合同法实施

条例可以与劳动者订立劳动合同的用人单位。

证据收集

用人单位可以提交与劳务公司的派遣协议、孟某与劳务公司的劳动合同等书面材料。

律师策略

国家法律法规明确规定，劳务派遣仅适用于辅助性岗位，并不是所有岗位均可使用劳务派遣工，在管理实务中，用人单位应注意如下事项：

1. 用人单位必须与有派遣资质的派遣公司建立劳务派遣协议；

2. 被派遣劳动者仅适用于辅助性岗位；

3. 使用的被派遣劳动者数量不得超过其用工总量的10%；

4. 同工同酬，不得随意降低被派遣劳动者工资；

5. 用人单位不得设立劳务派遣单位向本单位或者所属单位派遣劳动者。

11.3　派遣退回条件应约定明确，以防连带责任

【实战案例 57】派遣合同约定退回条件，用工单位可以免除责任吗？

案情概要

康某与某劳务公司签订无固定期限劳动合同及三方派遣协议书，协议书中约定劳务公司派遣康某至某公司上海代表处工作，同时约定上海代表处可因康某严重违反用工单位规章制度或者其他客观原因与康某解除用工关系。一年后，康某在办公地点与同事发生口角大打出手，严重违反了该上海代表处的规章制度，上海代表处告知康某对严重违纪的行为处理决定，聘用关系将于一个月后解除，将其退回劳务公司。很快，康某接到通知，劳务公司已为康某开具退工证明，解除双方间的劳动合同。但康某认为，其与同事的打架行为事出有因，并非故意，不应被解除用工关系，要求上海代表处撤销退回通知，恢复用工关

系，遭到上海代表处拒绝。后康某诉至劳动争议仲裁委员会，要求上海代表处恢复用工关系、劳务公司继续履行劳动合同，并要求上海代表处支付自终止聘用关系次日起至恢复工作岗位期间的全额工资并缴纳该期间的社会保险，并由劳务公司承担连带责任。

裁判结果

审理机关认为，代表处作为用工单位可以依照相应约定解除与派遣工的用工关系，但劳务公司与康某存在劳动关系，没有合法理由不得随意解除与康某的劳动关系，判令劳务公司支付自终止聘用关系次日起至恢复工作岗位期间的全额工资并缴纳该期间的社会保险，恢复劳务公司与康某的劳动关系直至劳动关系解除或者终止之日。

法条链接

《中华人民共和国劳动合同法》

第五十八条 劳务派遣单位是本法所称用人单位，应当履行用人单位对劳动者的义务。劳务派遣单位与被派遣劳动者订立的劳动合同，除应当载明本法第十七条规定的事项外，还应当载明被派遣劳动者的用工单位以及派遣期限、工作岗位等情况。

劳务派遣单位应当与被派遣劳动者订立二年以上的固定期限劳动合同，按月支付劳动报酬；被派遣劳动者在无工作期间，劳务派遣单位应当按照所在地人民政府规定的最低工资标准，向其按月支付报酬。

第五十九条 劳务派遣单位派遣劳动者应当与接受以劳务派遣形式用工的单位（以下称用工单位）订立劳务派遣协议。劳务派遣协议应当约定派遣岗位和人员数量、派遣期限、劳动报酬和社会保险费的数额与支付方式以及违反协议的责任。

用工单位应当根据工作岗位的实际需要与劳务派遣单位确定派遣期限，不得将连续用工期限分割订立数个短期劳务派遣协议。

第六十条 劳务派遣单位应当将劳务派遣协议的内容告知被派遣劳动者。

劳务派遣单位不得克扣用工单位按照劳务派遣协议支付给被派遣劳动者的劳动报酬。

劳务派遣单位和用工单位不得向被派遣劳动者收取费用。

第六十一条 劳务派遣单位跨地区派遣劳动者的，被派遣劳动者享有的劳动报酬和劳动条件，按照用工单位所在地的标准执行。

《劳务派遣暂行规定》

第七条 劳务派遣协议应当载明下列内容：

（一）派遣的工作岗位名称和岗位性质；

（二）工作地点；

（三）派遣人员数量和派遣期限；

（四）按照同工同酬原则确定的劳动报酬数额和支付方式；

（五）社会保险费的数额和支付方式；

（六）工作时间和休息休假事项；

（七）被派遣劳动者工伤、生育或者患病期间的相关待遇；

（八）劳动安全卫生以及培训事项；

（九）经济补偿等费用；

（十）劳务派遣协议期限；

（十一）劳务派遣服务费的支付方式和标准；

（十二）违反劳务派遣协议的责任；

（十三）法律、法规、规章规定应当纳入劳务派遣协议的其他事项。

第八条 劳务派遣单位应当对被派遣劳动者履行下列义务：

（一）如实告知被派遣劳动者劳动合同法第八条规定的事项、应遵守的规章制度以及劳务派遣协议的内容；

（二）建立培训制度，对被派遣劳动者进行上岗知识、安全教育培训；

（三）按照国家规定和劳务派遣协议约定，依法支付被派遣劳动者的劳动报酬和相关待遇；

（四）按照国家规定和劳务派遣协议约定，依法为被派遣劳动者缴纳社会保险费，并办理社会保险相关手续；

（五）督促用工单位依法为被派遣劳动者提供劳动保护和劳动安全卫生条件；

（六）依法出具解除或者终止劳动合同的证明；

（七）协助处理被派遣劳动者与用工单位的纠纷；

（八）法律、法规和规章规定的其他事项。

第九条 用工单位应当按照劳动合同法第六十二条规定，向被派遣劳动者提供与工作岗位相关的福利待遇，不得歧视被派遣劳动者。

第十条 被派遣劳动者在用工单位因工作遭受事故伤害的，劳务派遣单位应当依法申请工伤认定，用工单位应当协助工伤认定的调查核实工作。劳务派遣单位承担工伤保险责任，但可以与用工单位约定补偿办法。

被派遣劳动者在申请进行职业病诊断、鉴定时，用工单位应当负责处理职业病诊断、鉴定事宜，并如实提供职业病诊断、鉴定所需的劳动者职业史和职业危害接触史、工作场所职业病危害因素检测结果等资料，劳务派遣单位应当提供被派遣劳动者职业病诊断、鉴定所需的其他材料。

第十二条 有下列情形之一的，用工单位可以将被派遣劳动者退回劳务派遣单位：

（一）用工单位有劳动合同法第四十条第三项、第四十一条规定情形的；

（二）用工单位被依法宣告破产、吊销营业执照、责令关闭、撤销、决定提前解散或者经营期限届满不再继续经营的；

（三）劳务派遣协议期满终止的。

被派遣劳动者退回后在无工作期间，劳务派遣单位应当按照不低于所在地人民政府规定的最低工资标准，向其按月支付报酬。

第十三条 被派遣劳动者有劳动合同法第四十二条规定情形的，在派遣期限届满前，用工单位不得依据本规定第十二条第一款第一项规定将被派遣劳动者退回劳务派遣单位；派遣期限届满的，应当延续至相应情形消失时方可退回。

最高人民法院《关于审理劳动争议案件适用法律若干问题的解释（二）》

第十条 劳动者因履行劳动力派遣合同产生劳动争议而起诉，以派遣单位为被告；争议内容涉及接受单位的，以派遣单位和接受单位为共同被告。

| 证据收集

用人单位可以提交与劳务公司的派遣协议、康某的严重违纪行为证明等书面材料。

律师策略

《劳动合同法》第六十五条第二款规定："被派遣劳动者有本法第三十九条和第四十条第一项、第二项规定情形的，用工单位可以将劳动者退回派遣单位，派遣单位依照本法有关规定，可以与劳动者解除劳动合同。"据此规定，在发生法定原因或者合法约定原因之情形时，用工单位有退回劳动者的权利，派遣单位有单方解除劳动合同的权利，因此用工单位可以在签订派遣协议时，向派遣单位及派遣工约定规章制度的内容，以便约束派遣工的行为。

《劳动合同法》第九十二条和《劳动合同法实施条例》第三十五条均规定，用工单位违反劳动合同法的规定，给被派遣劳动者造成损害的，派遣单位和用工单位承担连带赔偿责任。因此，司法实践中的主流思想仍认为，违反相关法律规定的辞退行为或者其他违法行致使成派遣工权利受损，劳动者要求派遣单位和用工单位承担责任时，由派遣单位主要承担用工义务，由用工单位承担连带责任。

在被退回期间，劳动者的工资不得低于用工当地的最低工资总额。

第三篇

劳动关系解除期间：有理有据，和平为上

12 / 第十二章
劳动关系终止——难者不会，会者不难

12.1　第二份固定期限劳动合同终止时，单位将丧失选择权

【实战案例 58 】劳动关系可以既解除又终止吗？

案情概要

俞某在某玩具厂任产品经理，双方签订了合同期为 2 年的劳动合同，在两年后的 11 月到期，俞某的岗位职责主要是研发新型益智型玩具，但是俞某在工作中抄袭其他玩具厂的创意，使得玩具厂经常受诉讼累及。玩具厂决定劳动合同到期后不再续签劳动合同，因此在两年后的 10 月，向俞某发放了劳动关系解除通知书，通知书写明：因你在工作中缺乏创新，抄袭他厂玩具创意，不能胜任产品经理的岗位，因此公司决定，终止与你的劳动关系，请你于 30 日后，办理离职交接手续。俞某多次找到玩具厂要求解除劳动关系的经济补偿金未果，后诉至当地劳动争议仲裁委员会，要求支付违法解除劳动关系的经济赔偿金。

裁判结果

审理机关认为，玩具厂虽然主张其解除劳动关系的原因为与俞某终止即将到期的劳动合同，但是在解聘通知书中可明显看到玩具厂是因俞某工作能力不足决定与其解除劳动关系，然而玩具厂无法证明俞某不能胜任岗位职责，属于违法解除俞某的劳动关系，因此审理机关支持俞某的主张。

法条链接

《中华人民共和国劳动合同法》

第四十四条 有下列情形之一的，劳动合同终止：

（一）劳动合同期满的；

（二）劳动者开始依法享受基本养老保险待遇的；

（三）劳动者死亡，或者被人民法院宣告死亡或者宣告失踪的；

（四）用人单位被依法宣告破产的；

（五）用人单位被吊销营业执照、责令关闭、撤销或者用人单位决定提前解散的；

（六）法律、行政法规规定的其他情形。

第四十五条 劳动合同期满，有本法第四十二条规定情形之一的，劳动合同应当续延至相应的情形消失时终止。但是，本法第四十二条第二项规定丧失或者部分丧失劳动能力劳动者的劳动合同的终止，按照国家有关工伤保险的规定执行。

第四十六条 有下列情形之一的，用人单位应当向劳动者支付经济补偿：

（一）劳动者依照本法第三十八条规定解除劳动合同的；

（二）用人单位依照本法第三十六条规定向劳动者提出解除劳动合同并与劳动者协商一致解除劳动合同的；

（三）用人单位依照本法第四十条规定解除劳动合同的；

（四）用人单位依照本法第四十一条第一款规定解除劳动合同的；

（五）除用人单位维持或者提高劳动合同约定条件续订劳动合同，劳动者不同意续订的情形外，依照本法第四十四条第一项规定终止固定期限劳动合同的；

（六）依照本法第四十四条第四项、第五项规定终止劳动合同的；

（七）法律、行政法规规定的其他情形。

《北京市高级人民法院、北京市劳动争议仲裁委员会关于劳动争议案件法律适用问题研讨会会议纪要（二）》

34. 用人单位与劳动者连续订立二次固定期限劳动合同的，第二次固定期限劳动合同到期时，用人单位能否终止劳动合同？

根据《劳动合同法》第十四条第二款第三项规定，劳动者有权选择订立固定期限劳动合同或者终止劳动合同，用人单位无权选择订立固定期限劳动合同或者终止劳动合同。上述情形下，劳动者提出或者同意续订、订立无固定期限劳动合同，用人单位应当与劳动者订立无固定期限劳动合同。

证据收集

用人单位需要收集的证据包括劳动合同、解聘通知、俞某设计手稿中抄袭其他单位的玩具设计图纸、受其他单位诉讼的书面材料等。

律师策略

本案例的焦点在于，劳动关系终止与劳动关系解除是否是同一个概念，答案是否定的，劳动关系终止是劳动关系解除的一种方式，劳动关系终止必须满足法定的理由，而且如果是劳动关系终止则必须写明终止的事由，比如劳动合同到期导致双方劳动关系终止。

关于劳动关系终止，实践中一个比较重要的观点是，如果用人单位已经与劳动者签订了两份固定期限劳动合同的，在第二份固定期限劳动合同到期时，用人单位不得以劳动合同到期为由终止劳动合同，而需要与劳动者签订无固定期限劳动合同。该观点在很多北方城市的人民法院都被采纳。另一观点则认为，上述观点损害了用人单位到期终止劳动合同的权益，认为只要签订的是固定期限劳动合同，到期都可以终止，很多南方城市的人民法院都是该观点。但是，前一个观点在实践中较为主流。

笔者认为，用人单位如果想降低风险，可以与劳动者协商，由劳动者提出解除劳动关系的申请，双方到期解除劳动关系。

12.2　劳动关系终止条件法定，不能任意为之

【实战案例 59】用人单位可依据自行约定的终止条件，终止劳动关系吗？

案情概要

任某入职某公司工作，双方签署了为期 2 年的劳动合同，并在劳动合同中

约定,除法定事由外,只要发生以下事由,双方劳动合同终止:

1. 某公司的经营业绩下滑,年营业收入低于 300 万元;

2. 某公司发生合并、分立,法定代表人、法人名称、主要负责人或者投资变更等事由。

裁判结果

审理机关认为,上述终止条件无效。第一项事由,因为违反了《劳动合同法》第二十六条的相关规定,免除了用人单位的法定责任,排除了劳动者的权利,属于无效条款,因此该约定事由无效;第二项事由,违反了《劳动合同法》第三十三条及相关司法解释的相关规定,属于无效条款,因此该约定事由无效。

法条链接

《中华人民共和国劳动合同法》

第二十六条 下列劳动合同无效或者部分无效:

(一)以欺诈、胁迫的手段或者乘人之危,使对方在违背真实意思的情况下订立或者变更劳动合同的;

(二)用人单位免除自己的法定责任、排除劳动者权利的;

(三)违反法律、行政法规强制性规定的。

对劳动合同的无效或者部分无效有争议的,由劳动争议仲裁机构或者人民法院确认。

第四十四条 有下列情形之一的,劳动合同终止:

(一)劳动合同期满的;

(二)劳动者开始依法享受基本养老保险待遇的;

(三)劳动者死亡,或者被人民法院宣告死亡或者宣告失踪的;

(四)用人单位被依法宣告破产的;

(五)用人单位被吊销营业执照、责令关闭、撤销或者用人单位决定提前解散的;

(六)法律、行政法规规定的其他情形。

《上海市高级人民法院关于适用〈劳动合同法〉若干问题的意见》

二、劳动关系双方当事人未订立书面合同的处理

劳动合同的订立和履行，应当遵循诚实信用原则。劳动者已经实际为用人单位工作，用人单位超过一个月未与劳动者订立书面合同的，是否需要双倍支付劳动者的工资，应当考虑用人单位是否履行诚实磋商的义务以及是否存在劳动者拒绝签订等情况。如用人单位已尽到诚信义务，因不可抗力、意外情况或者劳动者拒绝签订等用人单位以外的原因，造成劳动合同未签订的，不属于《中华人民共和国劳动合同法实施条例》（以下简称"《实施条例》"）第六条所称的用人单位"未与劳动者订立书面劳动合同"的情况；因用人单位原因造成未订立书面劳动合同的，用人单位应当依法向劳动者支付双倍工资；但因劳动者拒绝订立书面劳动合同并拒绝继续履行的，视为劳动者单方终止劳动合同。

劳动合同期满后，劳动者继续为用人单位提供劳动，用人单位未表示异议，但当事人未续订书面劳动合同的，当事人应及时补订书面劳动合同。如果用人单位已尽到诚实信用义务，而劳动者不与用人单位订立书面劳动合同的，用人单位可以书面通知劳动者终止劳动关系，并依照《劳动合同法》第四十七条规定支付经济补偿；如劳动者拒绝订立书面劳动合同并拒绝继续履行的，视为劳动者单方终止劳动合同，用人单位应当支付劳动者已实际工作期间的相应报酬，但无须支付经济补偿金。

《中华人民共和国劳动合同法实施条例》

第十三条　用人单位与劳动者不得在劳动合同法第四十四条规定的劳动合同终止情形之外约定其他的劳动合同终止条件。

证据收集

用人单位需要收集的证据包括劳动合同等书面材料。

律师策略

相关法律法规已经明确规定，用人单位与劳动者针对劳动合同终止不得另行约定除法定事由以外的其他事由，否则均视为违法约定，将被视为无效。

12.3 与怀孕员工终止合同，应特殊情况特殊分析

【实战案例 60】终止劳动关系后发现怀孕，可以恢复劳动关系吗？

▌案情概要

袁女士进入上海某工程公司工作，双方签订的最后一份劳动合同的期限为 3 年。合同到期的前 30 日，工程公司通知袁女士，工程公司的办公地点发生变化，因此劳动合同到期后，公司将不再与袁女士续订劳动合同，双方劳动关系到期终止，工程公司会依照法律的相关规定支付解除劳动关系的经济补偿金。袁女士在劳动合同终止后领取了劳动合同解除后的经济补偿金。7 日后，袁女士因身体不适去医院检查，医生出具了"怀孕 38 天"诊断结论。袁女士遂要求公司恢复劳动关系。公司以袁女士的人事岗位已经有新人替代为由予以拒绝。袁女士无奈提起劳动仲裁，要求公司恢复劳动关系、补发离职之日至实际恢复劳动关系期间的全额工资并为其补缴社会保险。

▌裁判结果

在庭审中，袁女士为证明其怀孕 38 天的事实，提交了医疗机构的诊断证明，袁女士提供的超声报告单、检验报告单等证据也载明了怀孕时间，故袁女士已经证明在工作期间怀孕的事实。审理机关认为，用人单位是以劳动合同到期为由终止劳动关系的，依据《劳动合同法》第四十五条的相关规定，双方的劳动关系到期日为袁女士"三期"到期日，因此用人单位不能在袁女士"三期"到期前终止双方的劳动关系，因此支持了袁女士的主张。

▌法条链接

《中华人民共和国劳动合同法》

第四十二条 劳动者有下列情形之一的，用人单位不得依照本法第四十条、第四十一条的规定解除劳动合同：

（一）从事接触职业病危害作业的劳动者未进行离岗前职业健康检查，或者疑似职业病病人在诊断或者医学观察期间的；

（二）在本单位患职业病或者因工负伤并被确认丧失或者部分丧失劳动能力的；

（三）患病或者非因工负伤，在规定的医疗期内的；

（四）女职工在孕期、产期、哺乳期的；

（五）在本单位连续工作满十五年，且距法定退休年龄不足五年的；

（六）法律、行政法规规定的其他情形。

第四十五条　劳动合同期满，有本法第四十二条规定情形之一的，劳动合同应当续延至相应的情形消失时终止。但是，本法第四十二条第二项规定丧失或者部分丧失劳动能力劳动者的劳动合同的终止，按照国家有关工伤保险的规定执行。

《北京市高级人民法院、北京市劳动争议仲裁委员会关于劳动争议案件法律适用问题研讨会会议纪要（二）》

45.女职工在未知自己怀孕的情况下与用人单位协商解除劳动合同后，又要求撤销解除协议或者要求继续履行原合同的，如何处理？

女职工与用人单位协商解除劳动合同后，发现自己怀孕后又要求撤销协议或者要求继续履行原合同的，一般不予支持。

证据收集

用人单位需要收集的证据包括劳动合同、劳动关系终止通知等书面材料。

律师策略

本案例是劳动关系的一个特殊情形，也是劳动关系终止的一个限定条件。用人单位与女员工在终止劳动关系之后，女员工发现自己在在职期间已经怀孕的，是可以要求用人单位恢复其劳动关系的，因为在劳动关系终止之前，女员工已处在怀孕的状态，在此情况下，劳动关系需要顺延到"三期"解除。

那么，如何发生避免上述劳动关系无法终止的情形呢？用人单位可以与劳动者签订协商一致解除劳动关系的协议，如果是双方协商一致解除劳动关系，就不存在劳动合同终止的限定条件了，自然不能恢复劳动关系。

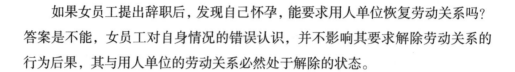

如果女员工提出辞职后，发现自己怀孕，能要求用人单位恢复劳动关系吗？答案是不能，女员工对自身情况的错误认识，并不影响其要求解除劳动关系的行为后果，其与用人单位的劳动关系必然处于解除的状态。

12.4 单位能否省略提前通知终止合同义务？

【实战案例 61】未提前通知终止劳动关系，劳动合同到期能终止吗？

▌案情概要

某公司与员工柳先生签订了一份为期 3 年的劳动合同，在劳动合同到期 10 日前，公司发现柳先生的劳动合同即将到期，而公司不想与柳先生续订劳动合同，于是当即向柳先生发出了终止劳动关系的通知书，通知书中载明未提前 30 日通知柳先生，但同意支付柳先生 1 个月的工资作为代通知金，共计支付柳先生 3 个月的工资作为解除劳动合同的经济补偿金。柳先生认为，公司要终止劳动合同，必须提前 30 日通知劳动者，逾期未通知的，视为劳动关系存续，公司不得再以劳动合同终止为由解除劳动关系，因此要公司支付其 6 个月违法解除劳动关系的经济补偿金，被公司拒绝，双方引起了争议。

▌裁判结果

审理机关经审查认为，公司未提前 30 日通知解除劳动合同，理应支付在此期间的工资，且每延迟通知 1 日，应支付相当于当日工资的经济补偿金，但是用人单位是在劳动合同到期前通知柳先生终止劳动关系的，属于合法终止劳动关系，因此裁定公司仅需支付彭某解除劳动关系的经济补偿金及代通知金。

▌法条链接

《中华人民共和国劳动合同法实施条例》

第五条 自用工之日起一个月内，经用人单位书面通知后，劳动者不与用人单位订立书面劳动合同的，用人单位应当书面通知劳动者终止劳动关系，无需向劳动者支付经济补偿，但是应当依法向劳动者支付其实际工作时间的劳动报酬。

第六条 用人单位自用工之日起超过一个月不满一年未与劳动者订立书面劳动合同的，应当依照劳动合同法第八十二条的规定向劳动者每月支付两倍的工资，并与劳动者补订书面劳动合同；劳动者不与用人单位订立书面劳动合同的，用人单位应当书面通知劳动者终止劳动关系，并依照劳动合同法第四十七条的规定支付经济补偿。

前款规定的用人单位向劳动者每月支付两倍工资的起算时间为用工之日起满一个月的次日，截止时间为补订书面劳动合同的前一日。

《北京市劳动合同规定》

第四十条 劳动合同期限届满前，用人单位应当提前 30 日将终止或者续订劳动合同意向以书面形式通知劳动者，经协商办理终止或者续订劳动合同手续。

第四十七条 用人单位违反本规定第四十条规定，终止劳动合同未提前 30 日通知劳动者的，以劳动者上月日平均工资为标准，每延迟 1 日支付劳动者 1 日工资的赔偿金。

证据收集

用人单位需要收集的证据包括劳动合同、劳动关系终止通知等书面材料。

律师策略

该案件发生在北京市海淀区，依据《北京市劳动合同规定》，用人单位终止劳动合同，需要提前 30 日通知劳动者，每延迟通知 1 日，需要支付 1 日工资。

依据相关法律规定，并未强制规定劳动合同终止必须提前 30 日通知劳动者，因此，是否需提前 30 日通知劳动者终止劳动关系，需要依据用人单位所在地的法律法规的相关规定予以确定。但现行主流观点认为可以不必提前 30 日通知劳动者，但必须在劳动合同到期日前提出，否则不能视为劳动关系到期终止，而是双方劳动关系解除。

13 | 第十三章
劳动关系解除重在证据收集，单位勿舍本逐末

13.1 即时解除、预告通知解除及经济裁员要区分

【实战案例 62】单位资不抵债解除劳动关系，是经济性裁员吗？

案情概要

常某系某设计公司职员，公司每年均会签订书面劳动合同，最近一次签订劳动合同的期限为 3 年，但合同到期前 1 年左右时，由于用工成本增加，业务进展缓慢，公司经营发生了严重困难，几个月无法向员工支付工资，公司经讨论决定进行大规模裁员，裁员人数超过总人数的 2/3。常某是第一批接到通知的员工之一，公司电话通知其前来领取离职通知单。常某接到公司电话通知时明确表示不接受公司的补偿意见，提出了多项补偿要求，但公司均以公司无钱支付为由拒绝支付。常某提起了劳动仲裁，要求公司支付违法解除劳动合同的赔偿金等。

裁判结果

在庭审中，设计公司主张其属于经济性裁员，不是违法解除劳动关系，并提交了巨额银行贷款的还款单、债权人起诉状等以证明公司经营出现严重困难，资不抵债。但审理机关认为，依照法律的规定，设计公司应就经济性裁员相关材料与决定，报告当地劳动行政部门备案，并听取行政部门的意见，但设计公

司未举证证明曾就裁减人员备案。因此设计公司的裁员行为不属于经济性裁员，设计公司因无法证明其裁员行为存在合法理由，属于违法解除劳动关系，理应支付违法解除劳动关系的经济赔偿金。

法条链接

《中华人民共和国劳动合同法》

第三十九条　劳动者有下列情形之一的，用人单位可以解除劳动合同：

（一）在试用期间被证明不符合录用条件的；

（二）严重违反用人单位的规章制度的；

（三）严重失职，营私舞弊，给用人单位造成重大损害的；

（四）劳动者同时与其他用人单位建立劳动关系，对完成本单位的工作任务造成严重影响，或者经用人单位提出，拒不改正的；

（五）因本法第二十六条第一款第一项规定的情形致使劳动合同无效的；

（六）被依法追究刑事责任的。

第四十条　有下列情形之一的，用人单位提前三十日以书面形式通知劳动者本人或者额外支付劳动者一个月工资后，可以解除劳动合同：

（一）劳动者患病或者非因工负伤，在规定的医疗期满后不能从事原工作，也不能从事由用人单位另行安排的工作的；

（二）劳动者不能胜任工作，经过培训或者调整工作岗位，仍不能胜任工作的；

（三）劳动合同订立时所依据的客观情况发生重大变化，致使劳动合同无法履行，经用人单位与劳动者协商，未能就变更劳动合同内容达成协议的。

第四十一条　有下列情形之一，需要裁减人员二十人以上或者裁减不足二十人但占企业职工总数百分之十以上的，用人单位提前三十日向工会或者全体职工说明情况，听取工会或者职工的意见后，裁减人员方案经向劳动行政部门报告，可以裁减人员：

（一）依照企业破产法规定进行重整的；

（二）生产经营发生严重困难的；

（三）企业转产、重大技术革新或者经营方式调整，经变更劳动合同后，仍需裁减人员的；

（四）其他因劳动合同订立时所依据的客观经济情况发生重大变化，致使劳动合同无法履行的。

裁减人员时，应当优先留用下列人员：

（一）与本单位订立较长期限的固定期限劳动合同的；

（二）与本单位订立无固定期限劳动合同的；

（三）家庭无其他就业人员，有需要扶养的老人或者未成年人的。

用人单位依照本条第一款规定裁减人员，在六个月内重新招用人员的，应当通知被裁减的人员，并在同等条件下优先招用被裁减的人员。

《中华人民共和国劳动法》

第二十七条 用人单位濒临破产进行法定整顿期间或者生产经营状况发生严重困难，确需裁减人员的，应当提前三十日向工会或者全体职工说明情况，听取工会或者职工的意见，经向劳动行政部门报告后，可以裁减人员。

用人单位依据本条规定裁减人员，在六个月内录用人员的，应当优先录用被裁减的人员。

证据收集

用人单位需要收集的证据包括劳动合同、劳动关系解除通知、经济性裁员报备材料等书面材料。

律师策略

本案的焦点在于，设计公司解除与常某劳动关系的行为，是否属于经济性裁员？依据法律法规的相关规定，生产经营发生严重困难需要裁减人员达到一定人数或者一定比例的，必须向全体员工说明情况，听取工会或者职工的意见，裁减人员方案经向劳动行政部门报告后方可实施，该案例中设计公司的行为违反了法定的程序，不能被认定为经济性裁员。

用人单位单方解除劳动关系的行为，可分为三种不同类型：即时解除劳动合同、预告通知解除劳动合同以及经济性裁员。

即时解除又称过错性解除劳动关系，也即《劳动合同法》第三十九条规定的六种情形，员工在试用期内被证明不符合录用条件、劳动者严重违反用人单位规章制度、严重失职、双重劳动关系、被依法追究刑事责任等情形发生时，用人单位单方解除劳动关系的，无须支付解除劳动合同的经济补偿金。该类解除行为需要用人单位证明劳动者满足该六种情形。

预告通知解除又称非过错性解除，依据《劳动合同法》第四十条规定，用人单位提前三十日通知劳动者，在法定事由发生时，将于一定的期限之后解除合同的情形，也被称为非过错性解除劳动合同，比如患病或者非因工负伤医疗期满后不胜任岗位职责、员工不胜任岗位职责以及客观情况发生重大变化（也称情势变更）解除。

经济性裁员，即用人单位濒临破产进行法定整顿期间或者生产经营状况发生严重困难，而裁减一部分劳动者的情形。

用人单位必须满足如下条件，才能被认定为经济性裁员：

1. 用人单位经济性裁员必须符合法定原因

（1）用人单位在濒临破产进行法定整顿期间裁减人员的。

依照《企业破产法》的规定，企业因经营不善造成严重亏损，不能清偿到期债务的，可以依法宣告破产。对于濒临破产的用人单位裁减人员的，可以依照经济性裁员处理。

（2）用人单位因生产经营发生严重困难而裁减人员的。

用人单位需要提交证据证明其生产经营发生严重困难，如企业账户明细、贷款催款函、审计报告、纳税证明等。

（3）企业转产、重大技术革新或者经营方式调整，经变更劳动合同后，仍需裁减人员的。

用人单位需要证明其经营范围或者是产品、技术发生重大变化，在此过程中，用人单位已将变更内容提前通知劳动者，并曾与劳动者进行协商，却未达成一致意见，每一阶段均需留下书面痕迹。

（4）其他因劳动合同订立时所依据的客观经济情况发生重大变化，致使劳动合同无法履行的。根据劳动部办公厅《关于〈劳动法〉若干条文的说明》（劳办发〔1994〕289号）规定，"客观情况"指发生不可抗力或出现致使劳动合同全部或部分条款无法履行的其他情况，如企业迁移、被兼并、企业资产转移等，并且排除本法第二十七条所列的客观情况。在法律实务中，可以被用人单位主观决定的，均不属于客观情况发生重大变化，比如组织架构调整。

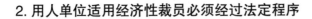

2. 用人单位适用经济性裁员必须经过法定程序

（1）在准备裁员时，需提前三十日向工会或者全体职工说明单位的生产经营状况恶化的情形；

（2）提出裁减人员方案，方案中被裁减人员名单，实施时间及步骤，被裁减人员经济补偿办法，征求工会或者全体职工的意见；

（3）向当地劳动行政部门报告裁减人员方案；

（4）与被裁减人员办理解除劳动合同手续。

上述实体与程序的约束条件缺一不可，才能被认定为经济性裁员，否则用人单位将存在被认定为违法解除劳动关系的风险。

13.2　劳动关系解除时，支付补偿金、赔偿金要合法计算

【实战案例 63】违法解除劳动关系还需支付代通知金吗？

案情概要

唐某到某影视公司面试后顺利入职并担任责任编辑，负责影视公司影视资料的采集及后期工作，双方签署了为期 3 年的劳动合同，约定试用期为 6 个月，并未约定录用条件。唐某入职 15 天后，影视公司的影视资料在发行之前即被唐某在其他影视平台部分曝光。影视公司总经理直接要求解聘唐某。因唐某刚刚入职 15 天，因此公司提出支付唐某全月工资，双方协商一致解除劳动关系，但是唐某不同意，要求影视公司支付其 2 个月工资作为解除劳动关系的经济补偿金，另行支付其 1 个月工资作为代通知金，双方就此未能达成一致意见，唐某遂诉至劳动争议仲裁委员会，要求影视公司支付上述补偿金及工资。

裁判结果

审理机关认为，唐某为影视公司提供了 15 天的劳动，影视公司理应支付其相应的工资，经审理机关查明，双方均认可正处于协商一致解除劳动关系阶段，

影视公司并未强行解除与唐某的劳动关系，鉴于双方均当庭表示不再继续履行劳动合同，审理机关认定双方属于协商一致解除劳动关系，因此判定影视公司向唐某支付半个月的工资作为解除补偿金。

法条链接

《中华人民共和国劳动合同法》

第三十六条 用人单位与劳动者协商一致，可以解除劳动合同。

第四十七条 经济补偿按劳动者在本单位工作的年限，每满一年支付一个月工资的标准向劳动者支付。六个月以上不满一年的，按一年计算；不满六个月的，向劳动者支付半个月工资的经济补偿。

劳动者月工资高于用人单位所在直辖市、设区的市级人民政府公布的本地区上年度职工月平均工资三倍的，向其支付经济补偿的标准按职工月平均工资三倍的数额支付，向其支付经济补偿的年限最高不超过十二年。

本条所称月工资是指劳动者在劳动合同解除或者终止前十二个月的平均工资。

第四十八条 用人单位违反本法规定解除或者终止劳动合同，劳动者要求继续履行劳动合同的，用人单位应当继续履行；劳动者不要求继续履行劳动合同或者劳动合同已经不能继续履行的，用人单位应当依照本法第八十七条规定支付赔偿金。

第八十七条 用人单位违反本法规定解除或者终止劳动合同的，应当依照本法第四十七条规定的经济补偿标准的二倍向劳动者支付赔偿金。

证据收集

用人单位需要收集的证据包括劳动合同、影视资料被传其他平台的公证文件等书面材料。

律师策略

该案例的争议焦点在于协商一致解除劳动关系的解除补偿金该如何核算？解除劳动关系的经济补偿金或者赔偿金该如何核算？以及在支付违法解除劳动关系的经济赔偿金后是否需要支付提前三十日通知的代通知金？

协商一致解除劳动关系，依据《劳动合同法》第四十七条的规定，经济补偿按劳动者在本单位工作的年限，每满一年支付一个月工资的标准向劳动者支付。六个月以上不满一年的，按一年计算；不满六个月的，向劳动者支付半个月工资的经济补偿。

至于违法解除劳动关系的经济赔偿金，依照法律规定，每满一年支付两个月工资的标准向劳动者支付。

用人单位依法应该支付劳动者的解除劳动关系的经济补偿金的，如何计算解除劳动关系的经济补偿金呢？

经济补偿金核算基数为：

劳动者在劳动合同解除或者终止前十二个月的平均工资，劳动者月工资高于用人单位所在地上年度职工社会月平均工资三倍的，经济补偿或赔偿金的基数按用人单位所在地公布的上年度职工社会月平均工资的三倍为准。

关于依照实发工资还是应发工资计算的问题，因各地的审理机关适用的法律存在差异，具体依照审理机关所在地法律法规核算。

当然，用人单位解除劳动关系也存在无须支付经济补偿金的情形：

（1）员工因个人原因辞职的；

（2）用人单位依据劳动合同法第三十九条相关规定解除劳动关系的；

（3）员工达到享受基本养老保险待遇的年龄、自然死亡、宣告死亡或失踪的；

（4）劳动合同到期后公司维持或者提高现有待遇续签而员工拒绝签署的。

13.3　员工单方无故解除劳动关系，单位如何处理？

【实战案例 64】员工不辞而别，用人单位别无他法吗？

案情概要

费某入职到某通信公司，双方签订了为期 3 年的劳动合同，双方在签订的劳动合同中约定，正式员工解除劳动关系的，需要提前 30 日通知公司，否则要承担用人单位录用与该员工同岗位其他员工的费用以及公司因此遭受的其他损失，包括但不限于经营损失、客户罚款等。1年后，费某向领导短信提出辞职后就与通信公司失去联系，再无音信，一直未再到公司办离职手续。不久，通信公司发现费某已到另一家通信公司任职。该通信公司遂将费某诉至当地劳动争议仲裁委员会，要求费某承担录用与费某同岗位其他员工的费用以及公司因此遭受的生产经营损失。

裁判结果

审理机关认为，费某未依照法律的规定和劳动合同的约定提前30日通知通信公司解除劳动关系，且费某在与通信公司签订的劳动合同中明确约定了违法解除劳动关系需承担的赔偿责任，而费某未经通知公司及办理离职交接手续就离开公司，违反了法律规定及双方的协议约定，因此费某理应依照劳动合同的约定承担通信公司因此造成的损失。

法条链接

《中华人民共和国劳动合同法》

第九十条 劳动者违反本法规定解除劳动合同，或者违反劳动合同中约定的保密义务或者竞业限制，给用人单位造成损失的，应当承担赔偿责任。

《中华人民共和国劳动合同法实施条例》

第十八条 有下列情形之一的，依照劳动合同法规定的条件、程序，劳动者可以与用人单位解除固定期限劳动合同、无固定期限劳动合同或者以完成一定工作任务为期限的劳动合同：

（一）劳动者与用人单位协商一致的；

（二）劳动者提前30日以书面形式通知用人单位的；

（三）劳动者在试用期内提前3日通知用人单位的；

（四）用人单位未按照劳动合同约定提供劳动保护或者劳动条件的；

（五）用人单位未及时足额支付劳动报酬的；

（六）用人单位未依法为劳动者缴纳社会保险费的；

（七）用人单位的规章制度违反法律、法规的规定，损害劳动者权益的；

（八）用人单位以欺诈、胁迫的手段或者乘人之危，使劳动者在违背真实意思的情况下订立或者变更劳动合同的；

（九）用人单位在劳动合同中免除自己的法定责任、排除劳动者权利的；

（十）用人单位违反法律、行政法规强制性规定的；

（十一）用人单位以暴力、威胁或者非法限制人身自由的手段强迫劳动者劳动的；

（十二）用人单位违章指挥、强令冒险作业危及劳动者人身安全的；

（十三）法律、行政法规规定劳动者可以解除劳动合同的其他情形。

证据收集

用人单位需要收集的证据包括劳动合同，在招聘网站发布招聘信息的协议与付款凭证，因产品延期交付而被客户罚款的通知以及罚款的转账记录等书面材料。

律师策略

本案的焦点在于，费某未经提前通知且未办理离职手续而擅自离职，是否应承担赔偿责任？依据《劳动合同法》第九十条的规定，劳动者违反本法规定解除劳动合同，或者违反劳动合同中约定的保密义务或者竞业限制，给用人单位造成损失的，应当承担赔偿责任，因此在本案中费某应依照双方劳动合同的约定赔偿公司的损失。

但并不是只要劳动者未提前通知解除劳动关系就要赔偿损失，在实务操作中，必须满足如下条件：

1. 劳动者未提前 30 日通知用人单位解除劳动关系，或未经办理离职手续而擅自离职；

2. 用人单位与劳动者在劳动合同中或者采用其他方式约定了员工违法辞职需要承担的赔偿责任的种类或范围，比如用人单位重新招用同岗位员工所需费用或者用人单位因此遭受的经济损失等，该损失应是用人单位已经实际发生的损失；

3. 用人单位受到的损失必须是由劳动者擅自离职引起或者直接导致的。

13.4　劳动关系解除约定的经济补偿金支付条件无效

【实战案例65】员工拒绝履行合同义务，可以不支付补偿金吗？

案情概要

薛某在某电力公司任库房保管，双方签订了无固定期限劳动合同，约定月工资6000元。3年后，电力公司要求与薛某协商解除劳动关系，解除理由为"由于公司库房保管岗位比较重要，涉及公司所有设备的保管与维护，薛某年事已高，一旦发生盗抢事件，薛某无法第一时间全面处理，公司欲起用新人，于是决定与薛某协商解除劳动合同"。电力公司与薛某签署的解除协议中约定，公司向其支付解除劳动关系的经济补偿金20000元整，并要求薛某在办理交接手续后领取补偿金。但由于薛某工作散漫，很多事项无法交接清楚，交接手续一直未能办理完毕，后薛某竟拒绝再行办理交接手续，因此电力公司以此为由拒绝支付薛某解除劳动关系的经济补偿金。薛某向当地的劳动争议仲裁委员会提出仲裁申请，要求劳动仲裁庭裁定电力公司依照解除协议的约定支付其解除劳动关系的经济补偿金。

裁判结果

审理机关认为，用人单位支付解除劳动关系的经济补偿金是法定义务，而法律并未赋予用人单位为其支付设定条件的权利，因此该协议中关于"薛某未办理交接手续就不能获得解除劳动关系的经济补偿金"的条款显然侵害了薛某的利益，故审理机关判令电力公司向薛某支付解除劳动关系的经济补偿金。

法条链接

《中华人民共和国合同法》

第五十三条　合同中的下列免责条款无效：

（一）造成对方人身伤害的；

（二）因故意或者重大过失造成对方财产损失的。

第五十四条　下列合同，当事人一方有权请求人民法院或者仲裁机构变更或者撤销：

（一）因重大误解订立的；

（二）在订立合同时显失公平的。

一方以欺诈、胁迫的手段或者乘人之危，使对方在违背真实意思的情况下订立的合同，受损害方有权请求人民法院或者仲裁机构变更或者撤销。

当事人请求变更的，人民法院或者仲裁机构不得撤销。

《中华人民共和国劳动争议调解仲裁法》

第六条　发生劳动争议，当事人对自己提出的主张，有责任提供证据。与争议事项有关的证据属于用人单位掌握管理的，用人单位应当提供；用人单位不提供的，应当承担不利后果。

第三十九条第二款　劳动者无法提供由用人单位掌握管理的与仲裁请求有关的证据，仲裁庭可以要求用人单位在指定期限内提供。用人单位在指定期限内不提供的，应当承担不利后果。

《最高人民法院关于审理劳动争议案件适用法律若干问题的解释》

第十三条　因用人单位作出的开除、除名、辞退、解除劳动合同、减少劳动报酬、计算劳动者工作年限等决定而发生的劳动争议，用人单位负举证责任。

《最高人民法院关于民事诉讼证据的若干规定》

第六条　在劳动争议纠纷案件中，因用人单位作出开除、除名、辞退、解除劳动合同、减少劳动报酬、计算劳动者工作年限等决定而发生劳动争议的，由用人单位负举证责任。

《劳动和社会保障部关于确立劳动关系有关事项的通知》

二、用人单位未与劳动者签订劳动合同，认定双方存在劳动关系时可参照下列凭证：

（一）工资支付凭证或记录（职工工资发放花名册）、缴纳各项社会保险费的记录；

（二）用人单位向劳动者发放的"工作证"、"服务证"等能够证明身份的证件；

（三）劳动者填写的用人单位招工招聘"登记表"、"报名表"等招用记录；

（四）考勤记录；

（五）其他劳动者的证言等。

其中，（一）、（三）、（四）项的有关凭证由用人单位负举证责任。

《最高人民法院关于审理劳动争议案件适用法律若干问题的解释（三）》

第十条 劳动者与用人单位就解除或者终止劳动合同办理相关手续、支付工资报酬、加班费、经济补偿或者赔偿金等达成的协议，不违反法律、行政法规的强制性规定，且不存在欺诈、胁迫或者乘人之危情形的，应当认定有效。

前款协议存在重大误解或者显失公平情形，当事人请求撤销的，人民法院应予支持。

证据收集

用人单位需要收集的证据包括劳动合同、协商一致解除劳动关系协议等书面材料。

律师策略

本案的焦点在于电力公司与薛某的约定是否能产生法律效力，答案是不能，双方所约定的解除劳动关系经济补偿金的发放条件，侵害了薛某的利益，属于无效条款。

用人单位在与劳动者订立协商一致解除劳动关系协议时，需要注意如下事项：

1. 协商一致解除劳动关系协议的主体要适格。简单地说，就是协议的甲、乙双方与劳动合同的甲、乙双方必须一致。劳动者与总公司签订劳动合同，但实际在分公司、子公司工作的，首先要看劳动合同是与哪家用人单位签订的，以免因主体不适格而导致协议无效。

2. 协商一致解除劳动关系协议内容要合法，否则会导致该约定无效。

3. 协议中需要约定兜底条款，即"双方已就劳动关系建立至解除期间所有的问题（包括但不限于工资、奖金、福利、公积金、解除的补偿金等）处理完毕，员工知晓依据法律规定可能获得更多补偿，但明确表示放弃此权利，双方再无任何争议"。

4. 协商一致解除劳动关系协议中必须标明双方劳动关系解除的时间，该时间点可以与工资发放日期不同。

5. 不得采取欺诈、胁迫的手段签订协议。

13.5 经济性裁员或解聘，实体、程序均要求合法

【实战案例 66】因经营不善解除劳动关系就是经济性裁员吗？

案情概要

雷某系某设计公司销售专员。在雷某与该设计公司签订的书面劳动合同到期前一年，受用工、原材料成本增加，业务进展缓慢等多重因素影响，设计公司的生产经营发生了严重困难，多方借款仍难以维系正常开支，公司经协商确定将进行大规模裁员。公司电话通知雷某前来领取离职通知单，并告知他自接到通知单之日起无须再来公司上班。雷某接到公司电话通知后拒绝领取离职通知单，也不接受公司的补偿意见，而是口头提出了多项补偿要求，公司均以无现金流为由拒绝支付。雷某提起劳动仲裁，要求公司支付其拖欠工资、违法解除劳动合同的赔偿金等。

裁判结果

在庭审中，设计公司提交了巨额欠款的借条、银行贷款的还款单以证明公司有大量借款无法偿还、经营出现严重困难、与劳动者解除劳动关系属于经济性裁员而并非违法解除劳动关系。审理机关认为，依照法律的规定，设计公司未就经济性裁员相关材料及决定，向当地劳动行政部门报告并听取行政部门的意见，因此设计公司的解聘行为属于违法解除劳动关系，应向雷某补齐拖欠工资并支付违法解除劳动关系的经济赔偿金。

法条链接

《中华人民共和国劳动合同法》

第四十一条　有下列情形之一，需要裁减人员二十人以上或者裁减不足二十人但占企业职工总数百分之十以上的，用人单位提前三十日向工会或者全体职工说明情况，听取工会或者职工的意见后，裁减人员方案经向劳动行政部

门报告，可以裁减人员：

（一）依照企业破产法规定进行重整的；

（二）生产经营发生严重困难的；

（三）企业转产、重大技术革新或者经营方式调整，经变更劳动合同后，仍需裁减人员的；

（四）其他因劳动合同订立时所依据的客观经济情况发生重大变化，致使劳动合同无法履行的。

裁减人员时，应当优先留用下列人员：

（一）与本单位订立较长期限的固定期限劳动合同的；

（二）与本单位订立无固定期限劳动合同的；

（三）家庭无其他就业人员，有需要扶养的老人或者未成年人的。

用人单位依照本条第一款规定裁减人员，在六个月内重新招用人员的，应当通知被裁减的人员，并在同等条件下优先招用被裁减的人员。

《中华人民共和国劳动法》

第二十七条　用人单位濒临破产进行法定整顿期间或者生产经营状况发生严重困难，确需裁减人员的，应当提前三十日向工会或者全体职工说明情况，听取工会或者职工的意见，经向劳动行政部门报告后，可以裁减人员。

用人单位依据本条规定裁减人员，在六个月内录用人员的，应当优先录用被裁减的人员。

《劳动部办公厅关于〈劳动法〉若干条文的说明》

第二十六条　有下列情形之一的，用人单位可以解除劳动合同，但是应当提前三十日以书面形式通知劳动者本人：

（一）劳动者患病或者非因工负伤，医疗期满后，不能从事原工作也不能从事由用人单位另行安排的工作的；

（二）劳动者不能胜任工作，经过培训或者调整工作岗位，仍不能胜任工作的；

（三）劳动合同订立时所依据的客观情况发生重大变化，致使原劳动合同无法履行，经当事人协商不能就变更劳动合同达成协议的。

本条第（一）项指劳动者医疗期满后，不能从事原工作的，由原用人单位另行安排适当工作之后，仍不能从事另行安排的工作的，可以解除劳动合同。

本条第（二）项中的"不能胜任工作"，是指不能按要求完成劳动合同中约定的任务或者同工种、同岗位人员的工作量。用人单位不得故意提高定额标准，使劳动者无法完成。

本条中的"客观情况"指：发生不可抗力或出现致使劳动合同全部或部分条款无法履行的其他情况，如企业迁移、被兼并、企业资产转移等，并且排除本法第二十七条所列的客观情况。

第二十七条 用人单位濒临破产进行法定整顿期间或者生产经营状况发生严重困难，确需裁减人员的，应当提前三十日向工会或者全体职工说明情况，听取工会或者职工的意见，经向劳动行政部门报告后，可以裁减人员。

用人单位依据本条规定裁减人员，在六个月内录用人员的，应当优先录用被裁减的人员。

本条中的"法定整顿期间"指依据《中华人民共和国破产法》和《民事诉讼法》的破产程序进入的整顿期间。"生产经营状况发生严重困难"可以根据地方政府规定的困难企业标准来界定。"报告"仅指说明情况，无批准的含义。"优先录用"指同等条件下优先录用。

证据收集

用人单位需要收集的证据包括劳动合同、资不抵债的相关证明等书面材料。

律师策略

本案的焦点在于，设计公司解除与雷某之间的劳动关系的行为能否被认定为经济性裁员？依据《劳动合同法》的相关规定，生产经营发生严重困难需要裁减人员达到一定人数或者一定比例的，必须向全体员工说明情况，听取工会或者职工的意见，裁减人员方案经向劳动行政部门报告后方可实施。因此本案例中，设计公司可能确因经营不善要求与劳动者解除劳动关系，但是其并未向相关机构进行备案或者报告，该行为违反了法定的程序，因此属于违法解除劳动关系，无法被认定为经济性裁员。

经济性裁员是指，用人单位濒临破产进行法定整顿期间或者生产经营状况发生严重困难，为渡过经营难关，而裁减一部分劳动者的情形。

经济性裁员必须满足以下条件，实体合法与程序合法缺一不可：

1.用人单位经济性裁员必须符合法定原因

（1）用人单位在濒临破产进行法定整顿期间裁减人员的

企业因经营管理不善造成严重亏损，不能清偿到期债务的，可以依法宣告破产。对于濒临破产的用人单位裁减人员的，可视为经济性裁员。

（2）用人单位因生产经营发生严重困难而裁减人员的

发生诉讼期间，用人单位需要提交证据证明其生产经营发生严重困难，如用人单位对外债务的证明材料、审计报告等。

（3）企业转产、重大技术革新或者经营方式调整，经变更劳动合同后，仍需裁减人员的

这一条款在具体适用时，用人单位需举证其曾与劳动者就劳动合同变更进行协商，未达成一致意见，并保留书面材料。

（4）其他因劳动合同订立时所依据的客观经济情况发生重大变化，致使劳动合同无法履行的。

"客观情况"是指，发生不可抗力或出现致使劳动合同全部或部分条款无法履行的其他情况，如企业迁移、被兼并、企业资产转移等。在法律实务中，可以被用人单位主观决定的，均不属于客观情况发生重大变化，如组织架构调整等。

2.用人单位适用经济性裁员必须经过法定程序

（1）在准备裁员时，需提前三十日向工会或者全体职工说明单位的实际经营情况并公示生产经营状况恶化的资料，保留通知的书面证据材料，比如通知单、签收单等；

（2）提出裁减人员方案，包括被裁减人员名单、实施时间及步骤、被裁减人员经济补偿办法等，征求工会或者全体职工的意见，保留书面证明材料，比如会议纪要等；

（3）向当地劳动行政部门报备；

（4）与被裁减人员办理解除劳动合同手续。

上述实体与程序要求均需满足，否则单位将面临违法解除的风险。

13.6　准备不足直接下发一纸解聘通知，存在风险

【实战案例 67】一纸解聘通知能否让用人单位万事大吉？

■ 案情概要

　　贺女士入职某公司担任专卖店职员，合同期限为 3 年。该公司办公地点的租赁合同到期，公司未能与房东达成一致意见，租赁期终止，公司变更工作地点，新的工作地点在城市北部。贺女士居住地在城市南部，上下班需要三四个小时的车程，为此，贺女士称系公司办公地点变更导致其离职，要求通信公司支付其解除劳动关系的经济补偿金，但遭到公司拒绝。贺女士见公司不同意其要求，就找各种理由拒绝正常工作，领导交付的任务也未按时完成，甚至上班购物、擅自离岗。公司认为贺女士此举严重影响了正常办公秩序，在未做充分证据准备的情况下，向贺女士发放了解除劳动关系通知书，该通知书中写明"因贺女士在办公期间做与工作无关的事情，拒绝完成工作任务，严重影响了公司正常的办公秩序，公司决定解除与贺女士的劳动关系"。贺女士接到该解除劳动关系通知书后诉至当地劳动争议仲裁部门，要求公司支付违法解除劳动关系的经济赔偿金。

■ 裁判结果

　　审理机关认为，公司虽然主张贺女士在办公期间做与工作无关的事情、拒绝完成工作任务属于严重违纪行为，严重影响了公司正常办公秩序，但未提交有效证据予以证明，也没有提供相应的公司规章制度，因此审理机关支持了贺女士的主张。

■ 法条链接

　　《中华人民共和国劳动合同法》

　　第三十九条　劳动者有下列情形之一的，用人单位可以解除劳动合同：

（一）在试用期间被证明不符合录用条件的；

（二）严重违反用人单位的规章制度的；

（三）严重失职，营私舞弊，给用人单位造成重大损害的；

（四）劳动者同时与其他用人单位建立劳动关系，对完成本单位的工作任务造成严重影响，或者经用人单位提出，拒不改正的；

（五）因本法第二十六条第一款第一项规定的情形致使劳动合同无效的；

（六）被依法追究刑事责任的。

第四十条 有下列情形之一的，用人单位提前三十日以书面形式通知劳动者本人或者额外支付劳动者一个月工资后，可以解除劳动合同：

（一）劳动者患病或者非因工负伤，在规定的医疗期满后不能从事原工作，也不能从事由用人单位另行安排的工作的；

（二）劳动者不能胜任工作，经过培训或者调整工作岗位，仍不能胜任工作的；

（三）劳动合同订立时所依据的客观情况发生重大变化，致使劳动合同无法履行，经用人单位与劳动者协商，未能就变更劳动合同内容达成协议的。

《最高人民法院关于审理劳动争议案件适用法律若干问题的解释》

第十三条 因用人单位作出的开除、除名、辞退、解除劳动合同、减少劳动报酬、计算劳动者工作年限等决定而发生的劳动争议，用人单位负举证责任。

证据收集

用人单位需要收集的证据包括劳动合同、规章制度、贺女士的严重违纪行为、解聘通知相关证明等书面材料。

律师策略

本案例的争议焦点在于公司发放解除劳动关系通知书的行为能否让公司万事大吉？事实上，径行下发解除劳动关系通知书不仅不能解决问题，可能还要支付双倍的解除劳动关系经济赔偿金，得不偿失。本案中，公司在选择解聘理由时完全可以"办公地点变更，未与劳动者就劳动合同变更达成一致意见"为由，解除与贺女士的劳动关系，合法支付单倍解除劳动关系经济补偿金即可，法律风险及解聘成本都会降低。

那么不同的解聘理由分别需要满足什么条件呢?

用人单位可以单方解除与劳动者之间的劳动关系,根据解除理由的不同分为三种类型:即时解除劳动合同(过错性解除)、预告通知解除劳动合同(非过错性解除)以及经济性裁员。

即时解除劳动合同是依据《劳动合同法》第三十九条规定的六种情形总结的,即员工在试用期内被证明不符合录用条件、严重违反用人单位规章制度、严重失职、与其他单位建立劳动关系、被依法追究刑事责任等情形发生时,用人单位可因此解除劳动关系。该类解除行为需要满足的条件有以下几点:一是需要有规章制度支持;二是劳动者存在法律规定或者制度约定的行为;三是用人单位向劳动者送达了以此为由解除劳动关系的通知书。

预告通知解除劳动合同是依据《劳动合同法》第四十条的规定,在劳动合同履行过程中,当存在劳动者患病或者非因工负伤医疗期满后不胜任岗位职责、劳动者不胜任岗位职责以及客观情况发生重大变化(也称情势变更)的情形时,用人单位解除劳动关系。该类解除行为需要满足的条件有以下几点:一是劳动者存在法律规定的情形;二是劳动者经调岗后仍然不能胜任或者双方无法就劳动合同变更达成一致意见;三是用人单位向劳动者送达了以此为由解除劳动关系的通知书。

经济性裁员在实践案例 68 中已有详细论述,此处不赘。

13.7 解聘"玩消失"员工也要合理合法

【实战案例 68】如何与"玩消失"员工解除劳动关系?

▌案情概要

罗某在某科技公司担任财务专员,双方的劳动合同期限为 1 年,试用期 2 个月。转正后,罗某的工作成绩一直很优秀,领导对其很是赞赏。某天,罗某突然向科技公司领导请假,原因是要出国旅行,但领导认为公司正在准备新三板上市,很多财务事宜不能马上处理完毕,因此未批准罗某的请假申请,而罗某称其机票、酒店已经订好，批不批都要去。罗某与领导大吵一架，摔门而去，公司多次联系她都未联络成功。15日之后，罗某回到公司，找到领导谈话，向领导表示下次一定提前请假，公司见其态度诚恳，没有追究其旷工的责任。但几月后罗某未经请假又私自离岗，杳无音信，领导非常气愤，一纸通知书发到罗某住处，认为根据公司的规章制度规定，连续旷工3天的，属于严重违纪行为，罗某两次旷工，已经严重违反了公司的规章制度，故公司决定解除与罗某的劳动关系。

罗某接到通知书之后，将该科技公司诉至劳动争议仲裁委员会，要求公司向其支付违法解除劳动关系的经济赔偿金。

▊ 裁判结果

针对罗某的考勤情况，罗某以考勤表未经其签字确认为由对公司提交的考勤记录不予认可，科技公司亦未提交其他证据证明罗某旷工的事实。故审理机关认为，公司的考勤表属于工作电子表单，可被更改，考勤表未经罗某签字认可，因此无法认定公司关于罗某旷工的主张，支持罗某的请求。

▊ 法条链接

《中华人民共和国劳动争议调解仲裁法》

第六条　发生劳动争议，当事人对自己提出的主张，有责任提供证据。与争议事项有关的证据属于用人单位掌握管理的，用人单位应当提供；用人单位不提供的，应当承担不利后果。

第三十九条　当事人提供的证据经查证属实的，仲裁庭应当将其作为认定事实的根据。

劳动者无法提供由用人单位掌握管理的与仲裁请求有关的证据，仲裁庭可以要求用人单位在指定期限内提供。用人单位在指定期限内不提供的，应当承担不利后果。

▊ 证据收集

用人单位需要收集的证据包括劳动合同、规章制度、考勤表、催告函、解聘通知相关证明等书面材料。

律师策略

本案的焦点在于，用人单位如何保留书面材料证明该员工旷工的事实，毕竟旷工员工是不可能在考勤表中签字的。仅凭考勤表肯定是不行的，其实办法很多，比如劳动者于工作时间未在办公室上班的摄像资料亦可以证明。

在 HR 管理实务中，用人单位应如何操作以防止考勤记录被认定无效？

1. 考勤使用手写打卡，要求劳动者在考勤表中手写考勤。

2. 如果是指纹打卡或者人脸识别打卡，每月要求员工对考勤表签字确认。

3. 如果员工发生了缺勤、迟到、旷工或者其他违反考勤制度的行为时，要求员工签字确认或者保留视听资料以证明该员工的考勤情况。

4. 若无法与员工取得联系时，也可以向员工经常居住地、户口所在地发送催告函或者通知函，以催告函或者通知函作为证据，证明其未到岗上班。

13.8 员工触犯刑法，用人单位如何处理劳动关系？

【实战案例 69】服刑员工的工龄能不能连续计算？

案情概要

毕某入职某技术公司，1 年后，到宁夏服兵役 2 年，2 年期满回到公司工作，工作 1 年后，又因打架斗殴被判刑 3 年，在出狱后，毕某回到公司工作。1 年后，公司欲与毕某解除劳动关系，遂与毕某商议解除劳动关系的经济补偿金，公司同意支付其 2 个月的工资作为解除补偿金，但是毕某认为其工龄为 8 年，不是 1 年，应该支付其 8 个月的工资作为补偿金，双方协商未果。毕某诉至劳动争议仲裁委员会，要求公司支付其 8 个月的工资作为解除劳动关系的经济补偿金。

裁判结果

审理机关经审理查明，毕某在岗 3 年，服兵役 2 年，服刑 3 年，在此期间，公司未与毕某办理解除劳动关系的手续，理应认定为双方劳动关系存续，因此公司应支付其 8 个月的工资作为解除劳动关系的经济补偿金。

法条链接

《关于贯彻执行〈中华人民共和国劳动法〉若干问题的意见》

28. 劳动者涉嫌违法犯罪被有关机关收容审查、拘留或逮捕的，用人单位在劳动者被限制人身自由期间，可与其暂时停止劳动合同的履行。

暂时停止履行劳动合同期间，用人单位不承担劳动合同规定的相应义务。劳动者经证明被错误限制人身自由的，暂时停止履行劳动合同期间劳动者的损失，可由其依据《国家赔偿法》要求有关部门赔偿。

29. 劳动者被依法追究刑事责任的，用人单位可依据劳动法第二十五条解除劳动合同。

"被依法追究刑事责任"是指：被人民检察院免予起诉的、被人民法院判处刑罚的、被人民法院依据刑法第三十二条免予刑事处分的。

劳动者被人民法院判处拘役、三年以下有期徒刑缓刑的，用人单位可以解除劳动合同。

《劳动部办公厅关于〈劳动法〉若干条文的说明》

第二十五条　劳动者有下列情形之一的，用人单位可以解除劳动合同：

（一）在试用期间被证明不符合录用条件的；

（二）严重违反劳动纪律或者用人单位规章制度的；

（三）严重失职，营私舞弊，对用人单位利益造成重大损害的；

（四）被依法追究刑事责任的。

本条中"严重违反劳动纪律"的行为，可根据《企业职工奖励条例》和《国营企业辞退违纪职工暂行规定》等有关法规认定。

本条中的"重大损害"由企业内部规章来规定。因为企业类型各有不同，对重大损害的界定也千差万别，故不便对重大损害作统一解释。若由此发生劳动争议，可以通过劳动争议仲裁委员会对其规章规定的重大损害进行认定。

本条中"被依法追究刑事责任"，具体指：（1）被人民检察院免予起诉的；（2）被人民法院判处刑罚（刑罚包括：主型：管制、拘役、有期徒刑、无期徒刑、死刑；附加刑：罚金、剥夺政治权利、没收财产）的；（3）被人民法院依据刑法第 32 条免予刑事处分的。

证据收集

用人单位需要收集的证据包括劳动合同，服兵役证明、刑事判决书等书面材料。

律师策略

依据法律的相关规定，劳动者被依法追究刑事责任的，用人单位可以解除劳动关系且无须支付解除劳动关系的经济补偿金。如果应该解除而没有办理解聘手续的，认定双方劳动关系中止，用人单位无须支付劳动者工资报酬，但是因为缺少解聘手续，双方的劳动关系存续。

13.9 办理离职手续有学问，用人单位需认真考量

【实战案例 70】劳动关系解除，社保必须转移吗？

案情概要

常某在某煤炭公司任技术经理，后常某未经领导批准，擅自离职到新单位上班，仅仅电话通知了某煤炭公司要求辞职。常某到新单位工作后，新单位告知常某无法为其缴纳社会保险，原因是原单位未为其办理社会保险迁移手续，常某多次找到煤炭公司均被以各种理由拒绝。后来，常某诉至劳动争议仲裁委员会，要求煤炭公司为其办理社会保险转移手续并要求公司承担 3 个月内未为其办理社会保险转移手续给其造成的损失。

裁判结果

审理机关认为，常某已经口头通知煤炭公司辞职，且已到新工作单位上班，煤炭公司未再支付常某工资，虽然常某未办理离职手续，但仍可以认定双方劳动关系已经解除，依据法律的相关规定，用人单位应在劳动者离职后及时为离职员工办理社会保险转移手续，也应承担未办理社会保险转移手续给常某造成的损失。

法条链接

《中华人民共和国劳动合同法》

第五十条第一款　用人单位应当在解除或者终止劳动合同时出具解除或者终止劳动合同的证明，并在十五日内为劳动者办理档案和社会保险关系转移手续。

《最高人民法院关于审理劳动争议案件适用法律若干问题的解释（三）》

第一条　劳动者以用人单位未为其办理社会保险手续，且社会保险经办机构不能补办导致其无法享受社会保险待遇为由，要求用人单位赔偿损失而发生争议的，人民法院应予受理。

证据收集

用人单位需要收集的证据包括劳动合同，辞职信等书面材料。

律师策略

不同形式的劳动关系解除方式，需要办理不同形式的离职手续。

1. 协商一致解除

协商一致解除一定要签订协商一致解除劳动关系的协议，协议内容应合法，最好详细约定员工在办理工作交接时所要完成的工作与事项。

2. 员工辞职

员工主动离职的，一定要提交书面签字辞职信，不得通过微信、QQ、邮件等方式提交。

3. 用人单位解除

用人单位办理完解聘手续后，下发解除通知书。

附录

劳动争议相关法律法规

附录一 《中华人民共和国劳动争议调解仲裁法》

第一章 总则

第一条 为了公正及时解决劳动争议，保护当事人合法权益，促进劳动关系和谐稳定，制定本法。

第二条 中华人民共和国境内的用人单位与劳动者发生的下列劳动争议，适用本法：

（一）因确认劳动关系发生的争议；

（二）因订立、履行、变更、解除和终止劳动合同发生的争议；

（三）因除名、辞退和辞职、离职发生的争议；

（四）因工作时间、休息休假、社会保险、福利、培训以及劳动保护发生的争议；

（五）因劳动报酬、工伤医疗费、经济补偿或者赔偿金等发生的争议；

（六）法律、法规规定的其他劳动争议。

第三条 解决劳动争议，应当根据事实，遵循合法、公正、及时、着重调解的原则，依法保护当事人的合法权益。

第四条 发生劳动争议，劳动者可以与用人单位协商，也可以请工会或者第三方共同与用人单位协商，达成和解协议。

第五条 发生劳动争议，当事人不愿协商、协商不成或者达成和解协议后不履行的，可以向调解组织申请调解；不愿调解、调解不成或者达成调解协议后不履行的，可以向劳动争议仲裁委员会申请仲裁；对仲裁裁决不服的，除本法另有规定的外，可以向人民法院提起诉讼。

第六条 发生劳动争议，当事人对自己提出的主张，有责任提供证据。与争议事项有关的证据属于用人单位掌握管理的，用人单位应当提供；用人单位不提供的，应当承担不利后果。

第七条 发生劳动争议的劳动者一方在十人以上，并有共同请求的，可以推举代表参加调解、仲裁或者诉讼活动。

第八条 县级以上人民政府劳动行政部门会同工会和企业方面代表建立协调劳动关系三方机制，共同研究解决劳动争议的重大问题。

第九条 用人单位违反国家规定，拖欠或者未足额支付劳动报酬，或者拖欠工伤医疗费、经济补偿或者赔偿金的，劳动者可以向劳动行政部门投诉，劳动行政部门应当依法处理。

第二章 调解

第十条 发生劳动争议，当事人可以到下列调解组织申请调解：

（一）企业劳动争议调解委员会；

（二）依法设立的基层人民调解组织；

（三）在乡镇、街道设立的具有劳动争议调解职能的组织。

企业劳动争议调解委员会由职工代表和企业代表组成。职工代表由工会成员担任或者由全体职工推举产生，企业代表由企业负责人指定。企业劳动争议调解委员会主任由工会成员或者双方推举的人员担任。

第十一条 劳动争议调解组织的调解员应当由公道正派、联系群众、热心调解工作，并具有一定法律知识、政策水平和文化水平的成年公民担任。

第十二条 当事人申请劳动争议调解可以书面申请，也可以口头申请。口头申请的，调解组织应当当场记录申请人基本情况、申请调解的争议事项、理由和时间。

第十三条 调解劳动争议，应当充分听取双方当事人对事实和理由的陈述，耐心疏导，帮助其达成协议。

第十四条 经调解达成协议的，应当制作调解协议书。

调解协议书由双方当事人签名或者盖章，经调解员签名并加盖调解组织印章后生效，对双方当事人具有约束力，当事人应当履行。

自劳动争议调解组织收到调解申请之日起十五日内未达成调解协议的，当事人可以依法申请仲裁。

第十五条 达成调解协议后，一方当事人在协议约定期限内不履行调解协议的，另一方当事人可以依法申请仲裁。

第十六条 因支付拖欠劳动报酬、工伤医疗费、经济补偿或者赔偿金事项达成调解协议，用人单位在协议约定期限内不履行的，劳动者可以持调解协议书依法向人民法院申请支付令。人民法院应当依法发出支付令。

第三章 仲裁

第一节 一般规定

第十七条 劳动争议仲裁委员会按照统筹规划、合理布局和适应实际需要的原则设立。省、自治区人民政府可以决定在市、县设立；直辖市人民政府可以决定在区、县设立。直辖市、设区的市也可以设立一个或者若干个劳动争议仲裁委员会。劳动争议仲裁委员会不按行政区划层层设立。

第十八条 国务院劳动行政部门依照本法有关规定制定仲裁规则。省、自治区、直辖市人民政府劳动行政部门对本行政区域的劳动争议仲裁工作进行指导。

第十九条 劳动争议仲裁委员会由劳动行政部门代表、工会代表和企业方面代表组成。劳动争议仲裁委员会组成人员应当是单数。

劳动争议仲裁委员会依法履行下列职责：

（一）聘任、解聘专职或者兼职仲裁员；

（二）受理劳动争议案件；

（三）讨论重大或者疑难的劳动争议案件；

（四）对仲裁活动进行监督。

劳动争议仲裁委员会下设办事机构，负责办理劳动争议仲裁委员会的日常工作。

第二十条 劳动争议仲裁委员会应当设仲裁员名册。

仲裁员应当公道正派并符合下列条件之一：

（一）曾任审判员的；

（二）从事法律研究、教学工作并具有中级以上职称的；

（三）具有法律知识、从事人力资源管理或者工会等专业工作满五年的；

（四）律师执业满三年的。

第二十一条 劳动争议仲裁委员会负责管辖本区域内发生的劳动争议。

劳动争议由劳动合同履行地或者用人单位所在地的劳动争议仲裁委员会管

辖。双方当事人分别向劳动合同履行地和用人单位所在地的劳动争议仲裁委员会申请仲裁的,由劳动合同履行地的劳动争议仲裁委员会管辖。

第二十二条 发生劳动争议的劳动者和用人单位为劳动争议仲裁案件的双方当事人。

劳务派遣单位或者用工单位与劳动者发生劳动争议的,劳务派遣单位和用工单位为共同当事人。

第二十三条 与劳动争议案件的处理结果有利害关系的第三人,可以申请参加仲裁活动或者由劳动争议仲裁委员会通知其参加仲裁活动。

第二十四条 当事人可以委托代理人参加仲裁活动。委托他人参加仲裁活动,应当向劳动争议仲裁委员会提交有委托人签名或者盖章的委托书,委托书应当载明委托事项和权限。

第二十五条 丧失或者部分丧失民事行为能力的劳动者,由其法定代理人代为参加仲裁活动;无法定代理人的,由劳动争议仲裁委员会为其指定代理人。劳动者死亡的,由其近亲属或者代理人参加仲裁活动。

第二十六条 劳动争议仲裁公开进行,但当事人协议不公开进行或者涉及国家秘密、商业秘密和个人隐私的除外。

第二节　申请和受理

第二十七条 劳动争议申请仲裁的时效期间为一年。仲裁时效期间从当事人知道或者应当知道其权利被侵害之日起计算。

前款规定的仲裁时效,因当事人一方向对方当事人主张权利,或者向有关部门请求权利救济,或者对方当事人同意履行义务而中断。从中断时起,仲裁时效期间重新计算。

因不可抗力或者有其他正当理由,当事人不能在本条第一款规定的仲裁时效期间申请仲裁的,仲裁时效中止。从中止时效的原因消除之日起,仲裁时效期间继续计算。

劳动关系存续期间因拖欠劳动报酬发生争议的,劳动者申请仲裁不受本条第一款规定的仲裁时效期间的限制;但是,劳动关系终止的,应当自劳动关系终止之日起一年内提出。

第二十八条 申请人申请仲裁应当提交书面仲裁申请,并按照被申请人人数提交副本。

仲裁申请书应当载明下列事项：

（一）劳动者的姓名、性别、年龄、职业、工作单位和住所，用人单位的名称、住所和法定代表人或者主要负责人的姓名、职务；

（二）仲裁请求和所根据的事实、理由；

（三）证据和证据来源、证人姓名和住所。

书写仲裁申请确有困难的，可以口头申请，由劳动争议仲裁委员会记入笔录，并告知对方当事人。

第二十九条　劳动争议仲裁委员会收到仲裁申请之日起五日内，认为符合受理条件的，应当受理，并通知申请人；认为不符合受理条件的，应当书面通知申请人不予受理，并说明理由。对劳动争议仲裁委员会不予受理或者逾期未作出决定的，申请人可以就该劳动争议事项向人民法院提起诉讼。

第三十条　劳动争议仲裁委员会受理仲裁申请后，应当在五日内将仲裁申请书副本送达被申请人。

被申请人收到仲裁申请书副本后，应当在十日内向劳动争议仲裁委员会提交答辩书。劳动争议仲裁委员会收到答辩书后，应当在五日内将答辩书副本送达申请人。被申请人未提交答辩书的，不影响仲裁程序的进行。

第三节　开庭和裁决

第三十一条　劳动争议仲裁委员会裁决劳动争议案件实行仲裁庭制。仲裁庭由三名仲裁员组成，设首席仲裁员。简单劳动争议案件可以由一名仲裁员独任仲裁。

第三十二条　劳动争议仲裁委员会应当在受理仲裁申请之日起五日内将仲裁庭的组成情况书面通知当事人。

第三十三条　仲裁员有下列情形之一，应当回避，当事人也有权以口头或者书面方式提出回避申请：

（一）是本案当事人或者当事人、代理人的近亲属的；

（二）与本案有利害关系的；

（三）与本案当事人、代理人有其他关系，可能影响公正裁决的；

（四）私自会见当事人、代理人，或者接受当事人、代理人的请客送礼的。

劳动争议仲裁委员会对回避申请应当及时作出决定，并以口头或者书面方式通知当事人。

第三十四条 仲裁员有本法第三十三条第四项规定情形，或者有索贿受贿、徇私舞弊、枉法裁决行为的，应当依法承担法律责任。劳动争议仲裁委员会应当将其解聘。

第三十五条 仲裁庭应当在开庭五日前，将开庭日期、地点书面通知双方当事人。当事人有正当理由的，可以在开庭三日前请求延期开庭。是否延期，由劳动争议仲裁委员会决定。

第三十六条 申请人收到书面通知，无正当理由拒不到庭或者未经仲裁庭同意中途退庭的，可以视为撤回仲裁申请。

被申请人收到书面通知，无正当理由拒不到庭或者未经仲裁庭同意中途退庭的，可以缺席裁决。

第三十七条 仲裁庭对专门性问题认为需要鉴定的，可以交由当事人约定的鉴定机构鉴定；当事人没有约定或者无法达成约定的，由仲裁庭指定的鉴定机构鉴定。

根据当事人的请求或者仲裁庭的要求，鉴定机构应当派鉴定人参加开庭。当事人经仲裁庭许可，可以向鉴定人提问。

第三十八条 当事人在仲裁过程中有权进行质证和辩论。质证和辩论终结时，首席仲裁员或者独任仲裁员应当征询当事人的最后意见。

第三十九条 当事人提供的证据经查证属实的，仲裁庭应当将其作为认定事实的根据。

劳动者无法提供由用人单位掌握管理的与仲裁请求有关的证据，仲裁庭可以要求用人单位在指定期限内提供。用人单位在指定期限内不提供的，应当承担不利后果。

第四十条 仲裁庭应当将开庭情况记入笔录。当事人和其他仲裁参加人认为对自己陈述的记录有遗漏或者差错的，有权申请补正。如果不予补正，应当记录该申请。

笔录由仲裁员、记录人员、当事人和其他仲裁参加人签名或者盖章。

第四十一条 当事人申请劳动争议仲裁后，可以自行和解。达成和解协议的，可以撤回仲裁申请。

第四十二条　仲裁庭在作出裁决前，应当先行调解。

调解达成协议的，仲裁庭应当制作调解书。

调解书应当写明仲裁请求和当事人协议的结果。调解书由仲裁员签名，加盖劳动争议仲裁委员会印章，送达双方当事人。调解书经双方当事人签收后，发生法律效力。

调解不成或者调解书送达前，一方当事人反悔的，仲裁庭应当及时作出裁决。

第四十三条　仲裁庭裁决劳动争议案件，应当自劳动争议仲裁委员会受理仲裁申请之日起四十五日内结束。案情复杂需要延期的，经劳动争议仲裁委员会主任批准，可以延期并书面通知当事人，但是延长期限不得超过十五日。逾期未作出仲裁裁决的，当事人可以就该劳动争议事项向人民法院提起诉讼。

仲裁庭裁决劳动争议案件时，其中一部分事实已经清楚，可以就该部分先行裁决。

第四十四条　仲裁庭对追索劳动报酬、工伤医疗费、经济补偿或者赔偿金的案件，根据当事人的申请，可以裁决先予执行，移送人民法院执行。

仲裁庭裁决先予执行的，应当符合下列条件：

（一）当事人之间权利义务关系明确；

（二）不先予执行将严重影响申请人的生活。

劳动者申请先予执行的，可以不提供担保。

第四十五条　裁决应当按照多数仲裁员的意见作出，少数仲裁员的不同意见应当记入笔录。仲裁庭不能形成多数意见时，裁决应当按照首席仲裁员的意见作出。

第四十六条　裁决书应当载明仲裁请求、争议事实、裁决理由、裁决结果和裁决日期。裁决书由仲裁员签名，加盖劳动争议仲裁委员会印章。对裁决持不同意见的仲裁员，可以签名，也可以不签名。

第四十七条　下列劳动争议，除本法另有规定的外，仲裁裁决为终局裁决，裁决书自作出之日起发生法律效力：

（一）追索劳动报酬、工伤医疗费、经济补偿或者赔偿金，不超过当地月最低工资标准十二个月金额的争议；

（二）因执行国家的劳动标准在工作时间、休息休假、社会保险等方面发生的争议。

第四十八条 劳动者对本法第四十七条规定的仲裁裁决不服的，可以自收到仲裁裁决书之日起十五日内向人民法院提起诉讼。

第四十九条 用人单位有证据证明本法第四十七条规定的仲裁裁决有下列情形之一，可以自收到仲裁裁决书之日起三十日内向劳动争议仲裁委员会所在地的中级人民法院申请撤销裁决：

（一）适用法律、法规确有错误的；

（二）劳动争议仲裁委员会无管辖权的；

（三）违反法定程序的；

（四）裁决所根据的证据是伪造的；

（五）对方当事人隐瞒了足以影响公正裁决的证据的；

（六）仲裁员在仲裁该案时有索贿受贿、徇私舞弊、枉法裁决行为的。

人民法院经组成合议庭审查核实裁决有前款规定情形之一的，应当裁定撤销。

仲裁裁决被人民法院裁定撤销的，当事人可以自收到裁定书之日起十五日内就该劳动争议事项向人民法院提起诉讼。

第五十条 当事人对本法第四十七条规定以外的其他劳动争议案件的仲裁裁决不服的，可以自收到仲裁裁决书之日起十五日内向人民法院提起诉讼；期满不起诉的，裁决书发生法律效力。

第五十一条 当事人对发生法律效力的调解书、裁决书，应当依照规定的期限履行。一方当事人逾期不履行的，另一方当事人可以依照民事诉讼法的有关规定向人民法院申请执行。受理申请的人民法院应当依法执行。

第四章 附则

第五十二条 事业单位实行聘用制的工作人员与本单位发生劳动争议的，依照本法执行；法律、行政法规或者国务院另有规定的，依照其规定。

第五十三条 劳动争议仲裁不收费。劳动争议仲裁委员会的经费由财政予以保障。

第五十四条 本法自 2008 年 5 月 1 日起施行。

附录二 《中华人民共和国劳动合同法实施条例》

第一章 总 则

第一条 为了贯彻实施《中华人民共和国劳动合同法》(以下简称劳动合同法),制定本条例。

第二条 各级人民政府和县级以上人民政府劳动行政等有关部门以及工会等组织,应当采取措施,推动劳动合同法的贯彻实施,促进劳动关系的和谐。

第三条 依法成立的会计师事务所、律师事务所等合伙组织和基金会,属于劳动合同法规定的用人单位。

第二章 劳动合同的订立

第四条 劳动合同法规定的用人单位设立的分支机构,依法取得营业执照或者登记证书的,可以作为用人单位与劳动者订立劳动合同;未依法取得营业执照或者登记证书的,受用人单位委托可以与劳动者订立劳动合同。

第五条 自用工之日起一个月内,经用人单位书面通知后,劳动者不与用人单位订立书面劳动合同的,用人单位应当书面通知劳动者终止劳动关系,无需向劳动者支付经济补偿,但是应当依法向劳动者支付其实际工作时间的劳动报酬。

第六条 用人单位自用工之日起超过一个月不满一年未与劳动者订立书面劳动合同的,应当依照劳动合同法第八十二条的规定向劳动者每月支付两倍的工资,并与劳动者补订书面劳动合同;劳动者不与用人单位订立书面劳动合同的,用人单位应当书面通知劳动者终止劳动关系,并依照劳动合同法第四十七条的规定支付经济补偿。

前款规定的用人单位向劳动者每月支付两倍工资的起算时间为用工之日起满一个月的次日,截止时间为补订书面劳动合同的前一日。

第七条 用人单位自用工之日起满一年未与劳动者订立书面劳动合同的,

自用工之日起满一个月的次日至满一年的前一日应当依照劳动合同法第八十二条的规定向劳动者每月支付两倍的工资，并视为自用工之日起满一年的当日已经与劳动者订立无固定期限劳动合同，应当立即与劳动者补订书面劳动合同。

第八条 劳动合同法第七条规定的职工名册，应当包括劳动者姓名、性别、公民身份号码、户籍地址及现住址、联系方式、用工形式、用工起始时间、劳动合同期限等内容。

第九条 劳动合同法第十四条第二款规定的连续工作满 10 年的起始时间，应当自用人单位用工之日起计算，包括劳动合同法施行前的工作年限。

第十条 劳动者非因本人原因从原用人单位被安排到新用人单位工作的，劳动者在原用人单位的工作年限合并计算为新用人单位的工作年限。原用人单位已经向劳动者支付经济补偿的，新用人单位在依法解除、终止劳动合同计算支付经济补偿的工作年限时，不再计算劳动者在原用人单位的工作年限。

第十一条 除劳动者与用人单位协商一致的情形外，劳动者依照劳动合同法第十四条第二款的规定，提出订立无固定期限劳动合同的，用人单位应当与其订立无固定期限劳动合同。对劳动合同的内容，双方应当按照合法、公平、平等自愿、协商一致、诚实信用的原则协商确定；对协商不一致的内容，依照劳动合同法第十八条的规定执行。

第十二条 地方各级人民政府及县级以上地方人民政府有关部门为安置就业困难人员提供的给予岗位补贴和社会保险补贴的公益性岗位，其劳动合同不适用劳动合同法有关无固定期限劳动合同的规定以及支付经济补偿的规定。

第十三条 用人单位与劳动者不得在劳动合同法第四十四条规定的劳动合同终止情形之外约定其他的劳动合同终止条件。

第十四条 劳动合同履行地与用人单位注册地不一致的，有关劳动者的最低工资标准、劳动保护、劳动条件、职业危害防护和本地区上年度职工月平均工资标准等事项，按照劳动合同履行地的有关规定执行；用人单位注册地的有关标准高于劳动合同履行地的有关标准，且用人单位与劳动者约定按照用人单位注册地的有关规定执行的，从其约定。

第十五条 劳动者在试用期的工资不得低于本单位相同岗位最低档工资的80% 或者不得低于劳动合同约定工资的 80%，并不得低于用人单位所在地的最低工资标准。

第十六条　劳动合同法第二十二条第二款规定的培训费用，包括用人单位为了对劳动者进行专业技术培训而支付的有凭证的培训费用、培训期间的差旅费用以及因培训产生的用于该劳动者的其他直接费用。

第十七条　劳动合同期满，但是用人单位与劳动者依照劳动合同法第二十二条的规定约定的服务期尚未到期的，劳动合同应当续延至服务期满；双方另有约定的，从其约定。

第三章　劳动合同的解除和终止

第十八条　有下列情形之一的，依照劳动合同法规定的条件、程序，劳动者可以与用人单位解除固定期限劳动合同、无固定期限劳动合同或者以完成一定工作任务为期限的劳动合同：

（一）劳动者与用人单位协商一致的；

（二）劳动者提前 30 日以书面形式通知用人单位的；

（三）劳动者在试用期内提前 3 日通知用人单位的；

（四）用人单位未按照劳动合同约定提供劳动保护或者劳动条件的；

（五）用人单位未及时足额支付劳动报酬的；

（六）用人单位未依法为劳动者缴纳社会保险费的；

（七）用人单位的规章制度违反法律、法规的规定，损害劳动者权益的；

（八）用人单位以欺诈、胁迫的手段或者乘人之危，使劳动者在违背真实意思的情况下订立或者变更劳动合同的；

（九）用人单位在劳动合同中免除自己的法定责任、排除劳动者权利的；

（十）用人单位违反法律、行政法规强制性规定的；

（十一）用人单位以暴力、威胁或者非法限制人身自由的手段强迫劳动者劳动的；

（十二）用人单位违章指挥、强令冒险作业危及劳动者人身安全的；

（十三）法律、行政法规规定劳动者可以解除劳动合同的其他情形。

第十九条　有下列情形之一的，依照劳动合同法规定的条件、程序，用人单位可以与劳动者解除固定期限劳动合同、无固定期限劳动合同或者以完成一定工作任务为期限的劳动合同：

（一）用人单位与劳动者协商一致的；

（二）劳动者在试用期间被证明不符合录用条件的；

（三）劳动者严重违反用人单位的规章制度的；

（四）劳动者严重失职，营私舞弊，给用人单位造成重大损害的；

（五）劳动者同时与其他用人单位建立劳动关系，对完成本单位的工作任务造成严重影响，或者经用人单位提出，拒不改正的；

（六）劳动者以欺诈、胁迫的手段或者乘人之危，使用人单位在违背真实意思的情况下订立或者变更劳动合同的；

（七）劳动者被依法追究刑事责任的；

（八）劳动者患病或者非因工负伤，在规定的医疗期满后不能从事原工作，也不能从事由用人单位另行安排的工作的；

（九）劳动者不能胜任工作，经过培训或者调整工作岗位，仍不能胜任工作的；

（十）劳动合同订立时所依据的客观情况发生重大变化，致使劳动合同无法履行，经用人单位与劳动者协商，未能就变更劳动合同内容达成协议的；

（十一）用人单位依照企业破产法规定进行重整的；

（十二）用人单位生产经营发生严重困难的；

（十三）企业转产、重大技术革新或者经营方式调整，经变更劳动合同后，仍需裁减人员的；

（十四）其他因劳动合同订立时所依据的客观经济情况发生重大变化，致使劳动合同无法履行的。

第二十条 用人单位依照劳动合同法第四十条的规定，选择额外支付劳动者一个月工资解除劳动合同的，其额外支付的工资应当按照该劳动者上一个月的工资标准确定。

第二十一条 劳动者达到法定退休年龄的，劳动合同终止。

第二十二条 以完成一定工作任务为期限的劳动合同因任务完成而终止的，用人单位应当依照劳动合同法第四十七条的规定向劳动者支付经济补偿。

第二十三条 用人单位依法终止工伤职工的劳动合同的，除依照劳动合同法第四十七条的规定支付经济补偿外，还应当依照国家有关工伤保险的规定支付一次性工伤医疗补助金和伤残就业补助金。

第二十四条 用人单位出具的解除、终止劳动合同的证明，应当写明劳动合同期限、解除或者终止劳动合同的日期、工作岗位、在本单位的工作年限。

第二十五条　用人单位违反劳动合同法的规定解除或者终止劳动合同，依照劳动合同法第八十七条的规定支付了赔偿金的，不再支付经济补偿。赔偿金的计算年限自用工之日起计算。

第二十六条　用人单位与劳动者约定了服务期，劳动者依照劳动合同法第三十八条的规定解除劳动合同的，不属于违反服务期的约定，用人单位不得要求劳动者支付违约金。

有下列情形之一，用人单位与劳动者解除约定服务期的劳动合同的，劳动者应当按照劳动合同的约定向用人单位支付违约金：

（一）劳动者严重违反用人单位的规章制度的；

（二）劳动者严重失职，营私舞弊，给用人单位造成重大损害的；

（三）劳动者同时与其他用人单位建立劳动关系，对完成本单位的工作任务造成严重影响，或者经用人单位提出，拒不改正的；

（四）劳动者以欺诈、胁迫的手段或者乘人之危，使用人单位在违背真实意思的情况下订立或者变更劳动合同的；

（五）劳动者被依法追究刑事责任的。

第二十七条　劳动合同法第四十七条规定的经济补偿的月工资按照劳动者应得工资计算，包括计时工资或者计件工资以及奖金、津贴和补贴等货币性收入。劳动者在劳动合同解除或者终止前 12 个月的平均工资低于当地最低工资标准的，按照当地最低工资标准计算。劳动者工作不满 12 个月的，按照实际工作的月数计算平均工资。

第四章　劳务派遣特别规定

第二十八条　用人单位或者其所属单位出资或者合伙设立的劳务派遣单位，向本单位或者所属单位派遣劳动者的，属于劳动合同法第六十七条规定的不得设立的劳务派遣单位。

第二十九条　用工单位应当履行劳动合同法第六十二条规定的义务，维护被派遣劳动者的合法权益。

第三十条　劳务派遣单位不得以非全日制用工形式招用被派遣劳动者。

第三十一条　劳务派遣单位或者被派遣劳动者依法解除、终止劳动合同的

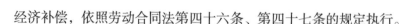

经济补偿，依照劳动合同法第四十六条、第四十七条的规定执行。

第三十二条　劳务派遣单位违法解除或者终止被派遣劳动者的劳动合同的，依照劳动合同法第四十八条的规定执行。

第五章　法律责任

第三十三条　用人单位违反劳动合同法有关建立职工名册规定的，由劳动行政部门责令限期改正；逾期不改正的，由劳动行政部门处 2000 元以上 2 万元以下的罚款。

第三十四条　用人单位依照劳动合同法的规定应当向劳动者每月支付两倍的工资或者应当向劳动者支付赔偿金而未支付的，劳动行政部门应当责令用人单位支付。

第三十五条　用工单位违反劳动合同法和本条例有关劳务派遣规定的，由劳动行政部门和其他有关主管部门责令改正；情节严重的，以每位被派遣劳动者 1000 元以上 5000 元以下的标准处以罚款；给被派遣劳动者造成损害的，劳务派遣单位和用工单位承担连带赔偿责任。

第六章　附则

第三十六条　对违反劳动合同法和本条例的行为的投诉、举报，县级以上地方人民政府劳动行政部门依照《劳动保障监察条例》的规定处理。

第三十七条　劳动者与用人单位因订立、履行、变更、解除或者终止劳动合同发生争议的，依照《中华人民共和国劳动争议调解仲裁法》的规定处理。

第三十八条　本条例自公布之日起施行。

附录三 《劳动人事争议仲裁办案规则》

第一章 总则

第一条 为公正及时处理劳动人事争议（以下简称争议），规范仲裁办案程序，根据《中华人民共和国劳动争议调解仲裁法》（以下简称调解仲裁法）以及《中华人民共和国公务员法》（以下简称公务员法）、《事业单位人事管理条例》、《中国人民解放军文职人员条例》和有关法律、法规、国务院有关规定，制定本规则。

第二条 本规则适用下列争议的仲裁：

（一）企业、个体经济组织、民办非企业单位等组织与劳动者之间，以及机关、事业单位、社会团体与其建立劳动关系的劳动者之间，因确认劳动关系，订立、履行、变更、解除和终止劳动合同，工作时间、休息休假、社会保险、福利、培训以及劳动保护，劳动报酬、工伤医疗费、经济补偿或者赔偿金等发生的争议；

（二）实施公务员法的机关与聘任制公务员之间、参照公务员法管理的机关（单位）与聘任工作人员之间因履行聘任合同发生的争议；

（三）事业单位与其建立人事关系的工作人员之间因终止人事关系以及履行聘用合同发生的争议；

（四）社会团体与其建立人事关系的工作人员之间因终止人事关系以及履行聘用合同发生的争议；

（五）军队文职人员用人单位与聘用制文职人员之间因履行聘用合同发生的争议；

（六）法律、法规规定由劳动人事争议仲裁委员会（以下简称仲裁委员会）处理的其他争议。

第三条 仲裁委员会处理争议案件，应当遵循合法、公正的原则，先行调解，及时裁决。

第四条　仲裁委员会下设实体化的办事机构，称为劳动人事争议仲裁院（以下简称仲裁院）。

第五条　劳动者一方在十人以上并有共同请求的争议，或者因履行集体合同发生的劳动争议，仲裁委员会应当优先立案，优先审理。

第二章　一般规定

第六条　发生争议的用人单位未办理营业执照、被吊销营业执照、营业执照到期继续经营、被责令关闭、被撤销以及用人单位解散、歇业，不能承担相关责任的，应当将用人单位和其出资人、开办单位或者主管部门作为共同当事人。

第七条　劳动者与个人承包经营者发生争议，依法向仲裁委员会申请仲裁的，应当将发包的组织和个人承包经营者作为共同当事人。

第八条　劳动合同履行地为劳动者实际工作场所地，用人单位所在地为用人单位注册、登记地或者主要办事机构所在地。用人单位未经注册、登记的，其出资人、开办单位或者主管部门所在地为用人单位所在地。

双方当事人分别向劳动合同履行地和用人单位所在地的仲裁委员会申请仲裁的，由劳动合同履行地的仲裁委员会管辖。有多个劳动合同履行地的，由最先受理的仲裁委员会管辖。劳动合同履行地不明确的，由用人单位所在地的仲裁委员会管辖。

案件受理后，劳动合同履行地或者用人单位所在地发生变化的，不改变争议仲裁的管辖。

第九条　仲裁委员会发现已受理案件不属于其管辖范围的，应当移送至有管辖权的仲裁委员会，并书面通知当事人。

对上述移送案件，受移送的仲裁委员会应当依法受理。受移送的仲裁委员会认为移送的案件按照规定不属于其管辖，或者仲裁委员会之间因管辖争议协商不成的，应当报请共同的上一级仲裁委员会主管部门指定管辖。

第十条　当事人提出管辖异议的，应当在答辩期满前书面提出。仲裁委员会应当审查当事人提出的管辖异议，异议成立的，将案件移送至有管辖权的仲裁委员会并书面通知当事人；异议不成立的，应当书面决定驳回。

当事人逾期提出的，不影响仲裁程序的进行。

第十一条　当事人申请回避，应当在案件开庭审理前提出，并说明理由。回避事由在案件开庭审理后知晓的，也可以在庭审辩论终结前提出。

当事人在庭审辩论终结后提出回避申请的，不影响仲裁程序的进行。仲裁委员会应当在回避申请提出的三日内，以口头或者书面形式作出决定。以口头形式作出的，应当记入笔录。

第十二条　仲裁员、记录人员是否回避，由仲裁委员会主任或者其委托的仲裁院负责人决定。仲裁委员会主任担任案件仲裁员是否回避，由仲裁委员会决定。

在回避决定作出前，被申请回避的人员应当暂停参与该案处理，但因案件需要采取紧急措施的除外。

第十三条　当事人对自己提出的主张有责任提供证据。与争议事项有关的证据属于用人单位掌握管理的，用人单位应当提供；用人单位不提供的，应当承担不利后果。

第十四条　法律没有具体规定、按照本规则第十三条规定无法确定举证责任承担的，仲裁庭可以根据公平原则和诚实信用原则，综合当事人举证能力等因素确定举证责任的承担。

第十五条　承担举证责任的当事人应当在仲裁委员会指定的期限内提供有关证据。当事人在该期限内提供证据确有困难的，可以向仲裁委员会申请延长期限，仲裁委员会根据当事人的申请适当延长。当事人逾期提供证据的，仲裁委员会应当责令其说明理由；拒不说明理由或者理由不成立的，仲裁委员会可以根据不同情形不予采纳该证据，或者采纳该证据但予以训诫。

第十六条　当事人因客观原因不能自行收集的证据，仲裁委员会可以根据当事人的申请，参照民事诉讼有关规定予以收集；仲裁委员会认为有必要的，也可以决定参照民事诉讼有关规定予以收集。

第十七条　仲裁委员会依法调查取证时，有关单位和个人应当协助配合。

仲裁委员会调查取证时，不得少于两人，并应当向被调查对象出示工作证件和仲裁委员会出具的介绍信。

第十八条　争议处理中涉及证据形式、证据提交、证据交换、证据质证、证据认定等事项，本规则未规定的，可以参照民事诉讼证据规则的有关规定执行。

第十九条　仲裁期间包括法定期间和仲裁委员会指定期间。

仲裁期间的计算，本规则未规定的，仲裁委员会可以参照民事诉讼关于期间计算的有关规定执行。

第二十条　仲裁委员会送达仲裁文书必须有送达回证，由受送达人在送达回证上记明收到日期，并签名或者盖章。受送达人在送达回证上的签收日期为送达日期。

因企业停业等原因导致无法送达且劳动者一方在十人以上的，或者受送达人拒绝签收仲裁文书的，通过在受送达人住所留置、张贴仲裁文书，并采用拍照、录像等方式记录的，自留置、张贴之日起经过三日即视为送达，不受本条第一款的限制。

仲裁文书的送达方式，本规则未规定的，仲裁委员会可以参照民事诉讼关于送达方式的有关规定执行。

第二十一条　案件处理终结后，仲裁委员会应当将处理过程中形成的全部材料立卷归档。

第二十二条　仲裁案卷分正卷和副卷装订。

正卷包括：仲裁申请书、受理（不予受理）通知书、答辩书、当事人及其他仲裁参加人的身份证明材料、授权委托书、调查证据、勘验笔录、当事人提供的证据材料、委托鉴定材料、开庭通知、庭审笔录、延期通知书、撤回仲裁申请书、调解书、裁决书、决定书、案件移送函、送达回证等。

副卷包括：立案审批表、延期审理审批表、中止审理审批表、调查提纲、阅卷笔录、会议笔录、评议记录、结案审批表等。

第二十三条　仲裁委员会应当建立案卷查阅制度。对案卷正卷材料，应当允许当事人及其代理人依法查阅、复制。

第二十四条　仲裁裁决结案的案卷，保存期不少于十年；仲裁调解和其他方式结案的案卷，保存期不少于五年；国家另有规定的，从其规定。

保存期满后的案卷，应当按照国家有关档案管理的规定处理。

第二十五条　在仲裁活动中涉及国家秘密或者军事秘密的，按照国家或者军队有关保密规定执行。

当事人协议不公开或者涉及商业秘密和个人隐私的，经相关当事人书面申请，仲裁委员会应当不公开审理。

第三章　仲裁程序

第一节　申请和受理

第二十六条　本规则第二条第（一）、（三）、（四）、（五）项规定的争议，申请仲裁的时效期间为一年。仲裁时效期间从当事人知道或者应当知道其权利被侵害之日起计算。

本规则第二条第（二）项规定的争议，申请仲裁的时效期间适用公务员法有关规定。

劳动人事关系存续期间因拖欠劳动报酬发生争议的，劳动者申请仲裁不受本条第一款规定的仲裁时效期间的限制；但是，劳动人事关系终止的，应当自劳动人事关系终止之日起一年内提出。

第二十七条　在申请仲裁的时效期间内，有下列情形之一的，仲裁时效中断：

（一）一方当事人通过协商、申请调解等方式向对方当事人主张权利的；

（二）一方当事人通过向有关部门投诉，向仲裁委员会申请仲裁，向人民法院起诉或者申请支付令等方式请求权利救济的；

（三）对方当事人同意履行义务的。

从中断时起，仲裁时效期间重新计算。

第二十八条　因不可抗力，或者有无民事行为能力或者限制民事行为能力劳动者的法定代理人未确定等其他正当理由，当事人不能在规定的仲裁时效期间申请仲裁的，仲裁时效中止。从中止时效的原因消除之日起，仲裁时效期间继续计算。

第二十九条　申请人申请仲裁应当提交书面仲裁申请，并按照被申请人人数提交副本。

仲裁申请书应当载明下列事项：

（一）劳动者的姓名、性别、出生日期、身份证件号码、住所、通讯地址和联系电话，用人单位的名称、住所、通讯地址、联系电话和法定代表人或者主要负责人的姓名、职务；

（二）仲裁请求和所根据的事实、理由；

（三）证据和证据来源，证人姓名和住所。

书写仲裁申请确有困难的，可以口头申请，由仲裁委员会记入笔录，经申请人签名、盖章或者捺印确认。

对于仲裁申请书不规范或者材料不齐备的，仲裁委员会应当当场或者在五日内一次性告知申请人需要补正的全部材料。

仲裁委员会收取当事人提交的材料应当出具收件回执。

第三十条 仲裁委员会对符合下列条件的仲裁申请应当予以受理，并在收到仲裁申请之日起五日内向申请人出具受理通知书：

（一）属于本规则第二条规定的争议范围；

（二）有明确的仲裁请求和事实理由；

（三）申请人是与本案有直接利害关系的自然人、法人或者其他组织，有明确的被申请人；

（四）属于本仲裁委员会管辖范围。

第三十一条 对不符合本规则第三十条第（一）、（二）、（三）项规定之一的仲裁申请，仲裁委员会不予受理，并在收到仲裁申请之日起五日内向申请人出具不予受理通知书；对不符合本规则第三十条第（四）项规定的仲裁申请，仲裁委员会应当在收到仲裁申请之日起五日内，向申请人作出书面说明并告知申请人向有管辖权的仲裁委员会申请仲裁。

对仲裁委员会逾期未作出决定或者决定不予受理的，申请人可以就该争议事项向人民法院提起诉讼。

第三十二条 仲裁委员会受理案件后，发现不应当受理的，除本规则第九条规定外，应当撤销案件，并自决定撤销案件后五日内，以决定书的形式通知当事人。

第三十三条 仲裁委员会受理仲裁申请后，应当在五日内将仲裁申请书副本送达被申请人。

被申请人收到仲裁申请书副本后，应当在十日内向仲裁委员会提交答辩书。仲裁委员会收到答辩书后，应当在五日内将答辩书副本送达申请人。被申请人逾期未提交答辩书的，不影响仲裁程序的进行。

第三十四条 符合下列情形之一，申请人基于同一事实、理由和仲裁请求又申请仲裁的，仲裁委员会不予受理：

（一）仲裁委员会已经依法出具不予受理通知书的；

（二）案件已在仲裁、诉讼过程中或者调解书、裁决书、判决书已经发生法律效力的。

第三十五条 仲裁处理结果作出前，申请人可以自行撤回仲裁申请。申请人再次申请仲裁的，仲裁委员会应当受理。

第三十六条 被申请人可以在答辩期间提出反申请，仲裁委员会应当自收到被申请人反申请之日起五日内决定是否受理并通知被申请人。

决定受理的，仲裁委员会可以将反申请和申请合并处理。

反申请应当另行申请仲裁的，仲裁委员会应当书面告知被申请人另行申请仲裁；反申请不属于本规则规定应当受理的，仲裁委员会应当向被申请人出具不予受理通知书。

被申请人答辩期满后对申请人提出反申请的，应当另行申请仲裁。

第二节 开庭和裁决

第三十七条 仲裁委员会应当在受理仲裁申请之日起五日内组成仲裁庭并将仲裁庭的组成情况书面通知当事人。

第三十八条 仲裁庭应当在开庭五日前，将开庭日期、地点书面通知双方当事人。当事人有正当理由的，可以在开庭三日前请求延期开庭。是否延期，由仲裁委员会根据实际情况决定。

第三十九条 申请人收到书面开庭通知，无正当理由拒不到庭或者未经仲裁庭同意中途退庭的，可以按撤回仲裁申请处理；申请人重新申请仲裁的，仲裁委员会不予受理。被申请人收到书面开庭通知，无正当理由拒不到庭或者未经仲裁庭同意中途退庭的，仲裁庭可以继续开庭审理，并缺席裁决。

第四十条 当事人申请鉴定的，鉴定费由申请鉴定方先行垫付，案件处理终结后，由鉴定结果对其不利方负担。鉴定结果不明确的，由申请鉴定方负担。

第四十一条 开庭审理前，记录人员应当查明当事人和其他仲裁参与人是否到庭，宣布仲裁庭纪律。

开庭审理时，由仲裁员宣布开庭、案由和仲裁员、记录人员名单，核对当事人，告知当事人有关的权利义务，询问当事人是否提出回避申请。

开庭审理中，仲裁员应当听取申请人的陈述和被申请人的答辩，主持庭审调查、质证和辩论、征询当事人最后意见，并进行调解。

第四十二条 仲裁庭应当将开庭情况记入笔录。当事人或者其他仲裁参与人认为对自己陈述的记录有遗漏或者差错的，有权当庭申请补正。仲裁庭认为申请无理由或者无必要的，可以不予补正，但是应当记录该申请。

仲裁员、记录人员、当事人和其他仲裁参与人应当在庭审笔录上签名或者盖章。当事人或者其他仲裁参与人拒绝在庭审笔录上签名或者盖章的，仲裁庭应当记明情况附卷。

第四十三条 仲裁参与人和其他人应当遵守仲裁庭纪律，不得有下列行为：

（一）未经准许进行录音、录像、摄影；

（二）未经准许以移动通信等方式现场传播庭审活动；

（三）其他扰乱仲裁庭秩序、妨害审理活动进行的行为。

仲裁参与人或者其他人有前款规定的情形之一的，仲裁庭可以训诫、责令退出仲裁庭，也可以暂扣进行录音、录像、摄影、传播庭审活动的器材，并责令其删除有关内容。拒不删除的，可以采取必要手段强制删除，并将上述事实记入庭审笔录。

第四十四条 申请人在举证期限届满前可以提出增加或者变更仲裁请求；仲裁庭对申请人增加或者变更的仲裁请求审查后认为应当受理的，应当通知被申请人并给予答辩期，被申请人明确表示放弃答辩期的除外。

申请人在举证期限届满后提出增加或者变更仲裁请求的，应当另行申请仲裁。

第四十五条 仲裁庭裁决案件，应当自仲裁委员会受理仲裁申请之日起四十五日内结束。案情复杂需要延期的，经仲裁委员会主任或者其委托的仲裁院负责人书面批准，可以延期并书面通知当事人，但延长期限不得超过十五日。

第四十六条 有下列情形的，仲裁期限按照下列规定计算：

（一）仲裁庭追加当事人或者第三人的，仲裁期限从决定追加之日起重新计算；

（二）申请人需要补正材料的，仲裁委员会收到仲裁申请的时间从材料补正之日起重新计算；

（三）增加、变更仲裁请求的，仲裁期限从受理增加、变更仲裁请求之日起重新计算；

（四）仲裁申请和反申请合并处理的，仲裁期限从受理反申请之日起重新计算；

（五）案件移送管辖的，仲裁期限从接受移送之日起重新计算；

（六）中止审理期间、公告送达期间不计入仲裁期限内；

（七）法律、法规规定应当另行计算的其他情形。

第四十七条　有下列情形之一的，经仲裁委员会主任或者其委托的仲裁院负责人批准，可以中止案件审理，并书面通知当事人：

（一）劳动者一方当事人死亡，需要等待继承人表明是否参加仲裁的；

（二）劳动者一方当事人丧失民事行为能力，尚未确定法定代理人参加仲裁的；

（三）用人单位终止，尚未确定权利义务承继者的；

（四）一方当事人因不可抗拒的事由，不能参加仲裁的；

（五）案件审理需要以其他案件的审理结果为依据，且其他案件尚未审结的；

（六）案件处理需要等待工伤认定、伤残等级鉴定以及其他鉴定结论的；

（七）其他应当中止仲裁审理的情形。

中止审理的情形消除后，仲裁庭应当恢复审理。

第四十八条　当事人因仲裁庭逾期未作出仲裁裁决而向人民法院提起诉讼并立案受理的，仲裁委员会应当决定该案件终止审理；当事人未就该争议事项向人民法院提起诉讼的，仲裁委员会应当继续处理。

第四十九条　仲裁庭裁决案件时，其中一部分事实已经清楚的，可以就该部分先行裁决。当事人对先行裁决不服的，可以按照调解仲裁法有关规定处理。

第五十条　仲裁庭裁决案件时，申请人根据调解仲裁法第四十七条第（一）项规定，追索劳动报酬、工伤医疗费、经济补偿或者赔偿金，如果仲裁裁决涉及数项，对单项裁决数额不超过当地月最低工资标准十二个月金额的事项，应当适用终局裁决。

前款经济补偿包括《中华人民共和国劳动合同法》（以下简称劳动合同法）规定的竞业限制期限内给予的经济补偿、解除或者终止劳动合同的经济补偿等；赔偿金包括劳动合同法规定的未签订书面劳动合同第二倍工资、违法约定试用期的赔偿金、违法解除或者终止劳动合同的赔偿金等。

根据调解仲裁法第四十七条第（二）项的规定，因执行国家的劳动标准在工作时间、休息休假、社会保险等方面发生的争议，应当适用终局裁决。

仲裁庭裁决案件时，裁决内容同时涉及终局裁决和非终局裁决的，应当分别制作裁决书，并告知当事人相应的救济权利。

第五十一条 仲裁庭对追索劳动报酬、工伤医疗费、经济补偿或者赔偿金的案件，根据当事人的申请，可以裁决先予执行，移送人民法院执行。

仲裁庭裁决先予执行的，应当符合下列条件：

（一）当事人之间权利义务关系明确；

（二）不先予执行将严重影响申请人的生活。

劳动者申请先予执行的，可以不提供担保。

第五十二条 裁决应当按照多数仲裁员的意见作出，少数仲裁员的不同意见应当记入笔录。仲裁庭不能形成多数意见时，裁决应当按照首席仲裁员的意见作出。

第五十三条 裁决书应当载明仲裁请求、争议事实、裁决理由、裁决结果、当事人权利和裁决日期。裁决书由仲裁员签名，加盖仲裁委员会印章。对裁决持不同意见的仲裁员，可以签名，也可以不签名。

第五十四条 对裁决书中的文字、计算错误或者仲裁庭已经裁决但在裁决书中遗漏的事项，仲裁庭应当及时制作决定书予以补正并送达当事人。

第五十五条 当事人对裁决不服向人民法院提起诉讼的，按照调解仲裁法有关规定处理。

第三节　简易处理

第五十六条 争议案件符合下列情形之一的，可以简易处理：

（一）事实清楚、权利义务关系明确、争议不大的；

（二）标的额不超过本省、自治区、直辖市上年度职工年平均工资的；

（三）双方当事人同意简易处理的。

仲裁委员会决定简易处理的，可以指定一名仲裁员独任仲裁，并应当告知当事人。

第五十七条 争议案件有下列情形之一的，不得简易处理：

（一）涉及国家利益、社会公共利益的；

（二）有重大社会影响的；

（三）被申请人下落不明的；

（四）仲裁委员会认为不宜简易处理的。

第五十八条 简易处理的案件，经与被申请人协商同意，仲裁庭可以缩短或者取消答辩期。

第五十九条 简易处理的案件，仲裁庭可以用电话、短信、传真、电子邮件等简便方式送达仲裁文书，但送达调解书、裁决书除外。

以简便方式送达的开庭通知，未经当事人确认或者没有其他证据证明当事人已经收到的，仲裁庭不得按撤回仲裁申请处理或者缺席裁决。

第六十条 简易处理的案件，仲裁庭可以根据案件情况确定举证期限、开庭日期、审理程序、文书制作等事项，但应当保障当事人陈述意见的权利。

第六十一条 仲裁庭在审理过程中，发现案件不宜简易处理的，应当在仲裁期限届满前决定转为按照一般程序处理，并告知当事人。

案件转为按照一般程序处理的，仲裁期限自仲裁委员会受理仲裁申请之日起计算，双方当事人已经确认的事实，可以不再进行举证、质证。

第四节 集体劳动人事争议处理

第六十二条 处理劳动者一方在十人以上并有共同请求的争议案件，或者因履行集体合同发生的劳动争议案件，适用本节规定。

符合本规则第五十六条第一款规定情形之一的集体劳动人事争议案件，可以简易处理，不受本节规定的限制。

第六十三条 发生劳动者一方在十人以上并有共同请求的争议的，劳动者可以推举三至五名代表参加仲裁活动。代表人参加仲裁的行为对其所代表的当事人发生效力，但代表人变更、放弃仲裁请求或者承认对方当事人的仲裁请求，进行和解，必须经被代表的当事人同意。

因履行集体合同发生的劳动争议，经协商解决不成的，工会可以依法申请仲裁；尚未建立工会的，由上级工会指导劳动者推举产生的代表依法申请仲裁。

第六十四条 仲裁委员会应当自收到当事人集体劳动人事争议仲裁申请之日起五日内作出受理或者不予受理的决定。决定受理的，应当自受理之日起五日内将仲裁庭组成人员、答辩期限、举证期限、开庭日期和地点等事项一次性通知当事人。

第六十五条 仲裁委员会处理集体劳动人事争议案件，应当由三名仲裁员组成仲裁庭，设首席仲裁员。

仲裁委员会处理因履行集体合同发生的劳动争议，应当按照三方原则组成仲裁庭处理。

第六十六条　仲裁庭处理集体劳动人事争议，开庭前应当引导当事人自行协商，或者先行调解。

仲裁庭处理集体劳动人事争议案件，可以邀请法律工作者、律师、专家学者等第三方共同参与调解。

协商或者调解未能达成协议的，仲裁庭应当及时裁决。

第六十七条　仲裁庭开庭场所可以设在发生争议的用人单位或者其他便于及时处理争议的地点。

第四章　调解程序

第一节　仲裁调解

第六十八条　仲裁委员会处理争议案件，应当坚持调解优先，引导当事人通过协商、调解方式解决争议，给予必要的法律释明以及风险提示。

第六十九条　对未经调解、当事人直接申请仲裁的争议，仲裁委员会可以向当事人发出调解建议书，引导其到调解组织进行调解。当事人同意先行调解的，应当暂缓受理；当事人不同意先行调解的，应当依法受理。

第七十条　开庭之前，经双方当事人同意，仲裁庭可以委托调解组织或者其他具有调解能力的组织、个人进行调解。

自当事人同意之日起十日内未达成调解协议的，应当开庭审理。

第七十一条　仲裁庭审理争议案件时，应当进行调解。必要时可以邀请有关单位、组织或者个人参与调解。

第七十二条　仲裁调解达成协议的，仲裁庭应当制作调解书。

调解书应当写明仲裁请求和当事人协议的结果。调解书由仲裁员签名，加盖仲裁委员会印章，送达双方当事人。调解书经双方当事人签收后，发生法律效力。

调解不成或者调解书送达前，一方当事人反悔的，仲裁庭应当及时作出裁决。

第七十三条　当事人就部分仲裁请求达成调解协议的，仲裁庭可以就该部分先行出具调解书。

第二节　调解协议的仲裁审查

第七十四条　经调解组织调解达成调解协议的，双方当事人可以自调解协议生效之日起十五日内，共同向有管辖权的仲裁委员会提出仲裁审查申请。

当事人申请审查调解协议，应当向仲裁委员会提交仲裁审查申请书、调解协议和身份证明、资格证明以及其他与调解协议相关的证明材料，并提供双方当事人的送达地址、电话号码等联系方式。

第七十五条　仲裁委员会收到当事人仲裁审查申请，应当及时决定是否受理。决定受理的，应当出具受理通知书。

有下列情形之一的，仲裁委员会不予受理：

（一）不属于仲裁委员会受理争议范围的；

（二）不属于本仲裁委员会管辖的；

（三）超出规定的仲裁审查申请期间的；

（四）确认劳动关系的；

（五）调解协议已经人民法院司法确认的。

第七十六条　仲裁委员会审查调解协议，应当自受理仲裁审查申请之日起五日内结束。因特殊情况需要延期的，经仲裁委员会主任或者其委托的仲裁院负责人批准，可以延长五日。

调解书送达前，一方或者双方当事人撤回仲裁审查申请的，仲裁委员会应当准许。

第七十七条　仲裁委员会受理仲裁审查申请后，应当指定仲裁员对调解协议进行审查。

仲裁委员会经审查认为调解协议的形式和内容合法有效的，应当制作调解书。调解书的内容应当与调解协议的内容相一致。调解书经双方当事人签收后，发生法律效力。

第七十八条　调解协议具有下列情形之一的，仲裁委员会不予制作调解书：

（一）违反法律、行政法规强制性规定的；

（二）损害国家利益、社会公共利益或者公民、法人、其他组织合法权益的；

（三）当事人提供证据材料有弄虚作假嫌疑的；

（四）违反自愿原则的；

（五）内容不明确的；

（六）其他不能制作调解书的情形。

仲裁委员会决定不予制作调解书的，应当书面通知当事人。

第七十九条 当事人撤回仲裁审查申请或者仲裁委员会决定不予制作调解书的，应当终止仲裁审查。

<h2 style="text-align:center">第五章　附则</h2>

第八十条 本规则规定的"三日"、"五日"、"十日"指工作日，"十五日"、"四十五日"指自然日。

第八十一条 本规则自 2017 年 7 月 1 日起施行。2009 年 1 月 1 日人力资源社会保障部公布的《劳动人事争议仲裁办案规则》（人力资源和社会保障部令第 2 号）同时废止。

附录四 《最高人民法院关于审理劳动争议案件适用法律若干问题的解释》

为正确审理劳动争议案件，根据《中华人民共和国劳动法》（以下简称《劳动法》，和《中华人民共和国民事诉讼法》（以下简称《民事诉讼法》）等相关法律之规定，就适用法律的若干问题，作如下解释。

第一条 劳动者与用人单位之间发生的下列纠纷，属于《劳动法》第二条规定的劳动争议，当事人不服劳动争议仲裁委员会作出的裁决，依法向人民法院起诉的，人民法院应当受理：

（一）劳动者与用人单位在履行劳动合同过程中发生的纠纷；

（二）劳动者与用人单位之间没有订立书面劳动合同，但已形成劳动关系后发生的纠纷；

（三）劳动者退休后，与尚未参加社会保险统筹的原用人单位因追索养老金、医疗费、工伤保险待遇和其他社会保险费而发生的纠纷。

第二条 劳动争议仲裁委员会以当事人申请仲裁的事项不属于劳动争议为由，作出不予受理的书面裁决、决定或者通知，当事人不服，依法向人民法院起诉的，人民法院应当分别情况予以处理：

（一）属于劳动争议案件的，应当受理；

（二）虽不属于劳动争议案件，但属于人民法院主管的其他案件，应当依法受理。

第三条 劳动争议仲裁委员会根据《劳动法》第八十二条之规定，以当事人的仲裁申请超过六十日期限为由，作出不予受理的书面裁决、决定或者通知，当事人不服，依法向人民法院起诉的，人民法院应当受理；对确已超过仲裁申请期限，又无不可抗力或者其他正当理由的，依法驳回其诉讼请求。

第四条 劳动争议仲裁委员会以申请仲裁的主体不适格为由，作出不予受理的书面裁决、决定或者通知，当事人不服，依法向人民法院起诉的，经审查，确属主体不适格的，裁定不予受理或者驳回起诉。

第五条 劳动争议仲裁委员会为纠正原仲裁裁决错误重新作出裁决，当事人不服，依法向人民法院起诉的，人民法院应当受理。

第六条 人民法院受理劳动争议案件后，当事人增加诉讼请求的，如该诉讼请求与讼争的劳动争议具有不可分性，应当合并审理；如属独立的劳动争议，应当告知当事人向劳动争议仲裁委员会申请仲裁。

第七条 劳动争议仲裁委员会仲裁的事项不属于人民法院受理的案件范围，当事人不服，依法向人民法院起诉的，裁定不予受理或者驳回起诉。

第八条 劳动争议案件由用人单位所在地或者劳动合同履行地的基层人民法院管辖。

劳动合同履行地不明确的，由用人单位所在地的基层人民法院管辖。

第九条 当事人双方不服劳动争议仲裁委员会作出的同一仲裁裁决，均向同一人民法院起诉的，先起诉的一方当事人为原告，但对双方的诉讼请求，人民法院应当一并作出裁决。

当事人双方就同一仲裁裁决分别向有管辖权的人民法院起诉的，后受理的人民法院应当将案件移送给先受理的人民法院。

第十条 用人单位与其它单位合并的，合并前发生的劳动争议，由合并后的单位为当事人；用人单位分立为若干单位的，其分立前发生的劳动争议，由分立后的实际用人单位为当事人。

用人单位分立为若干单位后，对承受劳动权利义务的单位不明确的，分立后的单位均为当事人。

第十一条 用人单位招用尚未解除劳动合同的劳动者，原用人单位与劳动者发生的劳动争议，可以列新的用人单位为第三人。

原用人单位以新的用人单位侵权为由向人民法院起诉的，可以列劳动者为第三人。

原用人单位以新的用人单位和劳动者共同侵权为由向人民法院起诉的，新的用人单位和劳动者列为共同被告。

第十二条 劳动者在用人单位与其他平等主体之间的承包经营期间，与发包方和承包方双方或者一方发生劳动争议，依法向人民法院起诉的，应当将承包方和发包方作为当事人。

第十三条 因用人单位作出的开除、除名、辞退、解除劳动合同、减少劳动报酬、计算劳动者工作年限等决定而发生的劳动争议，用人单位负举证责任。

第十四条　劳动合同被确认为无效后，用人单位对劳动者付出的劳动，一般可参照本单位同期、同工种、同岗位的工资标准支付劳动报酬。

根据《劳动法》第九十七条之规定，由于用人单位的原因订立的无效合同，给劳动者造成损害的，应当比照违反和解除劳动合同经济补偿金的支付标准，赔偿劳动者因合同无效所造成的经济损失。

第十五条　用人单位有下列情形之一，迫使劳动者提出解除劳动合同的，用人单位应当支付劳动者的劳动报酬和经济补偿，并可支付赔偿金：

（一）以暴力、威胁或者非法限制人身自由的手段强迫劳动的；

（二）未按照劳动合同约定支付劳动报酬或者提供劳动条件的；

（三）克扣或者无故拖欠劳动者工资的；

（四）拒不支付劳动者延长工作时间工资报酬的；

（五）低于当地最低工资标准支付劳动者工资的。

第十六条　劳动合同期满后，劳动者仍在原用人单位工作，原用人单位未表示异议的，视为双方同意以原条件继续履行劳动合同。一方提出终止劳动关系的，人民法院应当支持。

根据《劳动法》第二十条之规定，用人单位应当与劳动者签订无固定期限劳动合同而未签订的，人民法院可以视为双方之间存在无固定期限劳动合同关系，并以原劳动合同确定双方的权利义务关系。

第十七条　劳动争议仲裁委员会作出仲裁裁决后，当事人对裁决中的部分事项不服，依法向人民法院起诉的，劳动争议仲裁裁决不发生法律效力。

第十八条　劳动争议仲裁委员会对多个劳动者的劳动争议作出仲裁裁决后，部分劳动者对仲裁裁决不服，依法向人民法院起诉的，仲裁裁决对提出起诉的劳动者不发生法律效力；对未提出起诉的部分劳动者，发生法律效力，如其申请执行的，人民法院应当受理。

第十九条　用人单位根据《劳动法》第四条之规定，通过民主程序制定的规章制度，不违反国家法律、行政法规及政策规定，并已向劳动者公示的，可以作为人民法院审理劳动争议案件的依据。

第二十条　用人单位对劳动者作出的开除、除名、辞退等处理，或者因其他原因解除劳动合同确有错误的，人民法院可以依法判决予以撤销。

对于追索劳动报酬、养老金、医疗费以及工伤保险待遇、经济补偿金、培训费及其他相关费用等案件，给付数额不当的，人民法院可以予以变更。

第二十一条 当事人申请人民法院执行劳动争议仲裁机构作出的发生法律效力的裁决书、调解书，被申请人提出证据证明劳动争议仲裁裁决书、调解书有下列情形之一，并经审查核实的，人民法院可以根据民事诉讼法第二百一十三条之规定，裁定不予执行：

（一）裁决的事项不属于劳动争议仲裁范围，或者劳动争议仲裁机构无权仲裁的；

（二）适用法律确有错误的；

（三）仲裁员仲裁该案时，有徇私舞弊、枉法裁决行为的；

（四）人民法院认定执行该劳动争议仲裁裁决违背社会公共利益的。

人民法院在不予执行的裁定书中，应当告知当事人在收到裁定书之次日起三十日内，可以就该劳动争议事项向人民法院起诉。

附录五 《最高人民法院关于审理劳动争议案件适用法律若干问题的解释（二）》

为正确审理劳动争议案件，根据《中华人民共和国劳动法》、《中华人民共和国民事诉讼法》等相关法律规定，结合民事审判实践，对人民法院审理劳动争议案件适用法律的若干问题补充解释如下：

第一条 人民法院审理劳动争议案件，对下列情形，视为劳动法第八十二条规定的"劳动争议发生之日"：

（一）在劳动关系存续期间产生的支付工资争议，用人单位能够证明已经书面通知劳动者拒付工资的，书面通知送达之日为劳动争议发生之日。用人单位不能证明的，劳动者主张权利之日为劳动争议发生之日。

（二）因解除或者终止劳动关系产生的争议，用人单位不能证明劳动者收到解除或者终止劳动关系书面通知时间的，劳动者主张权利之日为劳动争议发生之日。

（三）劳动关系解除或者终止后产生的支付工资、经济补偿金、福利待遇等争议，劳动者能够证明用人单位承诺支付的时间为解除或者终止劳动关系后的具体日期的，用人单位承诺支付之日为劳动争议发生之日。劳动者不能证明的，解除或者终止劳动关系之日为劳动争议发生之日。

第二条 拖欠工资争议，劳动者申请仲裁时劳动关系仍然存续，用人单位以劳动者申请仲裁超过六十日为由主张不再支付的，人民法院不予支持。但用人单位能够证明劳动者已经收到拒付工资的书面通知的除外。

第三条 劳动者以用人单位的工资欠条为证据直接向人民法院起诉，诉讼请求不涉及劳动关系其他争议的，视为拖欠劳动报酬争议，按照普通民事纠纷受理。

第四条 用人单位和劳动者因劳动关系是否已经解除或者终止，以及应否支付解除或终止劳动关系经济补偿金产生的争议，经劳动争议仲裁委员会仲裁后，当事人依法起诉的，人民法院应予受理。

第五条 劳动者与用人单位解除或者终止劳动关系后，请求用人单位返还其收取的劳动合同定金、保证金、抵押金、抵押物产生的争议，或者办理劳动者的人事档案、社会保险关系等移转手续产生的争议，经劳动争议仲裁委员会仲裁后，当事人依法起诉的，人民法院应予受理。

第六条 劳动者因为工伤、职业病，请求用人单位依法承担给予工伤保险待遇的争议，经劳动争议仲裁委员会仲裁后，当事人依法起诉的，人民法院应予受理。

第七条 下列纠纷不属于劳动争议：

（一）劳动者请求社会保险经办机构发放社会保险金的纠纷；

（二）劳动者与用人单位因住房制度改革产生的公有住房转让纠纷；

（三）劳动者对劳动能力鉴定委员会的伤残等级鉴定结论或者对职业病诊断鉴定委员会的职业病诊断鉴定结论的异议纠纷；

（四）家庭或者个人与家政服务人员之间的纠纷；

（五）个体工匠与帮工、学徒之间的纠纷；

（六）农村承包经营户与受雇人之间的纠纷。

第八条 当事人不服劳动争议仲裁委员会作出的预先支付劳动者部分工资或者医疗费用的裁决，向人民法院起诉的，人民法院不予受理。

用人单位不履行上述裁决中的给付义务，劳动者依法向人民法院申请强制执行的，人民法院应予受理。

第九条 劳动者与起有字号的个体工商户产生的劳动争议诉讼，人民法院应当以营业执照上登记的字号为当事人，但应同时注明该字号业主的自然情况。

第十条 劳动者因履行劳动力派遣合同产生劳动争议而起诉，以派遣单位为被告；争议内容涉及接受单位的，以派遣单位和接受单位为共同被告。

第十一条 劳动者和用人单位均不服劳动争议仲裁委员会的同一裁决，向同一人民法院起诉的，人民法院应当并案审理，双方当事人互为原告和被告。在诉讼过程中，一方当事人撤诉的，人民法院应当根据另一方当事人的诉讼请求继续审理。

第十二条 当事人能够证明在申请仲裁期间内因不可抗力或者其他客观原因无法申请仲裁的，人民法院应当认定申请仲裁期间中止，从中止的原因消灭之次日起，申请仲裁期间连续计算。

　　第十三条　当事人能够证明在申请仲裁期间内具有下列情形之一的，人民法院应当认定申请仲裁期间中断：

　　（一）向对方当事人主张权利；

　　（二）向有关部门请求权利救济；

　　（三）对方当事人同意履行义务。

　　申请仲裁期间中断的，从对方当事人明确拒绝履行义务，或者有关部门作出处理决定或明确表示不予处理时起，申请仲裁期间重新计算。

　　第十四条　在诉讼过程中，劳动者向人民法院申请采取财产保全措施，人民法院经审查认为申请人经济确有困难，或有证据证明用人单位存在欠薪逃匿可能的，应当减轻或者免除劳动者提供担保的义务，及时采取保全措施。

　　第十五条　人民法院作出的财产保全裁定中，应当告知当事人在劳动仲裁机构的裁决书或者在人民法院的裁判文书生效后三个月内申请强制执行。逾期不申请的，人民法院应当裁定解除保全措施。

　　第十六条　用人单位制定的内部规章制度与集体合同或者劳动合同约定的内容不一致，劳动者请求优先适用合同约定的，人民法院应予支持。

　　第十七条　当事人在劳动争议调解委员会主持下达成的具有劳动权利义务内容的调解协议，具有劳动合同的约束力，可以作为人民法院裁判的根据。

　　当事人在劳动争议调解委员会主持下仅就劳动报酬争议达成调解协议，用人单位不履行调解协议确定的给付义务，劳动者直接向人民法院起诉的，人民法院可以按照普通民事纠纷受理。

　　第十八条　本解释自二〇〇六年十月一日起施行。本解释施行前本院颁布的有关司法解释与本解释规定不一致的，以本解释的规定为准。

　　本解释施行后，人民法院尚未审结的一审、二审案件适用本解释。本解释施行前已经审结的案件，不得适用本解释的规定进行再审。

附录六 《最高人民法院关于审理劳动争议案件适用法律若干问题的解释（三）》

为正确审理劳动争议案件，根据《中华人民共和国劳动法》、《中华人民共和国劳动合同法》、《中华人民共和国劳动争议调解仲裁法》、《中华人民共和国民事诉讼法》等相关法律规定，结合民事审判实践，特作如下解释。

第一条 劳动者以用人单位未为其办理社会保险手续，且社会保险经办机构不能补办导致其无法享受社会保险待遇为由，要求用人单位赔偿损失而发生争议的，人民法院应予受理。

第二条 因企业自主进行改制引发的争议，人民法院应予受理。

第三条 劳动者依据劳动合同法第八十五条规定，向人民法院提起诉讼，要求用人单位支付加付赔偿金的，人民法院应予受理。

第四条 劳动者与未办理营业执照、营业执照被吊销或者营业期限届满仍继续经营的用人单位发生争议的，应当将用人单位或者其出资人列为当事人。

第五条 未办理营业执照、营业执照被吊销或者营业期限届满仍继续经营的用人单位，以挂靠等方式借用他人营业执照经营的，应当将用人单位和营业执照出借方列为当事人。

第六条 当事人不服劳动人事争议仲裁委员会作出的仲裁裁决，依法向人民法院提起诉讼，人民法院审查认为仲裁裁决遗漏了必须共同参加仲裁的当事人的，应当依法追加遗漏的人为诉讼当事人。

被追加的当事人应当承担责任的，人民法院应当一并处理。

第七条 用人单位与其招用的已经依法享受养老保险待遇或领取退休金的人员发生用工争议，向人民法院提起诉讼的，人民法院应当按劳务关系处理。

第八条 企业停薪留职人员、未达到法定退休年龄的内退人员、下岗待岗人员以及企业经营性停产放长假人员，因与新的用人单位发生用工争议，依法向人民法院提起诉讼的，人民法院应当按劳动关系处理。

第九条 劳动者主张加班费的，应当就加班事实的存在承担举证责任。但劳动者有证据证明用人单位掌握加班事实存在的证据，用人单位不提供的，由用人单位承担不利后果。

第十条　劳动者与用人单位就解除或者终止劳动合同办理相关手续、支付工资报酬、加班费、经济补偿或者赔偿金等达成的协议，不违反法律、行政法规的强制性规定，且不存在欺诈、胁迫或者乘人之危情形的，应当认定有效。

前款协议存在重大误解或者显失公平情形，当事人请求撤销的，人民法院应予支持。

第十一条　劳动人事争议仲裁委员会作出的调解书已经发生法律效力，一方当事人反悔提起诉讼的，人民法院不予受理；已经受理的，裁定驳回起诉。

第十二条　劳动人事争议仲裁委员会逾期未作出受理决定或仲裁裁决，当事人直接提起诉讼的，人民法院应予受理，但申请仲裁的案件存在下列事由的除外：

（一）移送管辖的；

（二）正在送达或送达延误的；

（三）等待另案诉讼结果、评残结论的；

（四）正在等待劳动人事争议仲裁委员会开庭的；

（五）启动鉴定程序或者委托其他部门调查取证的；

（六）其他正当事由。

当事人以劳动人事争议仲裁委员会逾期未作出仲裁裁决为由提起诉讼的，应当提交劳动人事争议仲裁委员会出具的受理通知书或者其他已接受仲裁申请的凭证或证明。

第十三条　劳动者依据调解仲裁法第四十七条第（一）项规定，追索劳动报酬、工伤医疗费、经济补偿或者赔偿金，如果仲裁裁决涉及数项，每项确定的数额均不超过当地月最低工资标准十二个月金额的，应当按照终局裁决处理。

第十四条　劳动人事争议仲裁委员会作出的同一仲裁裁决同时包含终局裁决事项和非终局裁决事项，当事人不服该仲裁裁决向人民法院提起诉讼的，应当按照非终局裁决处理。

第十五条　劳动者依据调解仲裁法第四十八条规定向基层人民法院提起诉讼，用人单位依据调解仲裁法第四十九条规定向劳动人事争议仲裁委员会所在地的中级人民法院申请撤销仲裁裁决的，中级人民法院应不予受理；已经受理的，应当裁定驳回申请。

被人民法院驳回起诉或者劳动者撤诉的，用人单位可以自收到裁定书之日起三十日内，向劳动人事争议仲裁委员会所在地的中级人民法院申请撤销仲裁裁决。

第十六条 用人单位依照调解仲裁法第四十九条规定向中级人民法院申请撤销仲裁裁决，中级人民法院作出的驳回申请或者撤销仲裁裁决的裁定为终审裁定。

第十七条 劳动者依据劳动合同法第三十条第二款和调解仲裁法第十六条规定向人民法院申请支付令，符合民事诉讼法第十七章督促程序规定的，人民法院应予受理。

依据劳动合同法第三十条第二款规定申请支付令被人民法院裁定终结督促程序后，劳动者就劳动争议事项直接向人民法院起诉的，人民法院应当告知其先向劳动人事争议仲裁委员会申请仲裁。

依据调解仲裁法第十六条规定申请支付令被人民法院裁定终结督促程序后，劳动者依据调解协议直接向人民法院提起诉讼的，人民法院应予受理。

第十八条 劳动人事争议仲裁委员会作出终局裁决，劳动者向人民法院申请执行，用人单位向劳动人事争议仲裁委员会所在地的中级人民法院申请撤销的，人民法院应当裁定中止执行。

用人单位撤回撤销终局裁决申请或者其申请被驳回的，人民法院应当裁定恢复执行。仲裁裁决被撤销的，人民法院应当裁定终结执行。

用人单位向人民法院申请撤销仲裁裁决被驳回后，又在执行程序中以相同理由提出不予执行抗辩的，人民法院不予支持。

附录七 《最高人民法院关于审理劳动争议案件适用法律若干问题的解释（四）》

为正确审理劳动争议案件，根据《中华人民共和国劳动法》《中华人民共和国劳动合同法》《中华人民共和国劳动争议调解仲裁法》《中华人民共和国民事诉讼法》等相关法律规定，结合民事审判实践，就适用法律的若干问题，作如下解释：

第一条 劳动人事争议仲裁委员会以无管辖权为由对劳动争议案件不予受理，当事人提起诉讼的，人民法院按照以下情形分别处理：

（一）经审查认为该劳动人事争议仲裁委员会对案件确无管辖权的，应当告知当事人向有管辖权的劳动人事争议仲裁委员会申请仲裁；

（二）经审查认为该劳动人事争议仲裁委员会有管辖权的，应当告知当事人申请仲裁，并将审查意见书面通知该劳动人事争议仲裁委员会，劳动人事争议仲裁委员会仍不受理，当事人就该劳动争议事项提起诉讼的，应予受理。

第二条 仲裁裁决的类型以仲裁裁决书确定为准。

仲裁裁决书未载明该裁决为终局裁决或非终局裁决，用人单位不服该仲裁裁决向基层人民法院提起诉讼的，应当按照以下情形分别处理：

（一）经审查认为该仲裁裁决为非终局裁决的，基层人民法院应予受理；

（二）经审查认为该仲裁裁决为终局裁决的，基层人民法院不予受理，但应告知用人单位可以自收到不予受理裁定书之日起三十日内向劳动人事争议仲裁委员会所在地的中级人民法院申请撤销该仲裁裁决；已经受理的，裁定驳回起诉。

第三条 中级人民法院审理用人单位申请撤销终局裁决的案件，应当组成合议庭开庭审理。经过阅卷、调查和询问当事人，对没有新的事实、证据或者理由，合议庭认为不需要开庭审理的，可以不开庭审理。

中级人民法院可以组织双方当事人调解。达成调解协议的，可以制作调解书。一方当事人逾期不履行调解协议的，另一方可以申请人民法院强制执行。

第四条　当事人在人民调解委员会主持下仅就给付义务达成的调解协议，双方认为有必要的，可以共同向人民调解委员会所在地的基层人民法院申请司法确认。

第五条　劳动者非因本人原因从原用人单位被安排到新用人单位工作，原用人单位未支付经济补偿，劳动者依照劳动合同法第三十八条规定与新用人单位解除劳动合同，或者新用人单位向劳动者提出解除、终止劳动合同，在计算支付经济补偿或赔偿金的工作年限时，劳动者请求把在原用人单位的工作年限合并计算为新用人单位工作年限的，人民法院应予支持。

用人单位符合下列情形之一的，应当认定属于"劳动者非因本人原因从原用人单位被安排到新用人单位工作"：

（一）劳动者仍在原工作场所、工作岗位工作，劳动合同主体由原用人单位变更为新用人单位；

（二）用人单位以组织委派或任命形式对劳动者进行工作调动；

（三）因用人单位合并、分立等原因导致劳动者工作调动；

（四）用人单位及其关联企业与劳动者轮流订立劳动合同；

（五）其他合理情形。

第六条　当事人在劳动合同或者保密协议中约定了竞业限制，但未约定解除或者终止劳动合同后给予劳动者经济补偿，劳动者履行了竞业限制义务，要求用人单位按照劳动者在劳动合同解除或者终止前十二个月平均工资的 30% 按月支付经济补偿的，人民法院应予支持。

前款规定的月平均工资的 30% 低于劳动合同履行地最低工资标准的，按照劳动合同履行地最低工资标准支付。

第七条　当事人在劳动合同或者保密协议中约定了竞业限制和经济补偿，当事人解除劳动合同时，除另有约定外，用人单位要求劳动者履行竞业限制义务，或者劳动者履行了竞业限制义务后要求用人单位支付经济补偿的，人民法院应予支持。

第八条　当事人在劳动合同或者保密协议中约定了竞业限制和经济补偿，劳动合同解除或者终止后，因用人单位的原因导致三个月未支付经济补偿，劳动者请求解除竞业限制约定的，人民法院应予支持。

第九条　在竞业限制期限内，用人单位请求解除竞业限制协议时，人民法院应予支持。

在解除竞业限制协议时，劳动者请求用人单位额外支付劳动者三个月的竞业限制经济补偿的，人民法院应予支持。

第十条　劳动者违反竞业限制约定，向用人单位支付违约金后，用人单位要求劳动者按照约定继续履行竞业限制义务的，人民法院应予支持。

第十一条　变更劳动合同未采用书面形式，但已经实际履行了口头变更的劳动合同超过一个月，且变更后的劳动合同内容不违反法律、行政法规、国家政策以及公序良俗，当事人以未采用书面形式为由主张劳动合同变更无效的，人民法院不予支持。

第十二条　建立了工会组织的用人单位解除劳动合同符合劳动合同法第三十九条、第四十条规定，但未按照劳动合同法第四十三条规定事先通知工会，劳动者以用人单位违法解除劳动合同为由请求用人单位支付赔偿金的，人民法院应予支持，但起诉前用人单位已经补正有关程序的除外。

第十三条　劳动合同法施行后，因用人单位经营期限届满不再继续经营导致劳动合同不能继续履行，劳动者请求用人单位支付经济补偿的，人民法院应予支持。

第十四条　外国人、无国籍人未依法取得就业证件即与中国境内的用人单位签订劳动合同，以及香港特别行政区、澳门特别行政区和台湾地区居民未依法取得就业证件即与内地用人单位签订劳动合同，当事人请求确认与用人单位存在劳动关系的，人民法院不予支持。

持有《外国专家证》并取得《外国专家来华工作许可证》的外国人，与中国境内的用人单位建立用工关系的，可以认定为劳动关系。

第十五条　本解释施行前本院颁布的有关司法解释与本解释抵触的，自本解释施行之日起不再适用。

本解释施行后尚未终审的劳动争议纠纷案件，适用本解释；本解释施行前已经终审，当事人申请再审或者按照审判监督程序决定再审的，不适用本解释。

附录八 《北京市高级人民法院、北京市劳动人事争议仲裁委员会关于审理劳动争议案件法律适用问题的解答》

1.《最高人民法院关于审理工伤保险行政案件若干问题的规定》（法释〔2014〕9号）第三条第一款第四项中"用工单位"、"不具备用工主体资格的组织或者自然人"，第五项中"被挂靠单位"、"个人"与"因工伤亡职工（人员）"之间产生争议，如何处理？

"用工单位"、"被挂靠单位"与"因工伤亡职工（人员）"之间不是劳动关系或雇佣关系。"用工单位"、"被挂靠单位"仅是承担工伤保险责任的单位。

"不具备用工主体资格的组织或者自然人"、"个人"与"因工伤亡职工（人员）"之间不是劳动关系，而是雇佣关系。

社会保险行政部门以"用工单位"、"被挂靠单位"与"因工伤亡职工（人员）"之间无劳动关系为由，作出不予受理工伤认定申请或者决定不予认定工伤产生的纠纷，属于行政争议。

承担工伤保险责任的单位承担赔偿责任或者社会保险经办机构从工伤保险基金支付工伤保险待遇后，向"不具备用工主体资格的组织或者自然人"、"个人"追偿产生的纠纷，不属于劳动争议。

2.发包单位将业务发包给有用人主体资格的用人单位（包括有用人主体资格的组织、个体经营者），从事该发包业务的劳动者与上述主体发生争议的，如何处理？

应当认定劳动者与承包的有用人主体资格的用人单位存在劳动关系，但发包单位与劳动者存在劳动关系的除外。

3.农民专业合作社与其聘用参与日常生产经营活动的社员产生争议，如何认定？

结合农民合作社的生产经营性质和用工特点等因素，区分情况予以严格判定。对符合原劳动和社会保障部《关于确认劳动关系有关事项的通知》规定精神的，应依法确认参与农民合作社日常生产经营活动的社员与该合作社存在劳动关系。

4. 仲裁裁决不存在劳动关系的情况下，当事人以双方存在劳动关系为由提起诉讼，经审查发现双方之间存在劳务关系或其他法律关系，经释明后当事人不变更诉讼请求的，如何处理？

在此种情况下，只要符合《民事诉讼法》第一百一十九条的规定，应予受理并判决驳回当事人的诉讼请求。

5. 用人单位调整劳动者工作岗位的，如何处理？

用人单位与劳动者约定可根据生产经营情况调整劳动者工作岗位的，经审查用人单位证明生产经营情况已经发生变化，调岗属于合理范畴，应支持用人单位调整劳动者工作岗位。

用人单位与劳动者在劳动合同中未约定工作岗位或约定不明的，用人单位有正当理由，根据生产经营需要，合理地调整劳动者工作岗位属于用人单位自主用工行为。判断合理性应参考以下因素：用人单位经营必要性、目的正当性，调整后的岗位为劳动者所能胜任、工资待遇等劳动条件无不利变更。

用人单位与劳动者签订的劳动合同中明确约定工作岗位但未约定如何调岗的，在不符合《劳动合同法》第四十条所列情形时，用人单位自行调整劳动者工作岗位的属于违约行为，给劳动者造成损失的，用人单位应予以赔偿，参照原岗位工资标准补发差额。对于劳动者主张恢复原工作岗位的，根据实际情况进行处理。经审查难以恢复原工作岗位的，可释明劳动者另行主张权利，释明后劳动者仍坚持要求恢复原工作岗位，可驳回请求。

用人单位在调整岗位的同时调整工资，劳动者接受调整岗位但不接受同时调整工资的，由用人单位说明调整理由。应根据用人单位实际情况、劳动者调整后的工作岗位性质、双方合同约定等内容综合判断是否侵犯劳动者合法权益。

6. 用人单位与劳动者在劳动合同中宽泛地约定工作地点是"全国"、"北京"等，用人单位在履行劳动合同过程中调整劳动者的工作地点，劳动者不同意，用人单位依据规章制度作出解除劳动合同决定是否支持？

用人单位与劳动者在劳动合同中宽泛地约定工作地点是"全国"、"北京"等，如无对用人单位经营模式、劳动者工作岗位特性等特别提示，属于对工作地点约定不明。劳动者在签订劳动合同后，已经在实际履行地点工作的，视为双方确定具体的工作地点。用人单位不得仅以工作地点约定为"全国"、"北京"

为由，无正当理由变更劳动者的工作地点。

用人单位与劳动者在劳动合同中明确约定用人单位可以单方变更工作地点的，仍应对工作地点的变更进行合理性审查。具体审查时，除考虑对劳动者的生活影响外，还应考虑用人单位是否采取了合理的弥补措施（如提供交通补助、班车）等。

7. 劳动者按变更后的工作地点实际履行合同，又以未采用书面形式为由主张劳动合同变更无效的是否支持？

劳动者已经按变更后的工作地点实际履行合同，又以未采用书面形式为由主张劳动合同变更无效的，适用《最高人民法院关于审理劳动争议案件适用法律若干问题的解释（四）》第十一条的规定处理。

8. 用人单位违法解除或终止劳动合同，劳动者要求继续履行劳动合同的，如何处理？

劳动者要求继续履行劳动合同的，一般应予以支持。

在仲裁中发现确实无法继续履行劳动合同的，应做好释明工作，告知劳动者将要求继续履行劳动合同的请求变更为要求用人单位支付违法解除劳动合同赔偿金等请求。如经充分释明，劳动者仍坚持要求继续履行劳动合同的，应尊重劳动者的诉权，驳回劳动者的请求，告知其可另行向用人单位主张违法解除劳动合同赔偿金等。如经释明后，劳动者的请求变更为要求用人单位支付违法解除劳动合同赔偿金等的，应当继续处理。

在诉讼中发现确实无法继续履行劳动合同的，驳回劳动者的诉讼请求，告知其可另行向用人单位主张违法解除劳动合同赔偿金等。

9. 用人单位违法解除或终止劳动合同后，劳动者要求继续履行劳动合同，哪些情形可以认定为"劳动合同确实无法继续履行"？

劳动合同确实无法继续履行主要有以下情形：（1）用人单位被依法宣告破产、吊销营业执照、责令关闭、撤销，或者用人单位决定提前解散的；（2）劳动者在仲裁或者诉讼过程中达到法定退休年龄的；（3）劳动合同在仲裁或者诉讼过程中到期终止且不存在《劳动合同法》第十四条规定应当订立无固定期限劳动合同情形的；（4）劳动者原岗位对用人单位的正常业务开展具有较强的不可替代性和唯一性（如总经理、财务负责人等），且劳动者原岗位已被他人替代，双方不能就新岗位达成一致意见的；（5）劳动者已入职新单位的；（6）仲裁或诉讼过程中，用人单位向劳动者送达复工通知，要求劳动者继续工作，但劳动者拒绝的；（7）其他明显不具备继续履行劳动合同条件的。

劳动者原岗位已被他人替代的，用人单位仅以此为由进行抗辩，不宜认定为"劳动合同确实无法继续履行的"情形。

10. 劳动者与用人单位因劳动合同是否为违法解除发生争议，劳动者要求继续履行劳动合同的情况下，原单位提交了其他单位为劳动者缴纳社会保险的凭证，并以此主张劳动者与新单位之间已经形成劳动关系，此时社会保险缴纳记录能否作为认定劳动者与新单位形成劳动关系的依据？并由此导致劳动者与用人单位"劳动合同已经不能继续履行"？

不能仅以社会保险缴纳记录作为认定劳动者与新单位形成劳动关系的依据。但此时举证责任转移，由劳动者证明其与新用人单位之间不是劳动关系。若劳动者不能提出反证，则依据其与新用人单位之间的社保缴费记录确认劳动者与原用人单位"劳动合同确实无法继续履行"。新用人单位不是案件当事人的，劳动者与新用人单位之间的社保缴费记录仅为"劳动合同确实无法继续履行"的裁判理由，不应径行裁判劳动者与新用人单位之间是否形成劳动关系。

11. 用人单位依据《劳动合同法》第三十九条第一项的规定解除劳动合同的，如何处理？

用人单位在录用劳动者时应当向劳动者明确告知录用条件，用人单位在解除劳动合同时应当向劳动者说明理由及法律依据。

用人单位证明已向劳动者明确告知录用条件，并且提供证据证明劳动者在试用期间不符合录用条件的，可依照《劳动合同法》第三十九条第一项的规定解除劳动合同。

就劳动者是否符合录用条件的认定，在试用期的认定标准可适当低于试用期届满后的认定标准。劳动者不符合录用条件的情况主要有以下情形：（1）劳动者违反诚实信用原则对影响劳动合同履行的自身基本情况有隐瞒或虚构事实的，包括提供虚假学历证书、假身份证、假护照等个人重要证件；对履历、知识、技能、业绩、健康等个人情况说明与事实有重大出入的；（2）在试用期间存在工作失误的，对工作失误的认定以劳动法相关规定、用人单位规章制度以及双方合同约定内容为判断标准；（3）双方约定属于用人单位考核劳动者试用期不符合录用条件的其他情况。

12. 哪些情形属于《劳动合同法》第四十条第三项规定的"劳动合同订立时所依据的客观情况发生重大变化"？

"劳动合同订立时所依据的客观情况发生重大变化"是指劳动合同订立后发生了用人单位和劳动者订立合同时无法预见的变化，致使双方订立的劳动合同全部或者主要条款无法履行，或者若继续履行将出现成本过高等显失公平的状况，致使劳动合同目的难以实现。

下列情形一般属于"劳动合同订立时所依据的客观情况发生重大变化"：（1）地震、火灾、水灾等自然灾害形成的不可抗力；（2）受法律、法规、政策变化导致用人单位迁移、资产转移或者停产、转产、转（改）制等重大变化的；（3）特许经营性质的用人单位经营范围等发生变化的。

13. 在规章制度未作出明确规定、劳动合同亦未明确约定的情况下，劳动者严重违反劳动纪律和职业道德的，用人单位是否可以解除劳动合同？

《劳动法》第三条第二款中规定："劳动者应当遵守劳动纪律和职业道德"。上述规定是对劳动者的基本要求，即便在规章制度未作出明确规定、劳动合同亦未明确约定的情况下，如劳动者存在严重违反劳动纪律或职业道德的行为，用人单位可以依据《劳动法》第三条第二款的规定与劳动者解除劳动合同。

14. 在不属于《劳动合同法》第三十八条规定的情况下，劳动者违反劳动合同约定的期限提前解除合同，用人单位拒绝继续履行约定的正常劳动报酬、福利外的经济方面的特殊待遇，或者要求劳动者返还正常劳动报酬、福利外的经济方面的特殊待遇，如何处理？

用人单位除向劳动者支付正常劳动报酬外，还特别给予劳动者如汽车、房屋、住房补贴等经济方面特殊待遇，双方对特殊待遇与约定工作期限的关联性有明确约定的按约定；虽无明确约定，但能够认定用人单位系基于劳动者的工作期限给予劳动者特殊待遇的，由于劳动者未完全履行合同，用人单位可以就劳动者未履行合同对应部分拒绝给付特殊待遇，对已经预先给付的，可以按照相应比例要求返还。

15. 劳动者与用人单位实际建立了全日制劳动关系，但双方订立的是非全日制劳动合同，用人单位是否需要向劳动者支付未订立劳动合同二倍工资差额？

劳动者已经与用人单位订立合同的情况下，劳动者主张未订立劳动合同二倍工资差额不予支持。在审理中注意全日制劳动关系与非全日制劳动关系的区分，充分保障劳动者实际权利。

16. 二次固定期限劳动合同到期后，用人单位发出终止劳动合同通知，劳动者主张用人单位支付违法终止劳动合同的赔偿金，是否支持？

在劳动者不符合《劳动合同法》第三十九条和第四十条第一项、第二项规定情形时，用人单位在二次固定期限劳动合同到期后直接发出终止劳动合同（关系）通知，不符合《劳动合同法》第十四条第二款第三项之规定，应认定为违法终止劳动合同（关系）。劳动者主张用人单位支付违法终止劳动合同的赔偿金，应予支持。

17. 劳动者依照《劳动合同法》规定符合与用人单位签订无固定期限劳动合同条件，但已与用人单位签订了固定期限劳动合同的，现劳动者要求将其固定期限合同变更为无固定期限合同的，如何处理？

劳动者与用人单位签订了固定期限劳动合同后，劳动者要求变更为无固定期限劳动合同的，不予支持，但有证据证明用人单位存在欺诈、胁迫、乘人之危等情形的除外。

18. 如何计算劳动者享受带薪年休假的时间？

《职工带薪年休假条例》中规定职工累计已满1年不满10年的，年休假5天；已满10年不满20年的，年休假10天；已满20年的，年休假15天。其中"累计"应指工作时间的相加，其中中断工作时间予以扣除。对于参加工作第1年的时间的"累计"，应按《企业职工带薪年休假实施办法》"连续工作满12个月"的规定执行。"连续工作满12个月"，指劳动者在参加工作后曾经在同一或两个以上用人单位连续不中断工作满12个月。

劳动者在符合参加工作后曾经"连续工作满12个月"条件后，此后年休假时间以当年度在用人单位已工作时间计算。

用人单位未安排职工休满应休年休假的，应当按照职工当年已工作时间折算应休未休年休假天数并支付未休年休假工资报酬，但折算后不足1整天的部分不支付未休年休假工资报酬。未休年休假折算方法为：当年度在本单位已过日历天数÷365天×职工本人全年应当享受的年休假天数－当年度已安排年休假天数。

19. 劳动者要求用人单位支付未休带薪年休假工资的，如何处理？

对劳动者应休未休的年休假天数，单位应当按照该职工日工资收入的300%

支付年休假工资报酬。劳动者要求用人单位支付其未休带薪年休假工资中法定补偿（200% 福利部分）诉请的仲裁时效期间应适用《劳动争议调解仲裁法》第二十七条第一款规定，即劳动争议申请仲裁的时效期间为一年。仲裁时效期间从当事人知道或者应当知道其权利被侵害之日起计算。考虑年休假可以集中、分段和跨年度安排的特点，故劳动者每年未休带薪年休假应获得年休假工资报酬的时间从第二年的 12 月 31 日起算。

20. 劳动者因用人单位不支付未休年休假工资，而依据《劳动合同法》第三十八条"未及时足额支付劳动报酬"的规定要求解除劳动合同并支付经济补偿，如何处理？

劳动者未休年休假，根据《职工带薪年休假条例》第 5 条规定，用人单位按职工日工资收入 300% 支付年休假工资报酬。支付未休年休假的工资报酬与正常劳动工资报酬、加班工资报酬的性质不同，其中包含用人单位支付职工正常工作期间的工资收入（100% 部分）及法定补偿（200% 部分）。《职工带薪年休假条例》在于维护劳动者休息休假权利，劳动者以用人单位未支付其未休带薪年休假工资中法定补偿（仅 200% 部分）而提出解除劳动合同时，不宜认定属于用人单位"未及时足额支付劳动报酬"的情形。

21. 用人单位给付劳动者的工资标准计算基数按哪些原则确定？

（1）劳动者每月应得工资与实得工资的主要差别在于各类扣款和费用，应得工资包括个人应当承担的社会保险金、税费等。对于社会保险金、税费，用人单位承担的仅是代缴义务，劳动者的纳税由税务机关负责，社会保险金缴纳由社会保险机构负责，审理中一般按照劳动者应得工资确定工资标准。

（2）用人单位与劳动者在劳动合同中约定了工资标准的，以该约定为准。劳动合同没有约定的，按照集体合同约定的工资标准确定。劳动合同、集体合同均未约定的，按照劳动者本人正常劳动实际发放的工资标准工资确定。依照本款确定的工资标准不得低于本市规定的最低工资标准。

（3）计算"二倍工资"的工资标准时，因基本工资、岗位工资、职务工资、工龄工资、级别工资等按月支付的工资组成项目具有连续性、稳定性特征，金额相对固定，属于劳动者正常劳动的应得工资，应作为未订立劳动合同二倍工资差额的计算基数，不固定发放的提成工资、奖金等一般不作为未订立劳动合同二倍工资差额的计算基数。

（4）在计算劳动者解除劳动合同前十二个月平均工资时，应当包括计时工资或者计件工资以及奖金、津贴和补贴等货币性收入。其中包括正常工作时间的工资，还包括劳动者延长工作时间的加班费。劳动者应得的年终奖或年终双薪，计入工资基数时应按每年十二个月平均分摊。《劳动合同法》第四十七条规定的计算经济补偿的月工资标准应依照《劳动合同法实施条例》第二十七条规定予以确定；《劳动合同法实施条例》第二十七条中的"应得工资"包含由个人缴纳的社会保险和住房公积金以及所得税。

（5）劳动者所得实际工资扣除该月加班费后的数额低于本市规定的最低工资标准的，按照本市规定的最低工资标准执行。

22. 如何确定劳动者加班费计算基数

劳动者加班费计算基数，应当按照法定工作时间内劳动者提供正常劳动应得工资确定，劳动者每月加班费不计到下月加班费计算基数中。具体情况如下：

（1）用人单位与劳动者在劳动合同中约定了加班费计算基数的，以该约定为准；双方同时又约定以本市规定的最低工资标准或低于劳动合同约定的工资标准作为加班费计算基数，劳动者主张以劳动合同约定的工资标准作为加班费计算基数的，应予支持。

（2）劳动者正常提供劳动的情况下，双方实际发放的工资标准高于原约定工资标准的，可以视为双方变更了合同约定的工资标准，以实际发放的工资标准作为计算加班费计算基数。实际发放的工资标准低于合同约定的工资标准，能够认定为双方变更了合同约定的工资标准的，以实际发放的工资标准作为计算加班费的计算基数。

（3）劳动合同没有明确约定工资数额，或者合同约定不明确时，应当以实际发放的工资作为计算基数。用人单位按月直接支付给职工的工资、奖金、津贴、补贴等都属于实际发放的工资，具体包括国家统计局《〈关于工资总额组成的规定〉若干具体范围的解释》中规定"工资总额"的几个组成部分。加班费计算基数应包括"基本工资"、"岗位津贴"等所有工资项目。不能以"基本工资"、"岗位工资"或"职务工资"单独一项作为计算基数。在以实际发放的工资作为加班费计算基数时，加班费（前月）、伙食补助等应当扣除，不能列入计算基数范围。国家相关部门对工资组成规定有调整的，按调整的规定执行。

（4）劳动者的当月奖金具有"劳动者正常工作时间工资报酬"性质的，属于工资组成部分。劳动者的当月工资与当月奖金发放日期不一致的，应将这两部分合计作为加班费计算基数。用人单位不按月、按季发放的奖金，根据实际情况判断可以不作为加班费计算基数。

（5）在确定职工日平均工资和小时平均工资时，应当按照原劳动和社会保障部《关于职工全年月平均工作时间和工资折算问题的通知》规定，以每月工作时间为 21.75 天和 174 小时进行折算。

（6）实行综合计算工时工作制的用人单位，当综合计算周期为季度或年度时，应将综合周期内的月平均工资作为加班费计算基数。

23. 劳动者先后曾在几家用人单位工作，其中的一家用人单位没有为其缴纳过养老保险，但是劳动者在其他单位的累计缴费年限已经符合办理退休的条件。劳动者达到法定退休年龄时被告知无法补缴养老保险，劳动者起诉要求赔偿养老金差额能否支持？

由于劳动者符合办理退休的条件，只是因其中的一家或几家用人单位未为其缴纳养老保险影响了其养老金水平，不属于无法享受养老保险待遇的情形，不符合《民事诉讼法》第一百一十九条第四项的规定，应裁定驳回劳动者的起诉。

24. 劳动者以用人单位未依法为其缴纳社会保险为由提出解除劳动合同，要求用人单位支付经济补偿的，如何处理？

劳动者提出解除劳动合同前一年内，存在因用人单位过错未为劳动者建立社保账户或虽建立了社保账户但缴纳险种不全情形的，劳动者依据《劳动合同法》第三十八条的规定以用人单位未依法为其缴纳社会保险为由提出解除劳动合同并主张经济补偿的，一般应予支持。

用人单位已为劳动者建立社保账户且险种齐全，但存在缴纳年限不足、缴费基数低等问题的，劳动者的社保权益可通过用人单位补缴或社保管理部门强制征缴的方式实现，在此情形下，劳动者以此为由主张解除劳动合同经济补偿的，一般不予支持。

25. 劳动者要求用人单位不缴纳社会保险，后又以用人单位未缴纳社会保险为由提出解除劳动合同并主张经济补偿的，应否支持？

依法缴纳社会保险是《劳动法》规定的用人单位与劳动者的法定义务，即便是因劳动者要求用人单位不为其缴纳社会保险，劳动者按照《劳动合同法》

第三十八条的规定主张经济补偿的，仍应予支持。

26.哪些近亲属可以享受《工伤保险条例》第三十九条规定中劳动者的工亡赔偿待遇？近亲属间如何分配劳动者的工亡赔偿待遇？

《工伤保险条例》规定的近亲属的范围不同于《继承法》的继承人范围。《工伤保险条例》规定的近亲属应包括配偶、父母、子女、兄弟姐妹、祖父母、外祖父母、孙子女、外孙子女和其他具有扶养、赡养关系的亲属。

依据《工伤保险条例》第三十九条规定"供养亲属抚恤金按照职工本人工资的一定比例发给由因工死亡职工生前提供主要生活来源、无劳动能力的亲属"。"供养亲属的具体范围由国务院社会保险行政部门规定"，具体认定可按原劳动和社会保障部《因工死亡职工供养亲属范围规定》执行。

除供养亲属抚恤金外，其他享受劳动者的工亡赔偿待遇的近亲属范围的顺位可参照《继承法》中法宝继承顺位考虑。

图书在版编目（CIP）数据

HR劳动争议经典管理案例 / 于丽萍著 . —北京：中国法制出版社，2018.7
（名企 HR 经典管理案例系列丛书）
ISBN 978-7-5093-9632-2

Ⅰ . ① H… Ⅱ . ① 于… Ⅲ . ① 劳动争议 – 处理 – 案例 – 中
国 Ⅳ . ① D922.591.5

中国版本图书馆 CIP 数据核字（2018）第 164701 号

责任编辑：潘孝莉　马春芳　　　　　　　　　　　封面设计：柏拉图创意

HR 劳动争议经典管理案例
HR LAODONG ZHENGYI JINGDIAN GUANLI ANLI
著者 / 于丽萍
经销 / 新华书店
印刷 / 三河市紫恒印装有限公司
开本 / 787 毫米 × 1092 毫米　16 开　　　　　　　印张 / 17　字数 / 277 千
版次 / 2018 年 7 月第 1 版　　　　　　　　　　　2018 年 7 月第 1 次印刷

中国法制出版社出版
书号 ISBN 978-7-5093-9632-2　　　　　　　　　　　　　　　定价：59.00 元

　　　　　　　　　　　　　　　　　　　　　　　　值班电话：010-66026508
北京西单横二条 2 号　邮政编码 100031　　　　　传真：010-66031119
网址：http://www.zgfzs.com　　　　　　　　　编辑部电话：010-66022958
市场营销部电话：010-66033393　　　　　　　　邮购部电话：010-66033288
（如有印装质量问题，请与本社印务部联系调换。电话：010-66032926）